아나키즘,
비애와 분노의 뿌리

근대 지식인 문학과 농민주체문학의 기원

글쓴이

김택호(金澤浩, Kim, Teakho)

명지대 국어국문학과와 같은 학교 대학원에서 한국현대소설을 공부했다. 2003년 『이태준 장편소설 연구』로 박사학위를 받았으며, 이후 2005년 무렵부터 한국 근대 아나키스트들의 문학 활동에 대해 논문을 발표하고, 책을 출판했다. 현재 명지대 국제한국학연구소 연구교수로 재직하고 있다. 『이태준의 정신적 문화주의』(2003)와 『한국 근대아나키즘 문학, 낯선 저항』(2009년), 두 권의 책을 썼으며, 『체험자와의 대화-박정희 시대와 한국문학, 한국사회』(2011)와 『임긍재 평론 선집』(2011), 두 권의 책을 편저했다. 이밖에 몇 권의 공저에 참여했다.

아나키즘, 비애와 분노의 뿌리 근대 지식인 문학과 농민주체문학의 기원

초판인쇄 2015년 7월 20일 **초판발행** 2015년 7월 30일

글쓴이 김택호 **펴낸이** 박성모 **펴낸곳** 소명출판 **출판등록** 제13-522호

주소 서울시 서초구 서초중앙로6길 15, 1층

전화 02-585-7840 **팩스** 02-585-7848 **전자우편** somyong@korea.com **홈페이지** www.somyong.co.kr

값 19,000원

ISBN 979-11-86356-30-2 93810

이 저서는 2009년 정부(교육부)의 재원으로 한국연구재단의 지원을 받아 수행된 연구임(NRF-2009-812-A00240).

아나키즘,
비애와 분노의 뿌리

근대 지식인 문학과 농민주체문학의 기원

김택호 지음

ANARCHISM, THE ROOT OF PATHOS AND ANGER
: THE ORIGIN OF KOREAN INTELLECTUAL LITERATURE AND PEASANT LITERATURE IN THE JAPANESE COLONIAL DAYS

소명출판

__ 책머리에

동인지로 불리는 특수한 문학매체, 또 이와 관련된 문예사조들에 대한 공부만으로 1920년대 한국문학 현장을 온전하게 평가하고 이해하기는 어렵다. 모든 문학・예술이 다 그렇듯 이 땅의 근대문학 역시 문학 외적인 요소들과 끊임없이 관계하면서 형성되었다. 1920년대 중반 이후 농민들이 서서히 근대문학의 한 축으로 자리 잡기 시작했던 것도 당시 한국문학 현장의 개방성과 관계가 깊다. 이 책은 아나키즘이 1920년대 문학에 영향을 준 그 문학 외적인 요소들 중 하나이며, 그 영향력이 적지 않았다는 점을 강조하려는 데에 목표를 두고 있다.

1920년대 한국사회에는 사회주의에 대한 관심과 대응이 가득했다. 정치와 경제에 대한 문제의식이 사회주의에 대한 관심을 촉발시켰겠지만, 일제강점기라는 현실 탓에 당시 한국 지식인들과 농민들에게 사회주의는 새로운 문화의식으로 표출되었다. 그래서 1920년대 한국사회의 사회주의는 대개 독서로 촉발되어, 주장과 표현으로 현실화되었다. 문화로서의 사회주의는 1920년대 한국사회에서 사회주의가 나아갈 수 있는 유일한 길이었을지도 모른다. 그런데 이때 사회주의라는 용어는 마르크스주의만을 지시하는 것이 아니다. 아나키즘의 영향력 역시 당시 한국의 사회・문화를 이해하기 위해 반드시 알아야 할 요소였다. 1920년대 후반 KAPF 주변에서 벌어졌던 이른바 '아나-보르' 논쟁만 보더라도, 당시 한국 지식인 사회에서 아나키즘이 분명하게 자기 주장을 펼치고 있었다는 점을 알 수 있다. 우리는 대개 한국 근대 아나키즘을 마르크스주의 수용 직전 단계, 혹은 돌출적이고, 산만했던 이념형 정도로 이해하고 있다. 그러나 세계 도처에서 그랬듯이 1920~30년대 한국사회에서도 마르크스주의와 아나키즘은 느슨하게 협력하다가 치열하게 대립했다.

아나키즘은 분명하면서도 희미한 무엇이다. 아나키스트들은 모든 사고와 행동, 권리와 의미의 주체로 자기 자신을 존중하는 것, 혹은 그것을 각성하는 것을 목표한다. 적잖은 아나키스트들이 국가체계와 대의제가 그러한 자신들의 목표를 방해한다고 믿는다. 결국 아나키스트들은 주체적 자기인식에서 출발해서 완전히 주체적인 입장에서 자신이 함께 할 공동체를 구축하는 것을 목표한다고 할 수 있다. 그러므로 아나키즘에는 '주체적 자기인식'과 '공동체주의'라는 두 개의 머리가 있다. 오스카 와일드와 노엄 촘스키, 김화산과 신채호가 모두 아나키즘으로부터 영향 받았고, 아나키스트로 분류된다는 점이 아나키즘의 이러한 면모를 여실히 보여준다.

한국 근대아나키즘에도 이러한 특성은 분명하게 나타난다. 이 책에서 다루고 있는 『폐허』와 『백조』 동인들의 문학 활동과 조선농민사 기관지에서 확인할 수 있는 농민작가들의 문학 활동은 아나키즘의 두 머리인 '주체적 자기인식'과 '공동체주의'가 문학적으로 발현된 사례이다. 『폐허』와 『백조』 동인들의 문학 활동이 주체적 자기인식에 보다 강조점을 두고 있다면, 조선농민사 기관지에서 활동한 농민작가들의 문학은 상대적으로 공동체주의에 기울어져 있다고 정리할 수 있다.

책은 대략 네 덩어리로 구성했다.

1부에서는 한국 근대 아나키즘 형성 배경을 전통 유학사상과의 관계 속에서 살폈다. 실학이라고 부르는 조선 후기 신유학과 위정척사사상, 개신유학, 대중화된 유학인 동학 등과 아나키즘이 지닌 유사성을 찾는 일이 곧 아나키즘과 인간의 오래된 이상과 바람 사이의 유사성을 보여주는 길이라고 생각했다. 이를 통해서 유학과 아나키즘은 모두 합리적 인간관에서 시작하여 결국 합리적 인간관으로 귀결되는 사상이며, 그 합리성이 이 땅에 토착화된 아나키즘을 키운 것이라는 생각을 전하고 싶었다. 아나키즘에 관심이 있다는 말에 지나칠 정도로 흥미를 보였던 몇몇 사람들이 있었다. 그때 그들의 반응에는 대체로 아나키즘을 특이하고, 개성 넘치는 무언가로 이해하는 생각이 숨어있다는 것을 느끼곤 했다. 물론 무관심보다는 고마운 일이었지만, 그런 태도가 아나키즘을 이해하는 데에 도움이 되지는 않을 것이다. 아나키스트를 자처하는 사람들이 이따금 보여주었던 다소 극단적이고, 돌출적인 행동은 아나키즘에 내재한 무언가가 표출된 것이 아니라, 비합리적인 세계에 항의하는 그들 나름의 방식이었다는 것을 이해하는 것으로부터 아나키즘을 이해하는 길이 열릴 것이다.

2부에서는 문학을 도구로 활용했던 새로운 젊은 지식인들, 크게 동인지 문학을 주도했던 젊은 엘리트 지식인들과 농민 문학청년들의 출현 배경을 다루었다. 인접국가의 식민지로 전락한지 불과 10여 년, 당시 20대 초중반에 불과했던 그들은 이전 세대가 결코 경험해보지 못했던 환경에 처해 있었다. 새로운 사상과 문화는 물밀 듯이 눈앞으로 다가왔지만, 그것을 온전히 현실에 투영할 수 있는 길은 원천적으로 봉쇄

되어 있었다. 그래서 그들은 진지하면 진지할수록 그대로 한계지식인이라는 자의식에 사로잡힐 수밖에 없었으며, 그래서 탈정치적이면서도 충분히 정치적일 수 있었던 문학공간을 건설하고, 그 언저리에서 활동했다. 이 새롭고 젊은 문학주체의 출현을 근대 아나키즘과의 관계 속에서 살펴봄으로써 이들 새로운 지식인들과 한국 근대 아나키즘의 특수성을 동시에 설명하고자 했다. 한계지식인이니, 아이러니스트니 하는 다소 생경한 용어를 활용했다는 점이 마음에 걸리기는 하지만, 관련된 책이나 논문들을 읽으면서 느낀 바가 있어서 빌려 온 개념을 달리 표현할 방법이 떠오르지 않았다. 하여 다소 거친 용어를 사용하게 되었다.

3부에서는 1910년대 후반부터 1920년대 초중반에 걸쳐 새롭게 탄생한 문학 동인지들과 상징주의, 자연주의, 낭만주의 등의 문예사조, 그리고 무엇보다도 그러한 매체를 추동했던 사상들의 관계를 다루었다. 황석우 등이 주도한 『근대사조』로부터 『폐허』, 『백조』로 이어지는 흐름을 중심에 두고, 그것을 가능하게 했던 상황을 다각도로 살펴보려고 했다. 오스기 사카에가 주도했던 『근대사상』이나 『삼광』, 조선노동공제회 기관지 『공제』, 『신생활』 등을 함께 언급한 것에는 이 책이 특히 관심을 가졌던 『폐허』와 『백조』를 이해하는 시야를 확대하려는 의도가 깔려 있다. 그 과정에서 『폐허』와 『백조』 동인들이 관심을 기울였던 문예사조가 결국 그들이 지향했던 이념의 옷이었다는 점, 그리고 그들의 이념 형성에 아나키즘이 깊게 연루되어 있다는 점을 드러내려고 했다. 이를 위해서 3부에서는 1920년대 중요 동인지들에 참여한 문인들의 사상적 성향과 그들의 내면에 자리 잡고 있었던 사상이 고급문화인 문학에 접합되는 양상을 당대의 사회운동과 문학 활동에 대한 분석을 통해서 추적하고자 했다. 특히 '퇴폐적(데카당스)'이라는 수사를 통해서 잘 알려져 있는 새로운 형태의 '비애'가 사실은 현재와 구별되는 미래와 과거, 다른 공간과 다른 가치에 대한 깊은 '동경'을 문학적으로 형상화한 것이라는 점, 그리고 그 동경이 아나키즘과 관련되어 있다는 점을 보여주고자 노력했다. 이런 생각의 저변에는 『폐허』와 『백조』로부터 KAPF에 이르는 젊은 문인들의 경로가 문학으로부터 사상으로 나아가는 경로가 아니라, 자신들의 내면을 채우고 있던 사상의 자기변신과정이라는 생각이 깔려있다는 점도 이 자리를 빌려 밝혀야 할듯하다.

4부에서는 조선농민사 기관지 『조선농민』과 『농민』에 글을 투고했던 대표적인 농민출신 작가들과 그들의 작품을 살폈다. '농민주체문학'이라는 다소 생경한 용어는 『조선농민』과 『농민』이 다른 매체들과 확연히 구별될 정도로 농민의 관점과 시각에서 현실에 대응하고 있으며, 문학작품들 역시 그런 성향을 강하게 드러내고 있다는 점을 강조하기 위해 사용했다. 이들 기관지를 자세하게 들여다보면서 흥미롭게 생각했던 것은 『조선농민』에서 『농민』으로 제호가 바뀌고, 계몽적 성격이 계급의식이 강화되는 방향으로 내용이 변하면 변할수록 문학작품의 지면이 확대되었다는 점이었다. 그 이유를 단언하기는 어렵다. 그러나 문학의 쓸모가 3부에서 살펴봤던 동인지 소재 작품들과 달랐다는 점은 분명하며, 그것을 다른 사람들이 아닌, 농민출신 작가들이 주도했다는 점은 한국 근대문학사에서 결코 소홀하게 취급해서는 안 될 일이라고 판단했다. 아나키즘이 조선농민사나 혹은 그 기관지를 지배했다고 말하려는 것은 아니었다. 그러나 기관지의 문학면을 주도했던 인물들은 아나키스트 그룹과 분명하게 교류하고 있었다. 이는 지주계급에 대해 적개심을 강하게 드러내는 동시에 마르크스주의를 비난했던 『조선농민』과 『농민』 소재 문학작품들을 보다 구체적으로 이해하는 데에 유효한 시사점이 될 것이다.

책에서 다루었던 내용은 대체로 오래 만지작거리던 것들이었다. 오래 만지고 있으면서도 쉽게 누군가에게 보여주지 못했던 것은 혹 그것이 선부른 생각이 아닐까 걱정이 들어서였다. 다행히 기회를 얻었고, 그래서 내손으로부터 떠나보내게 되었다. 그래도 남는 것은 후련함보다는 걱정이다. 물론 어쩔 수 없는 일이리라.

현재 내 삶에 장애물로 작용하는 것을 찾아내고, 그것을 뛰어넘으려는 행동은 적극적으로 행복한 삶을 꿈꾸는 방식이다. 개인적으로 그것은 자신의 삶을 고양시키는 길이기도 하다. 문학이 이런 삶의 방식과 무관하기는 어렵다. 문학 활동이 근본적으로 이념지향적인 행위일 수밖에 없는 것도 이런 이유 때문일 것이다. 책을 쓰는 내내 이런 생각이 머릿속을 떠나지 않았다. 부끄러운 책이지만 이 작은 책을 많은 사람들이 읽어주었으면 좋겠다. 책망을 듣는다면 그것은 그것대로 삶에 자양분이 될 것이다.

책 머리말을 쓰면서 떠오르는 얼굴과 이름이 많다. 원고를 꼼꼼하게 살펴주었던 아내, 야구에 중독된 아들 찬의, 양가 부모님, 정치학자임에도 책 내용에 대해 늘 관심을 가져주셨던 조영재 선생님, 그리고 함께 공부하고 있는 연구소 식구들, 이들이 모두 이 책을 세상으로 밀어내는 데 힘을 보태 주었다. 대중성이라곤 털끝만큼도 없는 책을 출판해주신 소명출판에도 고맙다는 인사를 빠트릴 수 없다. 고맙다는 생각은 왜 늘 죄스러운 느낌과 한 몸처럼 붙어 다니는지 모르겠다. 하지만 또 뭔가를 시작할 것이다. 죄스러움 없는 고마움, 언젠가는 그것을 느낄 수 있을 것이다.

2015년 5월

저자

차례

책머리에 3

제1부 한국 근대 아나키즘 형성 배경

제1장. 한국 근대 사회주의 형성의 토양 13
제2장. 한국 근대사상과 아나키즘 29
제3장. 아나키즘, 한국 근대 사회주의의 모태 52

제2부 새로운 지식, 새로운 주체의 출현

제1장. 1920년대 한국의 젊은 지식인 65
제2장. 새로운 문학주체 80
제3장. 1920년대 아나키스트의 문학 90

제3부 아나키즘과 상징주의·자연주의·낭만주의

제1장. 새로운 매체, 문학과 이념의 결합 107
제2장. 문예사조 116
제3장. 『폐허』와 아나키즘 135
제4장. 『백조』와 아나키즘 168

제4부 농민주체문학의 성립과 아나키즘

제1장. 한국 근대 농민의 탄생과 아나키즘 189
제2장. 조선농민사의 농민운동 200
제3장. 『조선농민』의 농민문학 219
제4장. 『농민』의 농민주체문학 234

참고문헌 262
찾아보기 272

제 1 부

한국 근대 아나키즘 형성 배경

제1장_한국 근대 사회주의 형성의 토양
제2장_한국 근대사상과 아나키즘
제3장_아나키즘, 한국 근대 사회주의의 모태

제1장

한국 근대 사회주의 형성의 토양

1. 수용사 중심의 한국 사회주의사

한국 근대 사회주의 역사를 유입이나 수입사로 규정하는 입장은 완전치 않다. 한동안 일제강점기 한국 사회주의 운동은 항일민족운동과 분리하여, 외래적이고, 분파투쟁적인 활동으로 규정되어 왔다. 1980년대 이후에야 비로소 한국 근대 사회주의 운동을 항일민족운동의 중요한 축으로 인식하기 시작했는데, 그와 같은 관점들에도 한국 근대 사회주의운동의 촉발 원인을 러시아혁명 이후 사회주의가 일종의 유행사조가 되었던 데에서 찾는 경향이 보편적으로 전제되어 있다.[1]

1 박종린의 일련의 연구들(「1920년대 전반 사회주의사상의 수용과 맑스주의 원전 번역－『임금 노동과 자본』을 중심으로」, 『한국근현대사연구』 제51집, 한국근현대사학회, 2009.12;

1910년대 후반부터 1920년대 초반 사이에 뚜렷하게 그 모습을 드러내기 시작한 한국 근대 사회주의사상과 사회주의 사상가들이 러시아 혁명으로부터 영향을 받았다거나 유럽과 일본, 중국 등지에서 활동한 사회주의자들로부터 영향을 받았다는 사실은 부정할 수도 없고, 또 그럴 필요도 없다. 그러나 한국 초기 사회주의자들의 내면을 여러 각도에서 살피려는 노력이 부족한 상태에서 당시 한국 사회주의의 기원을 순전히 외래적인 것이거나, 이식된 이념에 기초한 사상과 지식으로 평가하는 것이 초래하는 불균형한 이해에는 문제가 있다. 이러한 문제의식을 검토하기 위해서는 1910년대 후반부터 한국사회에 영향을 주기 시작한 '사회주의'의 실체가 무엇이냐는 점을 보다 분명하게 해 둘 필요가 있다.

지금도 그렇지만 '사회주의 = 마르크스주의'라는 인식은 한국 근대 사회주의에 대해서 광범위한 오해를 초래할 수 있다. 일제강점기에 사유재산제도에 반대하고, 봉건적인 국가체제와 자본가에 저항하며, 노동자와 농민의 계급해방을 추구했던 사람들은 마르크스주의자만이 아니었다. 아나키스트들 역시 기본적으로 자본주의 경제체제 해체를 목표로 했고, 노동자와 농민의 권리를 옹호하는 목소리와 행동을 끊임없이 보여줬다. 일각에서 개량주의라고 폄하하는 1920~30년대 비마르크스주의 계열의 농민 운동가들의 목소리에서도 자본가와 지주들에

「1920년대 사회주의사상의 수용과 一月會」, 『한국근현대사연구』 제40집, 한국근현대사학회, 2007.3; 「1920년대 사회주의사상의 수용과 사회과학연구사」, 『역사문제연구』 제26호, 역사문제연구소, 2011.10; 「1920년대 전반기 사회주의사상의 수용과 물산장려논쟁」, 『역사와현실』 제47호, 한국역사연구회, 2003.3)과 전상숙의 연구(「사회주의 수용양태를 통해본 일제시기 사회주의운동의 재고찰」, 『한국동양정치사상사연구』 제4권 1호, 한국동양정치사상사학회, 2005.3) 참조.

대한 적대감을 표현하는 모습을 쉽게 발견할 수 있다. 다른 한편으로 그들은 마르크스주의자들과도 계속해서 갈등했다. 한국 근대사회에서 자본주의에 대한 저항이 마르크스주의자들만의 전유물이 아니었다는 것이다.

대략 1920년대 중반까지 아나키스트들과 마르크스주의자들은 공존했다. 특히 조합 결성을 통해 노동자들의 투쟁의지를 고취하는 것을 가장 중요한 과제로 설정한 아나코-생디칼리슴 계열 운동가와 문인들은 1920년대 중반이 될 때까지 특별한 갈등 없이 마르크스주의자들과 같은 조직에 가담하거나 같은 매체에 글을 수록하면서 협력했다. 1920년대 중반을 지나면서 이들의 공존은 완전히 적대적인 관계로 바뀌게 된다. 아나키스트들과 마르크스주의자들 간의 상호적대감은 살인사건을 발생시킬 정도로 살벌했는데,[2] 이것은 단지 일제강점기 한국에서만 일어났던 일이 아니었다.[3] '사회주의 = 마르크스주의'라는 인식은 최근까

2 1927년 원산에서 있었던 아나키스트 조직 '본능아연맹(本能兒聯盟)'과 볼셰비키 조직 '원산청년회'와의 갈등이 그 대표적인 예이다. 사건은 원산청년회에서 경영하는 동아일보 지국 회원들이 무분별한 소비 행각을 벌이자 본능아연맹 회원들이 문제를 제기한 데서 비롯되었다. 이에 1927년 1월 양측의 격돌이 벌어져 10여 명이 부상당하는 사태가 벌어졌다. 두 세력 간의 갈등은 이듬해 열린 원산청년회 주최의 강연회에서도 드러났다. 당시 강연내용에 대해 야유하는 인사를 주최 측이 폭행했고, 이에 항의하는 아나키스트들에게 마저 원산청년회 측이 폭력을 휘두른 것이다. 이 사건으로 본능아연맹 주도 인사 중 한 사람인 한하연 등이 중상을 입었고, 1명이 사망했다. 유관순 열사의 오빠인 유우석도 상해치사 혐의로 구속되었으나, 정당방위를 입증 받아 석방되었다(『동아일보』, 1927.1.7 · 1927.8.3; 김명섭, 『한국 아나키스트들의 독립운동』, 이학사, 2008, 299~300면 참조). 이때 사망했던 피해자가 소속되어 있었던 본능아연맹은 아나키스트 문인 이향이 주도적으로 참여한 조직이었다.

3 마르크스와 바쿠닌의 반목으로부터 시작하여 마르크스주의자들과 아나키스트들 간의 갈등은 늘 첨예한 양상을 보였다. 잘 알려진 바와 같이 스페인 내전에서도 이들 간의 갈등은 첨예했다. 마르크스주의와 아나키즘이 전혀 기반이 다른 사상체계라는 점에서 이 갈등은 필연적인 것이었다. 아나키스트들이 마르크스주의자들에게 가한 비난에는 '교조성'에 대한 반발감이, 마르크스주의자들이 아나키스트들에 대해 가한 비난에는 '낭만

지도 한국문학 연구자들에게도 영향을 주어, 간혹 발견할 수 있는 아나키스트의 문학작품에 단지 '마르크스주의자에 대한 비판'이 담겨 있다는 이유로 '개량주의' 계열의 작품으로 규정하는 경우도 적지 않았다.[4]

생각해 보면 유럽 근대 사회주의는 매우 독특하거나 창의적인 사상이 아니었다. 유럽 사회주의 사상의 기원을 플라톤에게까지 소급하는 경우가 적지 않다는 점은 유럽사회에서 사회주의가 얼마나 오래된 가치관이며, 또 얼마나 광범위하게 공감대를 형성한 사상이었는지를 말해주는 부분이기도 하다. 이는 한국사회에서도 마찬가지였다. 근대 초기 한국사회에서 '사회주의 수용 배경'을 묻는 사회자의 질문에 답하는 어느 역사학자의 발언에 귀를 기울여 보자.

> 저는 한국 사람들의 이상사회에 대한 열망이 뜨겁고 강렬했다는 점을 주목하고 싶어요. 홍길동전 마지막에 '율도국'이 나옵니다. 허생전의 주인공은 '해도(海島)'로 나갑니다. 춘향전이나 흥부전 같은 판소리 대본에서도 우리는 억압과 착취에 대한 대중의 분노를 읽을 수 있습니다. 갑오농민전쟁에 거대한 농민 대중이 참여한 까닭이 무엇이겠습니까. 만백성이 차별 없이 평등하며, 생산수단의 소유와 용역이 '평균분작(平均分作)'되어야 한다는 것이 그들의 요구였습니다. 일제하 사회주의자들은 1894년의 갑오농민전쟁을 한국 근대 혁명운동사의 첫 기점으로 꼽더군요. 이런 열망이 3·1운동 이후에 사회주의의 급격한 보급으로 분출되어 나왔습니다.[5]

성'과 '경험의존성'에 대한 비판의식이 각각 핵심 요소로 작용했다.

4 마르크스주의에 대한 아나키스트들의 반감을 이해하기 위해서는 이 두 이념이 얼마나 다른 세계관에 기반을 두고 있는지를 이해하는 것이 필요하다. 이 문제는 이 책에서 반복해서 다룰 것이다.

이런 관점은 한국 근대 사회주의 사상사를 '수용사'의 관점에서만 바라보는 태도가 지닌 불완전성을 극복할 수 있는 단초를 제시할 수 있다는 점에서 의미 깊다. 물론 그렇다고 해서 "한국 사람들의 이상사회에 대한 열망이 뜨겁고 강렬했다는 점" 등과 같이 피상적인 느낌을 한국 근대 사회주의와 한국전통사상과의 관계 고리로 말하기는 어렵다. 그런 점에서 이와 같은 진술에는 보다 정밀하고 객관적인 분석이 가해져야 할 필요가 있다.

이상사회에 대한 열망은 거의 모든 사람들의 내면에 자리 잡은 삶의 목표이다. 앞서 언급한 바처럼 유럽 사회주의의 기원을 플라톤으로부터 찾는 경우가 있다면, 동아시아 사회주의의 기원을 유가나 묵가사상으로부터 찾는 것 또한 충분히 가능한 일일 수 있을 만큼 사회주의적인 정치사상은 보편적인 인류 정신사의 한 축을 이루고 있다. 그러므로 한국의 근대 사회주의 기원을 찾는 과정은 보다 다양한 원인을 찾는 과정이어야 할 것이다. 하나의 결과에는 다양하고 다층적인 원인이 있을 수밖에 없기 때문이다. 이와 관련하여 저자가 거론하고 싶은 것은 전통적인 한국 지식인들의 성격과 그들의 정치사상이 사회주의와 맺고 있는 관계이다.

5 「좌담—한국 사회주의운동사, 무엇을 어떻게 볼 것인가」, 『진보평론』 제9호, 2001 가을, 417~418면.

2. 개화파 사상

19세기 말로부터 20세기 초에 이르는 기간 동안 강렬하게 그 존재감을 드러냈던 근대 전환기 한국 지식인들을 서구 사상과 제도에 대한 입장을 기준으로 양분하는 태도는 우리에게 익숙하다. 그 관습적 분류에는 이른바 개화파 지식인들이 보다 진보적인 입장을 취한 사람들이고, 상대적으로 보수적인 입장을 견지했던 전통 지향적 지식인들은 매우 고루한 사람들이었다는 인식이 내재되어 있다. 그러나 국가 구성원들 간의 '평등'이라는 문제를 기준으로 본다면 이 두 지식인 그룹의 입장은 의외의 양상을 보인다.

'개화파 지식인'으로 불리던 구한말 한국의 근대주의자들은 자유민권주의를 표방하고 있었지만, 사실상 부국강병을 최선의 가치로 설정한 사회진화론자들이자 엘리트 국가주의자들이었다. 더구나 이들의 내면에는 강한 신분의식이 자리 잡고 있었다. 이들이 스스로 혁파해야 한다고 주장했던 구체제 질서의 수혜자들로 구성되어 있었다는 점은 그들이 스스로의 한계를 뚜렷하게 보여줄 수밖에 없는 태생적 특성이었을지도 모른다.[6] 김옥균과 박영효, 유길준 등으로 대표되는 이들 '개

6 이들이 구체제 질서의 수혜자들로 구성되어 있다는 점으로부터 이들의 행동과 역사적 의의를 전면적으로 부정하는 논리를 구축하려는 것은 아니다. 또한 이들이 경솔했다거나, 치기어린 인물들이라고 폄하하고 싶지도 않다. 이들이 사적 욕망을 채우기 위해 정치적 활동을 했던 것으로 보이지도 않으며, 어쩌면 구질서의 수혜자들이었다는 점에서 이들의 행동에서 어떤 순수성을 발견할 수도 있다. 갑신정변 실패 후, 이들의 가족은 역적의 가족으로 비참한 최후를 맞이해야 했다. 홍영식의 아버지 홍순목은 손자와 함께 음독자살했으며 박영효의 아버지 박원양, 서재필의 아버지 서광언과 그의 부인도 자살했다. 서광범의 아버지 서상익은 7년간 감옥에 있다가 옥사했고, 김옥균의 양아버지 김병기도 천안 감옥에 6년간 수감되었다 옥사했다. 김옥균의 동생 김각균도 대구에서 옥사했다. 다만, 저자는 이들이 자신들이 발 딛고 있는 당시 한국사회가 안고 있는 문제 상황

화파 지식인'들은 19세기 말 서구 제국과 주변 강대국의 한반도 진출 전략에 맞서 서구적이고 근대적인 국가체제를 구축해야 한다는 의지를 강렬하게 드러냈다.[7] 새로운 체제 건설은 언제나 구체제에 대한 적대감을 필요로 하는데, 이들이 적대시했던 것은 전통적 중화질서에 기반을 둔 조선의 정치·외교질서였다.[8] 이를 극복하는 방법을 서양문물을 적극적으로 수용하는 과정에서 찾으려고 했던 것이다.

그러나 그들은 당시 한국사회가 안고 있었던 내부 모순을 전혀 의식하지 않고 있었다. 당시 한국사회는 절대 다수 구성원들이 심각한 생활고에 시달리고 있었다. 이는 무능한 지배세력이 점차 부패하기까지 하면서 드러난 사회현상이었다. 다수의 사회 구성원들은 이러한 사실을 누구보다도 잘 알고 있었다. 이에 따라 당시 한국사회에는 지배층

의 핵심원인을 잘못 판단하고 있었으며, 서구적 근대주의를 즉자적으로 인식함으로써 그것과 거의 동의어로 인식하고 있어야 했던 제국주의의 의도를 전혀 이해하지 못했다는 점을 강조하고 싶은 것이다.

7 19세기 말 일본사회에서는 이와쿠라 도모미(岩倉具視, 1825~83)를 대표로 정부에서 파견했던 구미시찰단이 귀국한 이래 '문명개화(Civilization and Enlightenment)'라고 하는 용어가 크게 유행했다. 일본사회에서 '문명개화'는 곧 '문명화'라는 뜻으로 이해되었는데, 이 용어는 일본에 대한 개항과정에서 조선에도 소개되었다. 그런데 '문명개화'를 '문화(Kultur)'가 아니라 '문명(Civilization)'이라는 의미로 사용했다는 사실이 시사하는 바는 크다. 이미 널리 알려진 사실이기는 하지만 '문명개화'를 내면세계, 즉 정신세계를 지향하는 '문화'개념이 아니라 객관적 물질세계를 지향하는 '문명'개념으로 받아들였다는 점은 일본이 서구세계와의 접촉을 통해 서구적 근대화를 수용하는 목표가 부국강병을 위한 일종의 기술과 제도의 수용에 있다는 점을 명료하게 보여주는 부분이다. 조선에서 '개화파 지식인'들이 지향했던 바도 이와 흡사하다. 그들 역시 주로 서구의 각종 제도와 기술을 수용하는 것이 개화의 주된 목적이었고, 이것을 통해서 보다 강력한 근대조선을 건설할 수 있다고 믿었던 것이다(조민, 「한국 근대 변혁운동의 정치사상 연구-개화파의 정치사상을 중심으로」, 『한국과 국제정치』, 경남대 극동문제연구소, 1991, 297~299면 참조).

8 무엇이 먼저인지 단언하기는 어렵고, 결과론적이기는 하지만, 일본을 비롯한 서구제국주의 세력이 당시 조선과 청의 특수 관계를 해소하기 위해서 조선의 '독립'을 강조했다는 사실과 개화파 지식인들이 중화질서에서 벗어나 친일, 친미노선을 걸었다는 사실은 서로가 서로를 견인한다.

의 무능과 부패에 저항하는 하위주체들의 움직임이 점차 격렬해지고 있었다. 그런 점에서 단발령에 대한 저항이 단지 머리카락의 문제가 아닌 것처럼, 근대 초기 한국문학 작품에서 자주 그려지던 개화파 지식인들에 대한 민초들의 반감과 저항을 단지 무지몽매함으로 치부할 문제가 아니었다. 이처럼 시대와 지역을 막론하고 하나의 국가, 하나의 사회가 붕괴되는 보편적인 상황이었던 상층부의 부패와 하층민들의 불만이, 국가의 수호조차 불분명한 19세기 말 한국사회가 처해 있던 위기상황의 원인이었던 것이다. 이때 지배세력은 이러한 사회적 모순과 위기를 해결할 근본적인 개혁을 감행하지 못한 채 정치권력의 획득과 유지에만 매달렸다. 당시 한국사회가 맞고 있었던 위기는 지배계급의 비생산성과 무능이 빚어낸 불합리한 사회경제구조에서 비롯된 것이었다. 그런 점에서 빈사상태에 있던 하층민들에게 급속도로 전파되었던 서학과 동학은 신앙운동을 통하여 봉건적 신분질서를 타파하려는 아래로부터의 사회개혁운동이었다.[9]

그러므로 당시 개혁을 주장하는 사람들이 무엇보다도 먼저 혁파해야할 대상은 신분제적 전통과 이에 기반을 둔 구체제였다. 물론 개화파 지식인들도 사회개혁의 일환으로 신분제도철폐를 주장했다. 그러나 그것은 여전히 구체제에 바탕을 둔 채 서구화를 추구했던 이웃 일본의 경우에 견주어 보아도 그 강도가 현저하게 떨어지는 수준이었다.[10] 결국 이들 개화파 지식인들이 관심을 보인 것은 정부제도와 통치형태

9 김만규, 『한국의 정치사상』, 현문사, 1999, 제7장 참조.

10 김만규 · 김정호, 「개화기의 한 · 일 정치사상」, 『사회과학연구소논문집』 제18집, 인하대 사회과학연구소, 2000.12, 25~26면 참조.

등과 같은 권력구조문제에 국한되어 있었다.

저자는 봉건적 신분의식에서 벗어나지 못한 엘리트 의식이 이들 개화파 지식인들의 내면에 깊이 뿌리박고 있었다고 판단한다. 앞서 언급한 바처럼 중요 개화파 지식인들은 구체제의 수혜자들이었다. 그리고 이들이 초기에 접한 서구 사상은 사회진화론[11]이었다. 이들이 사회진화론의 세례를 받았다는 것은 이들이 참된 민족주의자도, 계몽주의자도 아니었다는 점을 웅변한다. 대표적인 개화파 지식인이었던 유길준의 글

11 스펜서(H. Spencer)의 사회진화론은 동아시아에 영향을 미친 서구 근대주의의 핵심 사상이었다. 사회진화론은 1880년대 일본과 1890년대 청의 변법자강운동주의자들에 의해 도입되었다. 사회진화론은 특히 1874년에서 1882년에 걸쳐 일본에서 크게 유행했는데, 유길준은 1881년부터 1882년 사이에 일본 게이오주쿠[慶應義塾]에 유학하던 중에 도쿄대학 동물학 교수로 일본에 머물며 진화론을 강의하던 에드워드 모스(Edward Moss)의 지도를 받았다(우남숙, 「애국계몽기의 사회진화론연구—장지연 · 박은식을 중심으로」, 『역사와 사회』 제7호, 국제문화학회, 1992 참조). 이후 유길준의 사고방식이 사회진화론에 기울어졌다는 증거는 곳곳에서 확인할 수 있다. 예컨대 『서유견문』을 통해서 인류의 역사를 '미개 → 반개화 → 개화'로 규정하면서 조선을 '반개화' 상태로 판단한 것이라든지, '경쟁'이라는 행위를 매우 긍정적인 것으로 판단하는(유길준전서편찬위원회, 『유길준전서』 4, 일조각, 1971, 57면) 견해를 드러내는 것을 그 사례로 들 수 있다. 이는 유길준에게만 해당되는 사실이 아니었다. 1896년 청의 옌푸[嚴復]가 헉슬리(Thomas Henry Huxley)의 『진화와 윤리(*Evolution and Ethics*)』에 스펜서의 사회이론을 첨가하여 번역 · 출판한 『천연론(天演論)』이 한국에 소개되었으며(이광린, 「개화파의 개신교관」, 『한국개화사상연구』, 일조각, 1981, 224면), 사회진화론의 입장에서 저술된 량치자오[梁啓超]의 『음빙실문집(飮氷室文集)』이 1903년 2월 상하이의 경지서국(慶智書局)에서 출판된 직후 조선에 전해져, 개화파의 사상 형성에 영향을 미쳤다(이송희, 「한말 애국계몽사상과 사회진화론」, 『부산여대사학』 제2집, 1984, 5면). 이미 잘 알려진 바처럼 개화기 한국사회에 량치자오의 영향력은 대단했는데, 그가 발간한 『청강보(淸講報)』(1898.11~1901.1)와 『신민총보(新民叢報)』(1902.1~1907.10)가 발간 즉시 한국에 수입, 판매되어 한국의 지식인 계층이 그의 사회진화론적 현실관에 매료되고 공감하면서 교육의 원리와 방법을 진화론적 발전관에서 찾으려는 경향에 영향을 미쳤다(정순목, 「열강의 동북아에 대한 교육경략」, 『민족문화논총』 제12집, 영남대 민족문화연구소, 1991, 181면). 이와 같은 영향 아래 사회진화론을 소개하는 글이 1900년에서 1910년 사이에 학회지나 『대한매일신보』, 『황성신문』, 『대한자강회월보』, 『대한흥학회』 등에 많이 발표되었다. 그 글들 중에는 자연과학을 다룬 것도 있었으나 대부분이 사회과학적인 것이었다. 물론 그 글들 중 상당수가 사회진화론에 관한 것이었다(이광린, 「구한말 진화론의 수용과 그 영향」, 『한국개화사상연구』, 264~265면 참조).

에서 우리는 그들의 차별주의적인 입장을 명료하게 확인할 수 있다.

> 북아메리카 주의 홍인종은 대대로 게으른 형편을 감수한다고 한다. 그들 또한 게으른 종족으로, 공부하려는 성질조차 거의 없어져서, 미국의 백인종들이 학교를 세워 가르치는 방법을 잘 갖추고 농사짓는 법과 물건 만드는 기술은 부지런히 지도하며 가르쳤으나, 끝까지 성공하는 이가 적었다.[12]

유길준이 북미 인디언들의 사례를 언급한 것은 당시 한국이 처한 상황에 대해 일종의 경종을 울리기 위해서였을 것이다. 그는 북미 인디언들이 처한 상황이 결국 그들 자신의 게으름 때문이라는 관점을 드러내고 있다. 이처럼 사회진화론에 영향을 받은 개화기 근대주의자들의 관점이 하층부 사회구성원들을 향할 때, 그것은 강한 엘리트 의식이 될 수밖에 없다. 결국 개화파 지식인들에게 수용된 서구의 근대주의, 또는 자유 민권주의는 국가 경영의 책임자로 자처했던 그들이 표방한 하나의 구호에 가까웠다. 그러므로 그들이 지향했던 근대화된 국가의 모습은 전통적인 관료주의의 근대 버전이었고, 구체적으로는 서구화된 관료제 국가였다. 물론 이후 2세대에 속하는 개화파 지식인들과 현상윤이나 이광수를 필두로 한 개량된 민족주의자 지식인들이 나타나면서, 근대적 관료제 국가건설 문제로부터 교육과 문화, 혹은 국어의 문제로 그 논의의 중심축이 이동되기는 하지만, 이것 역시 사회진화론에 입각한 세계관이나, 엘리트주의적인 태도가 보다 순한 방식으로 모습

12 유길준, 김태준 역, 『서유견문』, 박영사, 1976, 112~113면.

을 바꾼 사례에 지나지 않는다.[13]

이러한 당시 태도는 결국 상층부와 하층부를 가리지 않고 사회구성원들이 몰주체적인 관점과 태도를 지니게 만들 수밖에 없다. 일테면, 임오군란에 일본군이 개입해야 한다고 주장했고, 갑신정변 당시에도 청과의 전쟁을 강하게 주장했던 후쿠자와 유키치[福澤諭吉]를 개화파 지식인들이 존경하는 시선으로 바라봤다는 점이 이를 잘 보여준다. 개화파 지식인들이 후쿠자와 유키치의 탈아론(脫亞論)과 제국주의가 동의어였다는 것을 이해하지 못했거나 대수롭지 않게 여겼다는 점은 이후 일본 제국주의자들이 사회진화론에 도움을 얻은 논리를 변용하여 동아시아의 인접 국가들에 적용했던 이른바 '대동아공영론'을 한국 지식인들이 내부에서 수용하게 되는 소지를 이미 안고 있었다는 점을 보여준다.[14]

이들이 주장했던 근대화에는 차별주의가 강렬하게 내재되어 있었으며, 그것은 적어도 개인의 발견과 여기에 기초한 자유주의, 또는 평등주의와는 아주 먼 거리에 있는 개념이었다. 결국 개화파 지식인들이 지향했던 개화사상은 조선 건국의 기획자였던 정도전과 실학파로 불리는 조선 후기 신유학자 그룹, 나아가 개신유학자 그룹으로 이어지는 19세기 지식인들과는 근본적으로 다른 세계관에 기반을 두고 있는 것이었다.

13 하나의 국가사회 안에서 계층에 따른 이해관계가 일치하는 경우는 드물다. 어쩌면 이를 해결하는 것이 국가가 지니는 대내적 임무라고 말할 수 있을 것이다. 그러나 개화기 지식인들은 이러한 계층 간 이해관계 불일치를 결코 인정하지 않았다. 그러므로 그들에게 있어서 대중이란 하나의 교화대상에 지나지 않았다.

14 사회진화론에 입각한 역사발전관이 '내선일체(內鮮一體)', '동조론(同祖論)' 등의 인종적 식민주의로 왜곡될 가능성과 그 과정에 관하여서는 차하순의 연구(「식민주의사관」, 차하순 편, 『사관이란 무엇인가』, 청람문화사, 1985)를 참조했다.

3. 전통유학사상

조선 건국의 기획자로 지칭되고 있는 정도전에 대한 평가는 여러 각도에서 이루어지고 있다. 과연 그가 꿈꾸었던 이상적인 국가 '조선'은 구체적으로 어떤 모습이었을까? 정도전이 지향했던 국가체제에 대해서 한영우는 다음과 같이 요약한다.

> 그(정도전-인용자)가 지주적 성리학을 농민적 성리학으로 한 단계 고양시킴에 있어서 의지한 이념적 모델은 중국의 삼대, 특히 「주례(周禮)」의 세계이었다. 그가 인식한 삼대, 특히 「주례(周禮)」의 세계는 재상중심체제, 병농일치, 사농일치와 공전 = 균전제를 주요 특징으로 하는 자작농사회였다.[15]

이 말이 의미하는 바가 무엇일까? 정도전의 국가체제구상이 성리학을 기초에 둔 사회체제라는 말인지 꼭 그렇지만은 않다는 말인지 좀 애매하다. 이와 관련하여 다음과 같은 분석은 정도전에 대한 이해도를 높일 수 있다.

> 정도전의 경우, 유학 자체만으로 본다면 주자학 전반에 대한 어느 정도의 이해와 다른 한편으로는 주자학 이전의 원시유교—특히 제도론을 중심으로 한 것, 예컨대 「주례(周禮)」—의 응용이 갈등 없이 동거하고 있었던 것이다. 다시 말해서 그에게 있어서는 원시유학과 신유학 사이의 '긴장과 단

15 한영우, 『정도전사상의 연구』(개정판), 서울대 출판부, 1984, 260면.

절성'보다는 '동거와 연속성'이 더 두드러졌다고 할 수 있겠다.[16]

정도전이 이른바 '원시유학', 주자 이전의 유학에 기대어 조선이라는 국가체제를 기획했으리라는 견해에 저자는 동의한다. 중기를 지나며 점차 예학화·형식화된 조선의 유학은 정도전이 깊게 참고했던 이른바 원시유학이 배제되는 과정이기도 했다. 우리가 실학이라고 부르는 조선 후기의 신유학은 성리학이 모든 논리와 사고를 지배하면서 애초의 생명력을 잃고 형식주의화 하는 과정을 비판하는 한편, 이 원시유학을 되살리려는 과정이었다. 대표적인 실학자 정약용에게서 우리는 이를 뚜렷하게 확인할 수 있다. 그는 주자에 가려 보이지 않았던 공자를 제자리에 세우고자 했다.[17] 그 중심에는 형식화된 당대 성리학에 대한 비판[18]과 '인(仁)'에 대한 재해석[19]이 있다. 박지원 역시 당시 성리학의 독선적이고 비생산적인 입장에 대응하기 위해 서구사상에 관심을 기울인 것이 사실이지만, 유학자라는 자신의 정체성으로부터 한 발도 물러서지 않았다.[20] 오히려 그는 성리학의 인식에 대응하기 위해서 훈고

16 김석근, 「조선의 '건국'과 '정치체제 구상'에 대한 시론적 접근—몇 가지 쟁점과 관련하여」, 『동양정치사상사』 제7권 2호, 동양정치사상사학회, 2008.9, 17~18면.

17 정약용은 주자의 「논어집주」를 총 173개 조에 이를 만큼 비판하면서 「논어」를 모든 유학 경서의 중심에 놓고자 노력했다. 이는 정약용이 공자를 바로 세우는 일이 바로 학문을 바로 세우는 일이라고 생각하고 있었다는 사실을 방증한다. 그러므로 정약용이 공자를 존숭했던 것은 단지 유학자가 지닌 기본적인 태도에 그치는 것이 아니었다. 그는 주자 이전의 유학의 관점과 입장에서 당시 조선이 처해있던 상황을 타개하고 싶었던 것이다(김언종, 「육경사서에 대한 다산의 기본인식」, 『다산의 경학세계』, 한길사, 2002, 15~21면 참조).

18 정약용, 「단궁잠오에 제함(題檀弓箴誤)」, 위의 책, 369~371면 참조.

19 정약용, 「자찬묘지명 집중본(自撰墓誌銘 集中本)」, 위의 책, 153~154면 참조.

20 이에 대해서는 이동환의 논문 「연암 사상의 한계에 대하여」(『대동한문학』 제23집, 대동한문학회, 2005.12)를 참조할 수 있다. 이 논문은 박지원의 사상이 만년으로 갈수록 도학(道學)적 입장에 가까워졌다는 점을 한계로 지적하는 내용이다. 물론 이와 같은 견해가

학적 방법을 사용[21]했는데, 이는 정약용의 태도와 유사하다. 이들은 조선사회가 도학적 의리론, 그리고 그것의 실천적 행동규범인 예론이 지나치게 엄격하고 배타적으로 인간과 세계를 규정하고 있다고 판단했다. 16세기 이후 조선 유학에서 '예(禮)'란 분별적 가치인 '의리(義理)'가 선험적으로 부여한 행동·역할규범이었다. 실학자로 불리는 조선 후기의 신유학자들의 혁신적 성향은 이와 같은 당시의 규범원리에 균열을 냈다는 점에 있을 것이다.

그 균열의 중심에 그들의 새로운 인간관이 자리 잡고 있다. 그들은 인간을 '지(志)'를 지닌 '독존적 존재'로 인식했다.[22] 그러므로 그들에게 인간은 개별적이고 후천적으로 변화가 가능한 존재였다. 그들이 가지고 있었던 이 새로운 인간관은 결과적으로 이데올로기의 유통과정에서 소외된 계층, 혹은 보편적 인간 개별성을 옹호하는 것이었다.[23] 이와 같은 관점은 당연히 완고한 신분주의와 지배계층의 엘리트주의에 대한 저항이나 평등주의와 연결될 수밖에 없다.[24]

이러한 민본주의적 태도는 개신유학자들의 '공화국건설론'으로 연결된다. 이는 당시의 개화파 지식인들이 주장했던 입헌군주제보다도

우리가 그동안 인식해왔던 박지원의 어떤 진보적 입장 즉, 실제적이고 현실주의적인 측면으로부터 멀어진 것을 안타까워하는 입장에 서 있는 것이라는 사실은 충분히 이해할 수 있다. 그러나 이것이 박지원이 지니고 있었던 신분적 조건에서 비롯된 한계라고 한다면 모르되, 단지 성리학적 사유체계, 혹은 유학적 사유체계로부터 멀어지면 멀어질수록 발전된 것이라는 인식을 전제한 것이라면 역시 서구중심적 관점으로 자유롭지 못했던 것 아니냐는 의심을 면하기 어려울 것이다.

21 심경호, 「연암 박지원의 논리적 사유방법과 벽이단론(闢異端論) 비판」, 『대동한문학』 제23집, 대동한문학회, 2005.12 참조.

22 윤사순, 『한국의 성리학과 실학』, 열음사, 1993, 47~48면.

23 김택호, 「김정한 소설의 저항정신과 유교적 세계관」, 『현대소설연구』 제35호, 한국현대소설학회, 2007.9, 252면.

24 송호근, 『한국의 평등주의 그 마음의 습관』, 삼성경제연구소, 2006, 96면.

더욱 진보적인 입장이었다.[25] 이와 같은 개신유학자들의 입장은 대표적인 개신유학자 신채호에게서 확인할 수 있다.[26] 그리고 이것이 바로 신채호와 아나키즘을 연결하는 내적 요소가 된다.

4. 유학과 근대 사회주의

개화파 지식인들이 표방했던 이식된 사회진화론으로서의 근대주의와 정도전으로부터 정약용과 박지원, 개신유학파로 이어지는 유학 근본주의를 장황하게 비교한 것은 한국 근대 사회주의가 어느 날 수입된 이질적인 사상이 아니라는 점을 강조하기 위해서이다. 저자는 이인직이나 이해조, 최남선, 이광수 등과 같은 한국의 근대계몽주의 작가들이 개화파 지식인들의 후예라는 점과 동학이 종교라는 옷을 입고 대중화된 유학이고 신채호가 스스로를 아나키스트로 규정했다는 사실을 재삼 강조하고 싶다.

피에르 부르디에가 실증적으로 알제리인들의 자본주의 체제 부적응 문제를 분석한 사례가 여실히 보여주는 바처럼, 인간은 합리적 계산과 논리 이전에 일정한 기억과 습관 그리고 사회적 전통에 영향을 받는다. 이는 구체제 수혜자들이 주축이 된 개화파 지식인들과 상대적으로 권

25 이조영, 「개신유학의 정치사상」, 서울대 박사논문, 1998.2, 71~95면 참조.

26 신채호는 맹자의 말['民爲重社稷次君爲輕']을 인용하면서 군주 · 황실 · 국가를 별개의 개념으로 인식한다. 이를 바탕으로 그는 진정한 충(忠)은 '민(民)'을 의미하는 국가를 위한 충인데, 만약 군주와 국가의 이해가 충돌하여 양립할 수 없는 경우에는 군주를 버리고 국가를 따라야 한다고 주장한다(「논충신(論忠臣)」, 단재신채호선생기념사업회, 『(개정판)단재신채호전집』 별집, 형설출판사, 1995, 179~180면 참조). 이와 같은 맹자의 국가관은 삼봉 정도전이 주창한 조선건국의 이데올로기이기도 했다.

력에서 소외된 사람들이 기존 사회를 지탱하는 신분제도에 대해 보인 상반된 인식을 보편적으로 설명해 줄 수 있는 요소이다. 흥미로운 것은 구체제에 대한 문제의식이 강렬했던 정도전, 정약용, 박지원, 신채호 등이 신분제도에 대해 보다 진보적인 의식을 보였는데, 그것이 성리학 이전의 이른바 원시유학에 그 논리적 기반을 두고 있다는 점이다. 이들은 자신들의 개혁의지를 전통을 바로세우는 행위로 인식했을 가능성이 높다. 그러므로 이들은 자신들의 개혁적 사상을 개혁이라기보다는 정상화로 가는 길로 규정했다.[27]

사실 경세학으로서의 전통유학은 어떻게 하면 합리적으로 부를 배분할 수 있을까 하는 문제에 집중하는 학문이었다. 이러한 경향은 비록 명분에 가까웠다고 하더라고 뿌리 깊은 지적 전통이었다. 그런 점에서 유학적 가치관이 사회에 광범위하게 영향을 행사했던 한국사회에서 사회주의는 매우 혁명적인 사상은 아니었을지 모른다.[28]

문제는 이러한 한국 전통사상의 흐름이 근대 사회주의의 다양한 원천 중의 하나라는 점, 그리고 이런 내적 요소와 외적 요소가 상호 습합되는 과정에서 형성된 한국 근대 사회주의가 오직 마르크스주의만이 아니었다는 사실을 전제하는 것이 한국의 근대 사회주의를 이해하는 데에 중요한 요소가 되어야 한다는 점을 우리가 잘 인식하지 못하고 있다는 점이다.

27 김택호, 『한국 근대 아나키즘문학, 낯선 저항』, 월인, 2009, 51~57면 참조.

28 그런 점에서 실증적인 자료분석을 통해 안동지역 유학적 지식인들의 사회주의 운동 사례를 연구한 심상훈의 연구 성과(「일제강점기 유학적 지식인들의 사회주의수용 양상과 민족운동」, 『한국사상과 문화』 제70호, 한국사상문화학회, 2013)는 시사하는 바가 크다. 이 연구는 제1차 조선공산당의 책임비서로 초기 국내사회주의 운동의 지도자였던 김재봉과 만주지역 사회주의운동을 선도했던 김응섭의 사례를 통해서 전통적인 양반가 출신 유학 지식인이 전통적인 유학적 학문 소양을 기반으로 한국 사회주의 지식인으로 서서히 자리 잡아 갔던 모습을 상세하게 검토하고 있다.

제2장

한국 근대사상과 아나키즘

1. 사회개조론의 두 흐름

사회개조론은 1910년대 후반부터 1920년대 초반에 이르는 기간 동안 한국사회에 가장 광범위하게 영향을 미친 사상을 부르는 이름이다. 세계개조론은 흔히 버트란트 러셀이 1916년에 발표한 『사회개조의 원리(*Principle of Social Reconstruction*)』라는 저술과 연관하여 설명되는 경우가 많다. 그러나 1910년대 후반부터 한국 지식인들이 동시다발적으로 주장했던 사회개조론이 러셀의 영향으로 인해 촉발되었다고 보기는 어렵다. 러셀의 『사회개조의 원리』가 국내에 소개되기 이전에도 이미 그러한 문제의식은 젊은 지식인 사이에 있었기 때문이다. 『학지광』 제4호에 「반도청년의 각오」라는 글을 발표하여 신문명 개척의 필요성을 이미 강조한 바 있었던 유학생 김이준(金利俊)은 같은 해 다음과 같은 글을 게재한다.

> 어제까지 평화를 가장하고 열국(列國)의 동정을 집중하여 세계의 안은(安隱)을 주장하여 야심을 질타하고 인도, 정의를 주장하던 구주 열강은 일성(一聲) 총포에 엄연이 그 평소의 주장을 폭기(暴棄)하고 어젯날 평화의 무대를 오늘날 살육의 혈와(血渦)로 변하여 역사상 미증유한 저 참상을 연출하는도다. (…중략…) 각자 민족발전의 필요며 세력확장의 충돌이니 약육강식하며 우승열패하는 이십세기의 특특(特特)한 현상이라 위(謂)할지로다.[29]

이런 주장의 기반이 러셀의 사회개조론과 겹치는 부분은 매우 좁다. 러셀이 『사회개조의 원리』에서 비판했던 핵심 대상은 제국주의나 전쟁이라기보다는 자본주의 사회구조였기 때문이다.

사회개조론은 크게 두 줄기로 흐르면서 당시 한국 지식인들에게 영향을 주었다. 우리가 잘 아는 바와 같이 『개벽』을 중심으로 유통되었던 민족주의적이고 다소 계몽적인 '문화개조론'이 눈에 띄는 하나의 흐름이라면, 신채호와 초기 사회주의자들이 주장했던 제국주의와 자본주의에 대한 반발 역시 같은 이름으로 전개되었던 사회개조론의 또 다른 흐름이었다.

러셀의 사회개조론과의 관계성 여부를 떠나 다양한 방향에서 사회개조론은 1920년대 한국지식인들 사이에서 반향을 일으켰다. 이 반향

29 김이준, 「出陳하는 勇士 제군에게」, 『학지광』 제6호, 1915.7, 28~29면.

중에서 가장 주목되는 점은 사회개조론이 19세기 말 이후 한국 지식인들의 사고를 폭넓게 지배했던 사회진화론에 입각한 가치관에 균열을 일으켰다는 점이다. 김철수, 원종린, 주종건 등이 사회진화론의 한계를 지적하면서 사회주의의 입장을 옹호한 것이 이와 같은 사례에 속한다. 그러나 누구보다도 강렬하게 사회개조론을 계급의식에 연결시킨 인물은 신채호일 것이다. 그가 의열단을 위해 작성한 「조선혁명선언」은 사회개조론이 혁신적인 이념으로 연결된 모습을 잘 보여준다.

물론 러셀의 『사회개조의 원리』가 소개된 이후에도 『학지광』에 글을 게재했던 김이준과 같이 민족주의적이고 계몽적인 입장에서 사회개조론을 이해하고 활용하는 경우는 많았다. 「기미독립선언서」나 이광수의 「민족개조론」 등이 그 대표적인 사례라고 할 수 있다. 이처럼 사회개조론에 대한 당시 한국 지식인들의 입장은 일치하지 않았다. 사실 1920년대 민족개량주의는 사회개조론이 보수적이고 엘리트주의적인 입장에서 변용된 '정신개조론'이라고 할 수 있다.[30]

그러나 정신개조를 주장하는 입장이 모두 개량주의로 연결된 것은 아니었다. 훗날 사회주의자가 되는 김철수는 노동자에 대한 인식전환이 사회개조의 전제라는 점을 강조하면서 다음과 같이 주장한다.

> 사회의 진화가 노동자가 없고 어찌되리오. 우리의 불가피한 의식(衣食)을 공급하는 자는 누구며, 우리의 거소(居巢)하는 집을 건축하는 자는 누구며,

30 이는 사회개조를 주장하면서도 개량주의적인 입장을 견지했던 인물들이 정치적 혁명보다 사회개량과 전원적인 삶에 관심을 기울였던 영국 작가 에드워드 카펜터(Edward Carpenter)를 소개하는 경우가 많았다는 점과도 연관된다.

우리의 일용물품을 공급하는 자는 누구인가.[31]

1917년 신규식, 조소앙, 박은식, 박용만, 신채호 등이 주도한 「대동단결의 선언」[32] 역시 이러한 균열이 새로운 세계관으로 연결되는 초기 모습을 잘 보여준다. 이러한 입장은 1920년대로 연결되어 조선노동공제회 기관지 『공제』에 지주계급의 탐욕이 사회의 안녕과 질서를 구축하는 가장 큰 적이라는 의식에 이르게 된다.[33]

2. 사회개조론에서 아나키즘으로 – 신채호의 경우

1910년대 중반 이후 한국사회에 영향을 미친 사회개조론의 두 흐름을 살폈다. 그러나 사실 1920년대에 접어들면서 민족개량주의로 기울어진 지식인들이 받아들인 사회개조론은 수용이라기보다는 활용이라는 표현이 적절할 정도로 러셀이 주장했던 사회개조론의 핵심가치에서 벗어난 것이었다. 엄밀한 의미에서 그것은 구한말 개화파지식인들의 계몽주의의 20세기 버전에 가까웠다. 이에 비해 상대적으로 진보적인 입장에서 사회개조론을 받아들인 인물들은 이후 점차 아나키스트 혹은 마르크스주의자로 자신들의 정체성을 구축해가는 경우가 많았는데, 이는 그들이 사회개조론을 공동체주의로 인식했기 때문이었다. 그

31 김철수, 「노동자에 관하야」, 『학지광』 제10호, 1916.9, 15면.
32 조동걸, 「임시정부 수립을 위한 1917년의 「대동단결의 선언」」, 『한국학논총』 제9집, 국민대 한국학연구소, 1987 참조.
33 일기자(一記者), 「농촌과 노동문제」, 『공제』 제7호, 1921.4, 30~36면 참조.

대표적인 사례를 신채호로부터 발견할 수 있다.

우리는 흔히 신채호를 아나키스트로 부르지만, 그의 사상은 특정한 사상을 수용한 것이라기보다는 다양한 사상과 관념이 복합적으로 작용한 결과라고 설명하는 것이 정확한 표현일 것이다. 그 대표적인 것이 크로포트킨(Piotr Alekseïevitch Kropotkine)의 상호부조론 수용과 전통유학을 근대적으로 변용한 것이다. 그의 사상과 유학사상과의 관계는 조금 뒤 개신유학과 아나키즘의 관계를 논하는 자리에서 다루기로 하고, 이 절에서는 크로포트킨의 사상과 신채호의 아나키즘의 관계를 살피기로 한다.

대표적인 한국 근대 아나키즘 연구자인 이호룡은 신채호의 사상변화를 다음과 같이 분석한다.

> 신채호가 사회진화론적 사고를 극복하게 된 것은 러시아혁명 이후로 보인다. (…중략…) 이것은 신채호가 러시아 혁명을 계기로 사회개조・세계개조론과 대동사상을 수용하면서 사회진화론을 극복해 났다는 것을 보여준다.[34]

'사회진화론 극복'이라는 것은 신채호가 '상호부조론'을 수용한 것을 두고 하는 말이다. 실제로 신채호가 크로포트킨의 사상에 대해 기울인 관심과 평가는 대단히 높았다. 1925년에 발표한 「낭객의 신년만필」에서 신채호는 당시 조선의 젊은이들에게 "아아, 크로포트킨의 「청년에

34 이호룡, 「신채호의 아나키즘」, 『역사학보』 제177집, 역사학회, 2003.3, 74~75면.

게 고하노라」란 논문의 세례를 받자! 이 글이 가장 병에 맞는 약방(藥方)이 될까 한다"[35]라며 극찬을 아끼지 않았다.[36] 그런데 이 글을 통해서 우리는 사회진화론을 극복하고 상호부조론을 받아들인 이후, 한발 더 나아간 아나키스트 신채호의 세계관을 발견할 수 있다.

> 구시(舊時)의 도덕이나 금일의 주의(主義)한 것이 그 표준이 어디서 낫느냐? 이해에서 낫느냐? 시비에서 낫느냐? 만일 시비의 표준에서 낫다면 「청구리담집(青丘俚談集)」에 보인 것과 같이 나무의 그늘에서 삼하의 더위를 피하고는 겨울에 그 나무를 베어 불을 때는 인류며, 소를 부리어 농사를 짓고는 그 소를 잡아먹는 인류며, 박연암의 호질문에서 말한 것같이 벌과 황충이의 양식을 빼앗는 인류니, 인류보다 더 죄악 많은 동물이 없은즉 먼저 총으로 폭탄으로 대포로 세계를 습격하여 인류의 종자를 없애버려야 할 것이 아니냐. 그러므로 인류는 이해문제뿐이다. 이해문제를 위하여 석가도 나고 공자도 나고 예수도 나고 마르크스도 나고 크로포트킨도 낫다. 시대와 경우가 같지 안하므로 그들의 감정의 충동도 같지 않아야 그 이해표준의 대소광협(大小廣狹)은 있을망정 이해는 이해이다. 그의 제자들도 본사(本師)의 정의(精義)를 잘 이해하여 자가(自家)의 리(利)를 구(求)하므로, 중국의 석가가 인도와 다르며, 일본의 공자가 중국과 다르며, 마르크스도 카우츠키의 마르크스와 레닌의 마르크스와 중국이나 일본의 마르크스가 다 다름이다.

35 신채호, 「浪客의 新年漫筆」, 단재신채호선생기념사업회, 『(개정판)단재신채호전집』 하, 형설출판사, 1995, 30면.

36 크로포트킨의 「청년에게 고하노라」는 의사, 혹은 법률가 등 전문직을 가지고 있거나 그러한 삶을 추구하는 지식인 청년들에게, 자본주의 체제 내에서 행할 수 있는 도덕적 미덕이나, 약자에 대한 배려는 결국 현존하는 불평등과 부조리를 개선하는 데에 거의 아무런 도움도 되지 못한다는 점을 매우 설득적인 내용으로 서술하고 있다.

우리 조선 사람은 매양 이해 이외에서 진리를 찾으려 하므로, 석가가 들어오면 조선의 석가가 되지 않고 석가의 조선이 되며, 공자가 들어오면 조선의 공자가 되지 않고 공자의 조선이 되며, 무슨 주의가 들어와도 조선의 주의가 되지 않고 주의의 조선이 되려 한다. 그리하여 도덕과 주의를 위하는 조선은 있고 조선을 위하는 도덕과 주의는 없다.[37]

이 글을 정확하게 이해하기 위해서는 신채호가 사용한 '이해(利害)'라는 표현이 경제적 계급관계를 표현한 것이라는 점을 인식할 필요가 있다. 상호부조라는 이상적인 미래사회 운영원리를 실현하기 위해서는 현실의 모순을 제거하는 것이 필수적이다. 실제로 상호부조론으로 저명한 사상가 크로포트킨이 20대 중반 이후 추구했던 일관된 삶의 목표는 노동조합을 통해 경제적 불평등을 해소하는 것이었다. 사회변혁운동인 아나키즘이 스스로 설정하고 있는 핵심과제는 노동자와 농민계급의 경제적 해방이었다. 관료제에 기반을 둔 거대한 국가체제와 대의민주주의제도를 거부한다는 정치적인 입장으로 인해 '무정부주의'라는 냉소적인 이름을 얻기도 했지만, 아나키즘이 국가체제와 대의민주주의를 거부했던 이유는 그것이 또 다른 계급구조를 형성하는 핵심제도라고 판단했기 때문이었다. 사유재산제도에 기반을 두고 있는 자본주의체제에 대해 강한 거부감을 공통적으로 지니고 있으면서도 아나키즘이 마르크스주의에 대해 늘 반감을 보이고 있는 이유는 마르크스주의자들이 구상하고 있는 미래사회의 구성 체제에 동의할 수 없었기

37 신채호, 「浪客의 新年漫筆」, 앞의 책, 25~26면.

때문이었다. 아나키스트들의 눈에 마르크스주의자들의 미래구상은 교조적인 관료주의로 보였던 것이다.

신채호가 「낭객의 신년만필」에서 굳이 '이해'라는 용어를 '도덕과 주의의 표준'으로 제시했던 것은 계급인식에 입각한 경제투쟁이 그들의 눈앞에 놓인 핵심과제라는 신채호의 인식을 잘 보여준다. 그런 점에서 「낭객의 신년만필」은 사회개조론을 통해 근대적 공동체주의를 재인식하게 된 한 지식인이 사유재산제도 철폐를 통해 자본주의 경제체제를 해체하기 위한 경제투쟁을 요구하는 아나키즘에 적극적으로 반응하는 장면으로 읽을 수 있는 글이다.

3. 천도교와 아나키즘

앞에서 1920년 전후 한국사회에 영향을 준 사회개조론에 관해 다루었지만, 사회개조론이 그 이전의 어떤 전통사상에도 없었던 가치체계를 제시한 것이라고 보기는 어렵다. 그와 유사한 가치관은 가깝게는 구한말 이른바 위정척사파 유학자들의 입장에서도 어렵지 않게 발견할 수 있는 것이기 때문이다.

사회개조론이 그랬던 것처럼 아나키즘 역시 한국의 전통적인 사상체계와 호환가능성이 높았다. 1920년대를 중심으로 천도교와 아나키즘의 관계, 특히 그 사상적 기반에서 찾을 수 있는 유사성을 언급하기 위해서는 이돈화의 입장을 확인하지 않을 수 없다.

우리가 지금 천도교 교리의 대명사처럼 인식하고 있는 '인내천 사상'

을 천도교의 핵심 교리로 설정하고 체계화한 인물은 이돈화이다. 우리가 잘 알고 있는 바처럼, 천도교의 인내천주의는 종교적 교리이면서도 인본주의에 입각해있다. 1920년 여름 발간된 『개벽』의 한 사설에서는 우주가 신에 의해 창조된 것이 아니라 '변화 과정에 있는 것[未成品]'이고, 인간도 그런 우주의 질서에 놓인 존재라고 규정하고 있다. 이 글에서는 더 나아가 신은 지배계급이 자기의 지위를 영원히 옹호하기 위한 술책으로 조작한 것이므로 실재가 아니라 상징이라고 주장한다.[38] 『개벽』에서 차지하고 있었던 위상으로 미루어 이런 입장이 이돈화의 입장과 배치될 리가 없다. 이러한 주장은 동학 창립 당시 최제우가 마련했던 교리와도 어느 정도 거리가 있다. 창립 당시 민중들의 성향과 심리가 반영된 것이기는 하겠지만, 최제우의 교리에는 다분히 신비주의적이고 유일신적인 신의 존재가 강조되고 있었기 때문이다.[39]

이돈화는 인내천을 종교적 종지로 설정하면서 천도교가 추구하는 지상의 천국을 오직 선(善)의 평등으로 조직되어 귀천의 차별이 없으며 유산 무산의 계급이 없으며 전쟁이 없는 안온한 세계로 규정한다.[40] 이와 같은 세계 인식은 곧 현실에 대처하는 인내천주의적 태도를 이해하는 열쇠가 된다. 천도교의 이상향, 즉 사람의 무궁성이 현실 속에서 건설되는 세상을 실현하기 위해서는 곧 현실의 여러 폐해를 고쳐야 했다. 이 과정에서 도출되는 현실개벽의 방법론이 이른바 '영육쌍전(靈肉雙全)'의 원리이다. 특히 개인적 차원에서 이른바 '새로운 사람'이 되기 위

38 「社說-吾人의 新紀元을 宣言하노라」, 『개벽』 제3호, 1920.8, 8면 참조.
39 윤천근, 「崔濟愚의 철학사상 (1)」, 『동양철학』 제2호, 한국동양철학회, 1991.11, 58~60면 참조.
40 이돈화, 「天國行」, 『개벽』 제49호, 1924.7 참조.

하여 강조하고 있는 점은 자주·자립의 인물, 실제적 지식, 세계적 지식에 통한 사람, 신념이 견고한 인물이 되어야 한다는 점인데, 그것은 당시의 시대를 영웅주의의 시대가 가고, 만인이 공동으로 힘을 표현하는 '평민과 민중의 시대'로 규정했기 때문이었다.[41] 특히 당시 천도교계가 강조하고 있었던 '영육쌍전'은 인내천이라는 천도교의 종지에 기반을 둔 사회를 건설하기 위한 현실적 제도개혁의 중요성을 강조한 것이었다.

1920년대 초반 천도교계가 취하고 있었던 이러한 입장이 추구하고 있었던 바는 인간에 대한 무한신뢰와 이를 바탕으로 한 주체각성, 그리고 이를 현실에 실현하기 위한 제도개혁으로 요약할 수 있다. 뒤에 살펴보겠지만, 천도교계가 중심이 되었던 농민단체 조선농민사가 추구했던 가장 구체적인 조직운동은 공동경작과 소비조합을 중심으로 한 마을공동체 만들기였다는 점은 이와 같은 당시 천도교계의 입장을 다시 떠올리게 한다. 또한 이는 1920년대 아나키스트들이 지니고 있었던 세계관과 인간관과 많은 부분에서 호환성을 발견하게 하는 요소이다.[42]

41 김도형, 「1920년대 천도교계의 민족운동 연구」, 『역사와 현실』 제30호, 한국역사연구회, 1998.12, 215~223면 참조.

42 아나키즘과 천도교가 농촌문제에 깊은 관심을 가지고 있었던 이유는 그들이 경제적 모순을 해결하는 것이 현실을 개혁하기 위해서 가장 시급하게 해결해야 할 문제로 인식하고 있었기 때문이었다. 천도교는 인간해방을 주관적 해방과 객관적 해방으로 구분하여 이해하고 있는데, 천도교는 경제적 모순을 해결하는 것을 의미하는 객관적 해방을 주관적 해방의 필요조건으로 인식하고 있었다. 그러므로 '객관적 해방', 즉 경제적 자유를 획득하기 위해서 노동문제를 해결해야 한다는 주장(이돈화, 「자기해방과 인내천주의(속)」, 『천도교회월보』 제119호, 1920.7, 2면)은 이와 같은 당시 천도교의 교리에 입각한 것이었다. 여기에 천도교가 농민들의 삶을 중시할 수밖에 없었던 또 다른 이유는 무엇보다도 천도교 자체가 소빈농층의 지지 위에서 형성, 발전되었기 때문이었다. 천도교 측에서 1920년대의 민족주의 문화운동이 지나치게 도회 중심적이라고 비판하는 목소리(한동조, 「천도교와 조선」, 『천도교회월보』 145, 1922.10, 22~23면)가 나왔던 이유 역시 천도교의 이와 같은 태생적인 특성 때문이었다. 이 점은 아나키스트들의 태도에서도 찾을

한국 근대 아나키스트들의 논리 속에서 인간의 '본능'과 '본성'에 대한 언급은 자주 눈에 띤다. 평북 정주 출신으로 조선혁명자연맹 중앙위원이었으며, 조선의용대 대원이었던 아나키스트 이달(李達)[43]은 사회변화의 핵심 동력을 '인간의 본능적 욕구'로 규정하면서 다음과 같이 말한다.

> 굴욕과 궁핍 속에서 나날이 생명의 위협을 받는 우리가 이 현사회를 파괴하고 자유, 행복의 신사회를 건설하려는 것은 학리도 아니고 철학도 아닌 생명 그것이 명하는 당연한 요구이다. (…중략…) 훼조(毁造)한 학리(學理)와 이론과 방법이 가령 일시적으로 이 본능을 억압할 수 있다 할지라도 얼마 되지 않아서 이 본능은 자기 자신의 자유 발양(發揚)을 주장하고 만다. (…중략…) 불란서 혁명이 실패하고 러시아혁명의 유혈의 희생이 민중해방을 성취치 못한 것은 완전히 인간으로서의 욕구에서 출발하지 안한 원인이 있다. (…중략…) 번쇄한 이론을 배격하여라. 그래서 자기의 인간으로서의 높은 욕망으로부터 대담한 실행에 서로 나아가자![44]

수 있는 부분이다. 아나키스트들은 계급을 생산수단의 소유관계로 보지 않고 '착취계급 대 피착취계급', '지배계급 대 피지배계급'으로 단순하게 인식하고 있었다. 그러므로 1920년대 초를 기점으로 활발하게 진행된 아나키스트들의 투쟁은 정치투쟁보다는 경제투쟁을 지향했다. 특히 당시 조선 산업의 근간이었던 농업에 대한 문제의식도 노동문제, 특히 소작문제를 가장 중요한 것으로 인식하고 있었다. 그러므로 일제강점기 소작농들의 쟁의활동과 농민단체의 중심에 아나키스트들이 서 있는 경우는 빈번했다(이호룡, 『한국의 아나키즘－사상편』, 지식산업사, 2001, 97~101면; 김명구, 「1920년대 전반기 사회운동 이념에 있어서의 농민운동론」, 장시원 외, 『한국 근대 농촌사회와 농민운동』, 열음사, 1988 참조).

43 강만길, 성대경 편, 『한국사회주의운동 인명사전』, 창작과비평사, 1996, 324면 참조.

44 금월(今月)(상해), 「인간적 욕구와 지도이론의 불필요」, 『흑색신문』 제33호, 1934.10.24 (이호룡, 『한국의 아나키즘－사상편』, 지식산업사, 2001, 217면에서 재인용).

인간의 본래적 특성을 의미하는 본능이라는 개념은 아나키스트 문인 이향[45]의 글에서도 확인할 수 있다.

> 인생은 생리적으로 보아서 종족보존의 성적욕구가 잇고 사회적 생활을 영위하는 기본 질서인 상호부조적 본능이 잇고, 만인행동의 가치를 비판하는 기본적 척도인 윤리적 감각이 잇고, 일체의 부정부패를 증오하는 정의감이 잇는 것이니 이러한 자주적 자치적 정신에 의거하여 생활을 사회적으로 영위함에서 처음 생존의 완전한 보대(保待)가 가능케 됨은[46]

> 대중의 강렬한 생활본능에서 기인한 생활×××행동의 감정과 사상을 인간의 본질적 요구인 원시적인 연대성적 동일감에 통일 순화하야 그들의 생활감정과 ××을 고무하는 것이 ××××예술의 임무이며 사명일 것이다.[47]

이달이 '본능', '인간으로서의 높은 욕망'이라는 표현을 사용한 것이나, 이향이 '본능', '인간의 본질적 요구인 원시적인 연대성적 동일감'을

45 이향은 안변출신으로 어린 시절부터 문학에 대한 관심과 재능을 인정받았으며, 김광면(金光冕)과 함께 『동호문단(東湖文壇)』을 창설하여 문필활동을 시작했다(오장환, 『한국 아나키즘 운동사 연구』, 국학자료원, 2006, 101면)고 알려진 인물이다. 그는 원산지역의 중요한 아나키스트 조직이었던 본능아연맹의 창립에 깊이 관여한 대표적인 인물이면서(구승회 외, 『한국 아나키즘 100년』, 이학사, 2004, 194면; 이호룡, 『한국의 아나키즘-사상편』, 지식산업사, 2001, 217·225면 참조), 가장 대표적인 근대 한국 아나키스트 조직인 관서흑우회 활동에 적극 참여했고(박환, 『식민지시대 한인 아나키즘운동사』, 선인, 2005, 311면), 1928년 메이데이 시위를 준비하는 과정에서 검거되었다는 기록도 찾을 수 있다(『중외일보』, 1928.5.1). 1930년 이후 그는 개인적으로 불행한 삶을 살았다. 1931년 원산일반노조사건으로 김대관, 남상옥 등이 투옥되자, 함남노동회의 서기직에 있던 그는 그 직을 버리고 원산을 떠나 함북과 간도 등지를 전전하며 인생을 비관하고 자포자기 상태로 생활하다가 이역에서 병사했다고 알려져 있다(박환, 같은 책, 312면).

46 이향, 「인생과 기계, 기계와 예술 (1)」, 『동아일보』, 1929.10.28.

47 이향, 「藝術의 一翼的 任務를 위하야 (2)」, 『조선일보』, 1928.2.10.

'고무'하는 것이 당대 예술가의 임무라고 표현하는 근거는 동일하다.

크로포트킨은 자신의 대표적인 저작 『상호부조론(*Mutual Aid : A Factor of Evolution*)』을 통해서 스펜서의 사회진화론이 다윈의 진화론에서 그 이론적 근거를 제공받고 있는 듯하지만, 사실은 심각하게 다윈의 진화론을 왜곡하고 있다는 점을 드러내고자 했다.[48] 그는 '경쟁과 적자생존'에 의해서 종이 진보한다는 자연법칙이 객관적인 근거를 가지고 있지도 않을 뿐만 아니라, 다윈 진화론의 핵심도 아니라고 생각했다.[49] 이것은 크로포트킨이 다윈을 자기 방식대로 재해석한 것이 아니었다. 사실 다윈으로부터 제국주의와 자본전횡의 논리적 근거를 찾아내려고 했던 19세기 자본가들의 행태가 다윈의 연구결과 중에서 약육강식의 논리만을 자기방식대로 강조한 일면적 해석에 가까운 것이었다. 찰스 다윈은 1871년에 출간된 『인간의 유래(*The Descent of Man and Selection in Relation to Sex*)』에서 인간의 도덕성을 진화론에 입각하여 설명한다. 그는 인간의 도덕성은 인간만이 가지고 있는 진화의 산물이라고 말한다. 다윈은 인간의 도덕성은 공동체 생활을 영위하기 위하여 획득한 보편적 기질이며, 곧 경쟁력의 핵심이라고 판단하면서 이러한 도덕성을 바탕으로 협동하는 인간의 진화된 기질의 유무가 문명과 미개를 가르는 기준이 된다고 주장한다.[50]

크로포트킨은 고등 생물로 진화할수록 협동을 통해서 다른 생물종과의 경쟁에서 우위를 점한다는 자신의 판단 근거를 다윈으로부터 찾

48 Pyotr Alekseyevich Kropotkin, 김영범 역, 『만물은 서로 돕는다(*Mutual Aid : A Factor of Evolution*)』, 르네상스, 2005, 29면.
49 위의 책, 12~13면.
50 Charles Darwin, 김관선 역, 『인간의 유래』 1, 한길사, 2006, 211~233면 참조.

음으로써 자신이 추구하고 있었던 상호부조에 의한 이상적인 공동체 사회의 정당성과 실현 가능성을 인정받을 수 있는 과학적 근거를 제공받게 된 것이다. 이타적 행동이 궁극적으로 자신에게 이익이 된다는 사실이 유전적인 정보로 인간에게 내존되어 있으며, 그러므로 인간이 보여주었던 공동체 내에서의 이타적이고, 윤리적 행동을 존재론적으로 설명할 수 있다는 것이다. 이것은 인간의 본성에 대한 깊은 신뢰로 귀결될 수밖에 없는 인식이었다.[51]

이달과 이향이 '본능', '인간으로서의 높은 욕망', '인간의 본질적 요구인 원시적인 연대성적 동일감' 등으로 표현하는 이유는 이와 같은 맥락 속에서 이해해야 한다. 아나키스트 이향이 참여했던 조직의 명칭이 '본능아연맹(本能兒聯盟)'[52]이었다는 점은 이것이 아나키스트 사상가들이 보편적으로 공유하는 관점이었음을 알려준다.

인간의 주체적 자기인식을 무엇보다 중시하고, 이에 의한 연대와 공동체를 미래사회 구상으로 공유한다는 점, 또한 유산계급과 무산계급의 차이를 평등관계로 전환하는 것을 당면과제로 설정하고 있다는 점 등은 천도교와 아나키즘의 호환성을 보여준다. 이것이 구체화된 것이 뒤에 자세하게 살피게 될 조선농민사 기관지 『조선농민』과 『농민』이었다.

51 김택호, 『한국 근대 아나키즘문학, 낯선 저항』, 월인, 2009, 112~113면.

52 1926년 일군의 아나키스트들이 원산에서 조직한 아나키스트 단체이다. 회원은 45명이었으며, 사상운동에 주력했다(한국역사연구회 편, 『일제하사회운동사자료총서』 7, 고려서림, 1992, 82면).

4. 개신유학과 아나키즘

정약용의 인간관을 분석하고 있는 아래 글을 찬찬히 들여다보자.

> 그(정약용—인용자)의 성선설(性善說)은 맹자 성선설의 바탕에 서 있지만 그 이론적 근거는 성리학자들처럼 성품을 본래 순수한 것으로 보는 것이 아니라 선을 좋아하는 '기호'로 보는 점이 다르다. 따라서 그는 『맹자요의(孟子要義)』에서 선은 자동적으로 수행할 수 있는 것이 아니라, 인간이 선을 좋아하는 성품의 기호에 기반해서 자신의 결단으로 선택하고 실행해가야 하는 것이라고 설명한다. 다산은 하늘이 인간에게 선을 행하고자 하면 선을 행할 수도 있고, 악을 행하고자 하면 악을 행할 수도 있는 결정권을 주었는데, 이것이 바로 '자주지권(自主之權)'이라고 한다. (…중략…) 다산의 이런 자주지권 사상은 이상 사회 건설을 위한 인간 심성론에 절대적으로 필요한 사상이라고 볼 수 있을 것이다. 인간이 하늘로부터 부여받은 자유의지에 따라 행하는 선은 상호부조가 사회 발전의 원리라는 아나키즘의 근본 개념과 일치하는 것이기 때문이다.[53]

지금까지 몇몇 한국의 근대 사상들과 아나키즘의 호환가능성을 살폈던 이유는 아나키즘이 매우 특수한 사상체계라는 생각이 옳지 않다는 점을 환기시키기 위해서였는데, 이는 결국 아나키즘이 매우 보편적인 인간의 혁신의지들을 폭넓게 아우르는 것이라는 주장이기도 하다.

53 구승회 외, 앞의 책, 146~147면.

정약용의 인간관을 해석하고 있는 위 인용문의 견해는 분석적이고 차분하다 그러나 정약용의 인간관과 아나키즘이 근본적으로 일치되는 전제를 가지고 있다는 식의 주장은 한국 근대 아나키즘에 대한 이해를 더욱 어렵고, 불분명한 것으로 만들 수 있다는 점을 지적하고 싶다. 이러한 접근은 아나키즘을 더 알 수 없는 것으로 만들거나, 그러면 아나키즘이 아닌 것이 무엇이냐는 냉소적 반응을 불러일으킬 수 있다. 반복적으로 강조하지만, 사회진화론에 입각한 제국주의와 독점적 자본주의, 혹은 개인이 배제된 유기체적 질서를 추구하는 국가주의는 아나키즘과 대척점에 있다. 이것으로부터 한국 근대 아나키즘을 이해하기 위한 핵심 전제를 마련해야 할 것이다.

우리는 자신이 유교문화권에 속해 있고, 또한 그것이 우리의 전통이라고 여기고 있다. 그러나 전통 유학에 대한 우리의 이해는 의외로 피상적이고 불분명하다. 만약 누군가 우리에게 유학, 혹은 유교적인 삶이 무엇이냐고 묻는다면, 과연 뭐라고 말할 수 있을까? 우리의 마음속에서 유학은 계승해야 할 것으로 자리 잡고 있을까? 아니면 답답하고 고루하여 극복해야 할 것이라고 여기고 있을까? 우리는 유학이 전통적이고 기회주의적이지 않으며, 정신적인 것이라고 생각한다. 그러나 동시에 유학은 우리에게 봉건적이고, 형식적이며, 시대에 뒤떨어진 것으로 받아들여지기도 한다. 전통 유학이 발산하는 이 이중적인 이미지는, 대다수 한국인들이 유학이 형성시킨 특수한 문화로부터 완전히 벗어난 삶을 살아보지 않았으면서도, 정작 유학이 외부로 드러내 보이는 이미지의 내부에 있는 근본적인 세계관과 인간관을 잘 알지 못한다는 점을 보여준다. 이런 이중적인 이미지는 유학과 관계가 있으면서도 관계가 없는 것이다. 이런 느낌은 내면화된 오리엔탈리즘과 자기 전통에 대한 자긍심이 묘하게 섞인 모습이다. 만약 이런 느낌이 유학과 관계가 있다면 그것은 유학적 관습과 유학에서 다양한 타자와의 관계설정의 규범으로 작용하는 '예(禮)'를 유학의 모든 것으로 이해하는 태도에 가깝다.

물론 '예(禮)'가 전통 유학을 이해하는 중요한 통로가 되는 것은 사실이지만 그것이 유학의 핵심은 아니었다. 유학은 인간의 사유능력 안에서 세계와 인간을 이해하려는 합리적 인식체계이며, 당위론적 가치질서를 기반으로 사회를 구성하려는 실천 철학이다. 특히 조선 후기 유학의 새로운 움직임은 이와 같은 유학의 근본을 다시 세우려는 태도로 이해할 수 있다. 특정한 학통이나, 확실한 인간적 교류가 없이 개별적으로 진행되어 온 조선 후기의 새로운 유학을 통칭 '실학'이라고 부르는 것은 우리에게 매우 익숙하다.[54] 과연 실학이 무엇이냐 하는 문제를 해결하기 위해서는 수많은 논의가 있어야 하겠지만, 저자는 최한기와 같은 일부 특수한 경우를 제외하고는 예학에 가려 아득해져 가던 유학의 근본을 회복하려는 태도가 조선 후기 이른바 '실학 정신'의 핵심이라고 판단하고 있다. 그러므로 그것은 탈성리학적, 탈예학적인 것일

54 김용옥은 저서 『독기학설』을 통해서 실학은 '사실'이 아니라, 후대의 몰주체적인 학자들에 의해서 규정된 오류투성이의 '개념'이라고 반복해서 주장한다(김용옥, 『독기학설』, 통나무, 2004, 31~83면 참조). 물론 김용옥에 의해서 비판받는 이른바 후대의 작위적 규정으로서의 실학 개념을 어느 정도 수용한다고 해서 그것이 그대로 조선 후기 유학에 대한 근본적인 오해가 되는 것은 아닐 것이고 그런 점에서 김용옥의 주장에 좀 극단적인 면이 있지 않느냐는 견해에 귀를 기울일 수도 있을 것이다. 그러나 저자는 적어도 실학으로부터 서구적 근대성의 맹아를 찾는 태도에 관해서는 김용옥의 주장을 수긍한다. 이는 한국철학 연구자들의 일반적인 견해와도 그리 먼 거리에 있는 것이 아니다(윤사순, 「실학 발흥의 사상적 배경」, 『한국의 성리학과 실학』, 열음사, 1993 참조).

수는 있어도 탈유학적인 태도는 아니었다.

우리는 흔히 박세당으로부터 연암 박지원이나 성호 이익, 다산 정약용, 추사 김정희와 같은 조선 후기 유학자들을 당시 조선사회의 성리학에 대해서 근본적인 회의감을 지니고 있었던 인물들로 이해하고 있다. 이것은 올바른 판단이다. 문제는 그들이 보여주고 있는 새로운 학풍이 서구적 근대의식에 자극받은 것이거나, 적어도 서구적 근대사회와 유사한 사회체계를 건설하려는 의도를 지닌 것으로 이해한다는 점이다. 그러나 천주교도로 알려진 정약용[55]을 포함하여 그들 대부분은 완고하게 성리학적 가치의식을 고수하려고 했던 당대의 보수적 지배층과 마찬가지로 이른바 서학이 당대 조선사회에 밀려들어오는 것을 심각한 위기로 인식하고 있었다. 오히려 그들은 서학의 파급을 자신들의 정치적 기반을 강화하려는 의도로 이용했던 보수적 지배층보다 더욱 완고하게 유교적 사회 질서나 가치관을 지키려고 했던 인물들이었다.[56] 특히 주자의 경학적 입장에서 벗어나, 자신만의 경학 체계를 세우려고 노력했던 정약용의 태도[57]는 이들 조선 후기의 실학자들의 지향점이 주자의 그늘을 벗어나, 공자와 맹자의 사상을 직접 대면하려는 근본주의에 가까웠음을 잘 보여준다.

55 정약용을 천주교도로 이해하는 일반적인 관점이 정확한 사실에 기초하고 있는지에 대해서는 이견의 여지가 많은 것이 사실이다. 정약용 스스로 자신이 천주교도가 아니며 단지 젊은 날 '이문(異聞)'에 대한 호기심으로 천주교 관련 서적을 읽었을 뿐이라는 점을 밝힌 글을 남기고 있기 때문이다. 오히려 그는 천주교의 교리가 자신을 '현혹'했다고 말한다(정약용, 「천주교 관계의 전말을 상소합니다」, 박석무 · 정해렴 편역, 『다산논설선집』, 현대실학사, 1996, 306~315면 참조).

56 임형택, 「19세기 서학에 대한 경학의 대응—정약용과 심대윤의 경우」, 『창작과비평』, 1997 봄호 참조.

57 정일균, 「다산 정약용의 '맹자'론」, 『사회와역사』 제56권, 한국사회사학회, 1999.12 참조.

조선의 성리학은 상층의 소수 지식인이 깊은 지식과 세계에 대한 이해를 추구, 획득하고 이것이 다시 대중에게 퍼져 나가게 하는 전통적인 아카데미즘의 형식을 갖추고 있다. 그러므로 조선의 성리학은 양반세력에 의해서 독점된 이념이었다. 그리고 예학은 그 독점된 이념의 옷이었다. 이 독점의 논리에 실학은 균열을 낸 것이다. 그리고 그 균열의 중심에 실학자들의 새로운 인간관이 자리 잡고 있다. 그들은 인간을 '지(志)'를 지닌 '독존적 존재'로 인식했다.[58] 그러므로 그들에게 인간은 개별적이고 후천적으로 변화가 가능한 존재였다. 그리고 그들은 이것이 유학 본래의 정신이라고 믿었다. 이것은 보수적 예학자들이 지니고 있었던 폐쇄적 인간관과 대비되는 것이었다. 실학자들이 가지고 있었던 이 새로운 인간관은 결과적으로 소외된 계층, 혹은 보편적 인간 개별성을 옹호하는 것이었다. 이것이 바로 실학사상의 민본주의적인 면이었다. 그러므로 우리가 그들의 사상을 '근대적'이라고 규정해야 한다면, 그것은 후대에 나타나는 부국강병을 지향점으로 설정하는 몰주체적이고 왜곡된 근대주의와는 완전히 다른 의미로 사용해야 할 것이다.

이와 같은 조선 후기의 새로운 유학의 흐름은 구한말의 이른바 개신유학과 같은 매우 '근대적인' 유학사상에도 계승되고 있다. 개신유학은 역사와 문화를 공유하는 공동체로서 대외적으로 제국주의적 침략에 맞서 싸우며 대내적으로 신분적 차별 없이 동등한 개인의 자격으로 공동체의 구성원이 되는 민족국가를 새로운 시대의 공동체 구성 원리로 제시하고 있다. 이 과정에서 개신유학자들은 공동체의 소속감을 강화

58 윤사순, 『한국의 성리학과 실학』, 열음사, 1993, 47~48면.

시켜 줄 수 있는 민족적 자각을 위해 한국의 역사와 문화에 대한 치열한 연구를 전개하게 되는 것이다. 그리고 이 시도는 1910년 식민지화가 진행된 후 독립을 회복하기 위한 투쟁으로 연결되었다.

그러나 개신유학을 개량된 유학, 특히 당시 한국사회에 몰려오던 서구사상과의 조우과정에서 탈전통화된 유학으로 이해해서는 안 된다. 애초에 주자의 성리학은 세계의 원리를 설명하려는 것이었지만 퇴계는 그것을 당위론적 인간 윤리의 문제로 전환시켰다. 그 전환의 근거는 자연세계를 이해하는 관점으로 인간세계를 이해할 수는 없다는 인식이었다. 이러한 퇴계의 인식과 사상을 통해 한국적인 유학이 정립된 것이다. 이러한 한국 유학의 전통은 각기 다른 이름으로 불린다 해도 한국 근대 유학에도 핵심요소로 자리잡고 있었다. 그런 면에서 서구인들의 침탈행위에 정당성을 부여했다는 점 외에도 근본적으로 자연법칙을 이해하는 눈으로 인간사회와 문화를 설명하는 사회진화론은 유학에 기초한 세계관을 지닌 한국 근대 지식인들에게는 결코 수용될 수 없는 것이었다. 우리는 그것을 위정척사론자로 규정하고 있는 이항로, 최익현, 유인석 등과 같은 화서학파 유학자들이나 기정진, 기삼연, 고광순 등과 같은 구한말 호남 유림들, 나아가 신채호, 이회영, 유림 등과 같은 한국의 근대 아나키스트들에게서 찾을 수 있다. 그들은 부국강병을 지향하는 근대주의가 결국 잘 먹고 잘 살려는 욕망에 불과하다고 판단했는데, 이것은 윤리적 당위론이 배제된 당시 서구 근대주의의 한계를 명확하게 통찰한 것이었다.[59]

59 김택호, 「김정한 소설의 저항의식과 유교적 세계관」, 『현대소설연구』 제35호, 한국현대소설학회, 2007, 257면.

이호룡은 한국 근대 아나키즘 수용 과정에서 중요한 요소의 하나로 '대동사상(大同思想)' 수용을 들고 있다.

> 대동사상 또한 아나키즘을 비롯한 사회주의 수용의 사상적 기반이 되었다. 국권상실 전후 사회진화론에 대한 극복과정에서 사회주의가 반제국주의 논리로서 대동사상과 혼재되어 수용되었다. 국망(國亡) 당시 대동사상을 수용한 자들은 일제의 강점에 반대하여 중국이나 연해주로 망명했고, 중국에서 새로이 대동사상을 수용한 자들도 있었다. 이들 가운데 상당수는 사회주의 내지 아나키즘으로 차츰 전환해 갔다.[60]

그가 말하는 대동사상은 청 말기 캉유웨이[康有爲], 쑨원[孫文] 등이 정치의 이상적인 정치의 목표지점으로 '대동(大同) 세계'를 설정했던 것을 말하는데, 대동[61]이라는 개념이 고전적인 유학 용어라는 점을 고려하면 수입이라기보다는 재인식이라는 표현이 더 적절할 것이며, 이는 아나키즘이 전통 유학의 정치관과 유사한 가치관의 기반 위에 있는 것이라는 점을 드러내는 요소가 될 것이다.

유학에 기초한 동아시아 전통사회가 추구했던 이상향 '대동세계'의 양상은 다음과 같다.

> ① 천하위공(天下爲公), 즉 재산을 공유할 것을 주장하였다. 토지를 공유

60 이호룡, 『한국의 아나키즘—사상편』, 지식산업사, 2001, 76면.

61 '대동(大同)'의 어원은 『예기(禮記)』 「예운편(禮運篇)」에서 비롯되었다. '권력독점이 없는 평등사회, 재화가 공유되고 생활이 보장되는 세계, 개인의 재능이 충분히 발휘되고 범죄가 없는 세계'로 이해할 수 있을 것이다.

하고 생산된 부는 토지를 공유하는 공동체 구성원의 공유물이 된다; ② 자신의 능력에 맞게 사회를 위해 노동한다; ③ 성별, 연령, 사회의 수요에 따라 분업한다; ④ 현명한 자를 지도자[君主]로 선택하고 능력 있는 자에게 관직을 수여한다.[62]

이러한 이상사회는 자발적인 참여를 전제로 한 사회이며, 권위주의적인 압제를 거부하고 종적 인간관계뿐만 아니라 수평적 인간관계도 중시한 사회다. 이를 간략히 표현하면 '균(均)·평(平)·공(公)·화(和)'가 된다.[63]

이와 같은 문제에 깊게 관심을 기울인 사람들은 당연히 개신유학자들이었다. 신채호는 자신의 시대에 한국사회가 처해 있는 위기상황의 원인을 '대동에 이르지 못하고, 소절(小節, 소강사회—저자)을 추구하기에 급급할 뿐'이기 때문이라고 분석한다.[64]

금일 한국의 쇠약이 차(此)에 지(至)함은 (…중략…) 유교를 신앙하므로

62 진정염 외, 이성규 역, 『중국의 유토피아 사상』, 지식산업사, 1990, 124면.
63 이성규, 「중국 대동사상의 력사적 전개와 그 특징」, 『한국사시민강좌』 10, 일조각, 1992, 216~222면.
64 '소강(小康)'에 대한 설명 역시 『예기(禮記)』 「예운편(禮運篇)」에서 비롯되었다. 우(禹)·탕(湯)·문(文)·무(武)·성왕(成王)·주공(周公)이 다스리던 때를 소강이라고 규정한다. 상고 시대의 오제(五帝)가 다스렸던 대동사회가 큰 도가 행해져서 천하가 공적(公的)인 것이 되는 데 비해 소강사회는 예와 법을 통해 백성을 다스림으로써 편안함을 지키는 정도이다. 즉 대동사회에서는 모든 것이 공유되었지만 소강사회에서는 천하를 사사로운 집처럼 여기며, 자신의 부모·자식만을 친애하게 되고, 간사한 꾀가 일어나게 된다. 또한 소강사회에서는 천자·제후·공경들이 능력 있는 자에게 선양하지 않고 대대로 자식에게 벼슬을 물려준다. 나쁜 꾀가 여기서부터 나와 무기를 만들어 서로 빼앗고, 그것을 막기 위해 군사가 필요하게 되며, 이로 인해 싸움은 날로 심해지고 사회는 더욱 어지러워진다. 그래서 인(仁)·예(禮)·의(義)·신(信)·양(讓)의 5가지 상도(常道)로써 백성들을 규제하고 다스리게 된다.

> 쇠약함이 아니요, 유교의 신앙이 기(其) 도(道)를 부득(不得)한 고로 쇠약이 차(此)에 지(至)하니라 (…중략…) 희(噫)라. 피(彼) 소위 유교계에 과연 진심으로 유가의 도덕을 천(踐)하며, 유문(儒門)의 법규를 수(守)한 자 기인(幾人)이나 유(有)한가 (…중략…) 구두로는 왈 공맹, 왈 안회, 하나 기(其) 뇌수에는 유(惟) 부귀를 시구(是求)하며, 외면으로는 왈 인의, 왈 예지하나 기(其) 내용은 유(惟) 명예를 시조(是釣)할 뿐이라. (…중략…) 대동에 불급(不及)하고 지시(只是) 소절(小節)에 구구할 뿐이라.[65]

이런 문제의식과 '대동'에 대한 그리움은 신채호를 1920년 초반 아나키즘으로 이끌었고, 1927년 무정부주의 동방연맹에 가입하게 했다.

65 신채호, 「유교계에 대한 일론(一論)」, 『단재신채호전집』 별집, 108~109면. 이 글과 비슷한 시기에 발표한 신채호의 다른 글 「경고 유림동포」에서도 유학자들이 500년간 계속 정치적・문화적인 지배계층이었다는 점을 강조하면서 근대전환기에 조선이 위기에 봉착했다는 사실에 대한 가장 큰 책임이 있으므로 이에 합당한 행동을 해야 한다고 말한다. 그러나 이 글의 비판 내용도 유학사상에 대한 것이라기보다는 신채호의 표현대로 "국민 중 제일위(第一位)에 처하였던 자"로서의 유학자들에 대한 것이다.

제3장

아나키즘, 한국 근대 사회주의의 모태

1. 일본인 아나키스트와 재일 한국인

한국 전통지식인들의 가치관과 의식에 내존했던 사회주의적 가치관, 그리고 아나키즘과 한국 전통사상 사이에 있는 연관성을 살폈지만, 어떤 토양을 지녔든 결국 유럽에서 전개된 아나키즘이라는 씨가 없었다면, 아나키즘이라는 사상체계와 아나키스트라는 자기 인식이 한국 근대 지식인들에게 존재하기는 어려웠던 것은 분명하다. 그러므로 서구 아나키즘의 수용과 그에 대한 대응을 점검하면서 근대 초기 한국 지식인들의 활동과 아나키즘의 관계를 확인하는 일은 반드시 필요한 일이다. 아울러 이 책이 결국 목표하는 지점, 즉 1920년대 초반 젊은 지식인들의 동인지 활동과 1920년대 중반 이후 형성된 농민주체문학이 공히 아나키즘과 관계 깊다는 사실을 규명하는 일은 근대 초기 한국 지식인들과 아나키즘의 관계를 이해할 때 가능한 것이라는 점을 밝혀두고 싶다.

대표적인 한국 근대 아나키즘 연구자인 이호룡은 국내에 아나키즘이 소개되기 시작한 것이 1880년대 『한성순보』를 통해서였다는 점을 실증적으로 확인한 바 있다.[66] 그러나 한국 지식인들에게 아나키즘이 뚜렷한 의미를 지니기 시작한 시점은 1910년 이후부터라고 할 수 있다. 물론 그 이전에도 일본인 아나키스트와 일본에 거주했던 한국인과의 관계가 있었고, 일본의 제국주의에 저항했던 당시 일본인 아나키스트들의 입장으로 인해서 대체로 그들과 한국인들과의 관계는 매우 우호적인 경우가 많았다. 고토쿠 슈스이[幸德秋水]가 안중근의 거사를 예찬하는 한시를 쓰고[67] 이것을 엽서로 만들어 배포했다는 일화는 당시 일본 아나키스트들이 평화주의자이며 세계주의자였다는 점과 일본 거주 한인들이 아나키스트들에게 호의를 지닐 가능성이 높았다는 점을 동시에 보여준다.

1900년대 초반부터 이른바 대역죄로 1911년 사형당할 때까지 일본 사회에 인상 깊은 영향력을 행사했던 고토쿠 슈스이는 마르크스주의에서 아나키즘으로 자신의 이념을 전환시킨 독특한 이력을 지닌 인물이다.[68] 그의 아나키즘은 평화주의, 생디칼리슴, 직접행동론이라는 용

66 이호룡, 『한국의 아나키즘－사상편』, 지식산업사, 2001, 82～83면 참조.

67 김두식, 『평화의 얼굴』, 교양인, 2007, 254～256면 참조.

68 고토쿠 슈스이의 사상이력과 특성은 김석근의 논문(「코토쿠 슈스이[幸德秋水]의 무정부주의」, 『동양정치사상사』 제7권 1호, 한국동양정치사상사학회, 2007.3)에서 상세하게 확인할 수 있다.

어로 압축하여 설명할 수 있다. 이와 같은 입장에 동조했던 사상적 동료가 오스기 사카에[大杉榮]와 사카이 도시히코[堺利彦]였다. 뒤에 다시 언급하겠지만, 고토쿠 슈스이 사후, 이들 직접행동파 아나키스트 두 사람은 1910년대 중반 이후 한국 초기 아나키스트들과 함께 조직 활동을 벌이고, 사상적 영향을 준 인물들이다. 고토쿠 슈스이가 일본의 대한제국 합병에 반대했으며, 오스기 사카에가 관동대진재 와중에 희생당했다는 사실 역시 당시 한국인들이 이들 일본인 아나키스트들에 대해 정서적 일체감을 느끼게 했을 것이다. 잘 알려진 바와 같이 훗날 『폐허』 동인들에게 직접적인 영감을 주었던 미학적 아나키스트 야나기 무네요시[柳宗悅]도 한국의 전통문화에 대한 애정이 남달랐는데, 이렇듯 일본인 아나키스트들과 한국 근대 지식인들 사이에는 지속적인 정서적 유대감이 있었다.

이들이 한국인 아나키스트들에게 주로 영향을 준 부분은 생디칼리슴과 직접행동론, 그리고 매체를 통한 이념전파 방식이었다. 고토쿠 슈스이는 『만조보(万朝報)』의 영문판 편집자였으며[69] 『헤이민신문[平民新聞]』을 창간하는 등 사상가이자 언론인으로 활동을 전개했으며, 오스기 사카에 역시 『헤이민신문』을 중심으로 자신의 사상운동을 전개해 나갔다. 고토쿠 슈스이의 평화주의는 주로 일본의 양심적인 지식인들을 자극했지만,[70] 그것이 한국 지식인들에게 강한 영향을 주었다고 보

69 『만조보(万朝報)』에 사회주의자 혹은 그러한 경향의 사상을 지닌 인물들의 글이 많이 수록된 것은 사실이다. 그러나 『만조보』가 러일전쟁에 찬성하는 쪽으로 논지를 잡아가자 고토쿠 슈스이는 1903년 『만조보』를 떠난다.

70 일테면 2·8독립선언사건에 연루되어 출판법 위반 혐의로 실형을 언도받은 최팔용(崔八鏞), 송계백(宋繼白) 등을 변호하여 무죄를 이끌어 내고, 1924년 의열단원이자 아나키스트였던 김지섭(金祉燮)의 폭탄투척사건, 박열과 그의 아내 가네코 후미코[金子文子]의 대

기는 힘들다. 이는 피식민지인이라는 당시 한국인의 입장이 보편적 평화주의를 핵심 사상으로 선뜻 받아들이기 어려웠던 상황 때문이었을 것이다.

직접행동파 일본인 아나키스트들의 직접행동론은 애초에 일본 국내 정치 투쟁의 방식을 두고 벌어진 사회주의자 그룹 내부의 갈등 과정에서 의회투쟁파와 구별하기 위해 붙여진 이름인데,[71] 한국인 아나키스트들에게서는 박열로 대표되는 체제 전복을 위한 의혈활동을 비롯한 국내외 의혈투쟁을 부르는 이름으로 사용되는 경우가 많다. 식민지 피지배 상황과는 일정한 거리가 있었던 일본의 상황에서 일본의 아나키즘은 민족주의와 연계되기 힘든 상황이었지만, 당시 한국인들에게 직접행동은 일본인 제국주의자들과 친일 한국인들을 향한 행동으로 귀결될 수밖에 없었다. 그러한 사정은 지금까지도 일제강점기 한국 아나키즘이 민족주의와 뒤섞여 이해되는 중요한 이유가 된다.

국내 아나키즘 운동에 가장 넓고 지속적으로 영향을 준 것은 아나코-생디칼리슴이다. 고토쿠 슈스이는 사실상 동아시아 최초의 아나키스트이자 아나코-생디갈리스트라고 할 수 있다. 그가 최초로 아나키스트라고 자신을 규정했던 것은 1906년 「세계혁명운동의 조류」라는 제목의 연설이었다. 그는 이 연설에서 "노동자의 직접행동인 총동맹파업을 통해 사회주의 운동을 전개해야 한다"고 주장했는데, 이는 그가 받아들인 아나키즘이 곧 아나코-생디칼리슴이라는 것을 알려준다. 이는

역사건 변호를 맡아 조선독립운동의 동지로 불리는 변호사 후세 다츠시[布施辰治]는 『헤이민신문[平民新聞]』을 통해 보편적 평화주의와 휴머니즘을 내면화한 인물이다.

71 조세현, 『동아시아 아나키즘, 그 반역의 역사』, 책세상, 2001, 34면 참조.

오스기 사카에를 비롯한 직접행동파 아나키스트들의 핵심 투쟁방법 중의 하나이기도 했다. 이런 일본 아나키스트들의 입장은 1910년대 중반 일본에 거주하고 있었던 나경석, 정태신 등 초기 아나키스트들의 투쟁방식에도 영향을 주어, 그들이 재일조선인단체를 조직하는 활동을 중심으로 초기 아나키즘 운동을 전개하도록 했다.

이외에도 일본 근대 기독교의 독특한 측면이라고 할 수 있는 사회주의와 기독교의 느슨한 결합 역시 당시 한국인 유학생들에게 영향을 주었다. 김교신, 함석헌 등에게 영향을 주었던 무교회주의자 우치무라 간조[內村鑑三]는 일찍부터 사회주의자들과 교류했다고 알려져 있는데,[72] 그가 교류했던 대표적인 사회주의자가 고토쿠 슈스이였다. 일본 기독교주의자들은 일왕에 대한 숭배분위기가 광적으로 사회를 지배했던 메이지 시기부터 자신들의 신앙과 일왕 숭배 분위기 사이에서 갈등했다. 이와 같은 상황 아래서 역시 늘 일왕 암살을 꿈꾸었던 아나키스트들과 교류하는 것은 매우 자연스러웠다. 대표적인 진보적 기독교주의자 우치무라 간조가 1910년대 도쿄조선기독교청년회의 구성원들에게 준 영향, 또 그 기관지 『기독청년』이 민족주의와 사회주의의 동거 공간이었다는 점은 이미 연구된 바 있는데,[73] 이와 같은 상황 역시 1910년대 일본 거주 한국인들에게 아나키즘이 인식되는 통로로 작용했다.

72 김두식, 앞의 책, 255면 참조.

73 이철호, 「1910년대 후반 도쿄 유학생의 문화 인식과 실천」, 『한국문학연구』 제35호, 동국대 한국문학연구소, 2008.12 참조.

2. 1920년대 한국의 아나코-생디칼리슴

이른바 개화파 지식인들이 일본에서 가져온 문명개화사상의 이론적 기반은 스펜서의 사회진화론이었으나, 일제강점이 시작된 후, 재일한인 유학생들은 사회진화론이 식민 지배를 합리화한다는 사실을 깨닫기 시작했다. 앞서 살핀 일본의 직접행동파 아나키스트들은 그와 같은 모순상황에 빠진 재일한인 유학생들에게 근본적인 사상전환의 계기를 제공했다. 나경석과 정태신이 1914년 오사카에서 조직한 재오사카 조선인친목회[74]라든가 도쿄조선기독교청년회의 기관지 『기독청년』, 홍난파와 황석우, 염상섭이 주도한 『삼광(三光)』에서 찾을 수 있는 아나키즘에 입각한 글들, 1920년 1월 도쿄에서 결성된 조선고학생동우회(朝鮮苦學生同友會)[75] 등은 그러한 변화를 보여주는 구체적인 장면들이다.

1921년 10월 결성된 '흑도회(黑濤會)'는 최초로 아나키즘을 표방한 조직이었다. 문제는 결성된 지 약 2개월이 지난 뒤 이 조직이 둘로 분열된다는 점이다. 1921년에 발생한 조직 분열을 공산주의를 지지하는 김

74 재오사카 조선인친목회 결성과정은 다음과 같다. 오사카에 거주하던 한국인 강만형(姜萬馨)의 발기로 1914년 1월 15일 그의 숙소에서 최진태(崔進泰), 김기준(金基俊), 정치현(鄭致鉉) 외 6명이 회합하여 임원 선정과 회원 권유 등에 대해서 협의했다. 그러나 조직은 같은 해 2월 15일 해산했다. 이후 같은 해 9월 1일 다시 정태신의 발기로 오사카에 거주하던 한국인 약 35명이 회합하여 조선인친목회를 창립했다. 정태신이 총간사가 되었으며 부남희(夫南熙), 신태균(申泰均) 두 사람이 부간사가 되었다. 이 조직은 일본인 아나키스트 하세가와 시쇼(長谷川市松), 요코다 쇼지로 등과 일정한 관계를 맺고 있었다. 이듬해인 1915년 정태신이 상하이로 떠난 이후부터는 도쿄에서 온 나경석이 조직을 통제했다(이호룡, 『한국의 아나키즘-사상편』, 지식산업사, 2001, 113~114면 참조).

75 조선고학생동우회는 기관지 『동우(同友)』를 발간했다. 동우회의 발기인은 김찬(金燦 : 김낙준), 이기동(李起東), 김약수(金若水), 정태성(鄭泰成), 박열(朴烈), 김사국(金思國), 정태신(鄭泰信 : 정우영) 등이었는데, 이들은 대부분 아나키즘의 영향을 받은 인물들이다. 이들 중 김약수, 박열, 김사국, 정태성 등은 이듬해 10월 아나키스트 조직 '흑도회(黑濤會)' 결성을 주도했다.

약수, 정태신, 황석우 등의 북성회(北星會) 그룹과 아나키즘을 지지하는 박열, 정태성, 홍진후 등의 흑우회(黑友會) 그룹으로 분열된 것이라는 것이 일반적인 견해이다. 나아가 이호룡은 김약수, 정태신 등이 흑도회 결성 이전부터 공산주의자였다는 견해[76]를 보이는데, 이때 그가 사용하고 있는 '공산주의자'라는 용어가 무엇을 의미하는지 저자로서는 좀 난감하다. 그 이유는 다음과 같다.

첫째, 공산주의자라는 말이 마르크스주의자라는 말이라면, 이후에도 북성회 중요 인물들이 마르크스주의에 경도된 모습을 보이지 않고 있었던 점을 어떻게 설명할 수 있느냐이다. 김약수는 1924년 조선공산당 창립에 참여하고 있지만, 그것은 북성회 대표 자격이었다. 더군다나 조선공산당 결성 이듬해인 1925년 11월 그가 북성회의 종파행위에 가담했다는 이유로 조선공산당에서 제명당했다는 사실[77]은, 우선 북성회와 조선공산당의 노선이 일치되지 않았다는 것을 의미하는 것이 아니겠느냐는 의문과 연결되고, 동시에 김약수가 그와 같은 북성회의 노선에 충실했다는 뜻이 되기 때문이다. 이는 정태신과 황석우의 경우에도 마찬가지이다. 김약수는 최소한 조선공산당에 참여하기라도 했지만, 정태신과 황석우를 공산주의자로 규정하는 근거는 북성회 멤버였다는 점이 유일하다. 더군다나 정태신은 조선공산당이 창립되기도 전인 1923년에 불의의 사고로 사망했는데, 이런 사정들을 세세하게 살피다보면, 북성회를 규정하는 공산주의라는 말의 의미가 무엇인지 보다 분명하게 정리할 필요성을 느끼게 된다.

76 이호룡, 『한국의 아나키즘–사상편』, 지식산업사, 2001, 184면 참조.
77 강만길, 성대경 편, 『한국사회주의운동 인명사전』, 창작과비평사, 1996, 91~92면 참조.

둘째, 만약 공산주의가 볼셰비즘을 일컫는 것이라면 그보다는 아나코-생디칼리스트라는 말이 더욱 분명하게 이들을 설명할 수 있는 도구가 아니겠냐는 것이다. 앞서도 논의한 바이지만, 김약수, 정태신, 황석우 등이 일본에서 접촉했으며, 함께 일을 도모했던 일본인 아나키스트들은 모두 아나코-생디칼리스트였다. 사실상 일본의 근대 아나키즘의 주류가 아나코-생디칼리슴이었다는 점을 상기한다면, 이는 매우 자연스러운 일이었다. 그렇다면 이들의 노동운동을 아나코-생디칼리슴에 입각한 운동이라고 이해하는 것이 더 자연스럽지 않을까?

실제로 흑도회 해체의 직접적인 원인은 박열이 사회제도의 근본적인 파괴를 주장하고 있었던 것에 대립하여 김약수와 백무 등이 당시 일본지역에 산재한 조선인 노동자들의 상황을 상세하게 조사할 조사회를 결성하자고 주장했다는 점에 있었는데, 그렇다면 이는 당시 한인 아나키스트들이 중시했던 직접행동과 생디칼리슴 중 어디에 방점을 두느냐를 두고 갈등한 것, 다시 말해 아나키스트 진영 내부의 분열로 해석할 여지가 충분하기 때문이다. 물론 그렇다고 해서 흑도회의 구성이 박열을 중심으로 한 순정아나키스트들과 아나코-생디칼리스트로 양분할 수 있을 만큼 단순했다는 것은 아니다. 조봉암의 회고[78]만 보더라

78 조봉암의 회고 내용은 다음과 같다. "나는 처음에는 흑도회까지 조직하기를 했으나 아나키스트들의 관념적인 유희에는 만족할 수가 없었다. 그때의 생각에도 지식적 충족이나 관념적인 만족으로가 아니고 무슨 조직을 가지고 힘을 만들어서 일본 놈과 싸우고 독립을 해야겠다고 생각이 되고 또 독립이 된 뒤에는 사회주의 사회를 건설해야 된다고 생각이 들었다. 그래서 나는 아나키즘으로부터 볼셰비즘으로 기울어졌다. 러시아에서는 1917년에 소비에트혁명이 성공했고, 그것을 영도하는 자가 레닌・트로츠키 등 인데 그들이 주장하는 주의가 볼셰비즘이고, 그 볼셰비키들은 국내에서 혁명을 성공으로 이끌었을 뿐만 아니라, 모든 제국주의를 반대했고 특히 일본제국주의의 한국 침략을 반대하고 한국독립을 적극적으로 원조한다는 것이며, 그 실증으로는 벌써 수십 만 달러의 독립원조자금을 상해 임시정부를 통해서 국내에 보냈다는 것이다."(이 독립원조자금이 잘못

도 당시 흑도회에는 볼셰비키들도 동거하고 있었다는 것을 알 수 있다. 그러나 분명 흑도회를 주도했던 사람들은 아나키스트였고, 흑우회와 북성회 주도자의 면면으로 볼 때, 그 분열은 순정아나키스트들과 아나코-생디칼리스트 간의 분열이 핵심이었고, 여기에 볼셰비키가 아나코-생디칼리스트와 연합한 것으로 이해하는 것이 정확할 것이라는 것이 저자의 견해이다.

이와 같은 저자의 판단이 신뢰할만한 것이라면 북성회 결성은 아나코-생디칼디칼리스트와 볼셰비키의 연대를 상징적으로 보여준다는 점에서 매우 중요한 의의를 찾을 수 있다. 아나코-생디칼리스트와 초기 볼셰비키들의 연대는 단지 북성회의 사례에 그치는 것이 아니었다.

뒤에 자세하게 살펴보겠지만, 국내에서는 1920년 4월 한국 최초의 전국적 노동단체인 조선노동공제회가 창립되었다. 조선노동연구회를 결성한 바 있는 박중화(朴重華), 박이규(朴珥圭), 오상근(吳祥根), 박돈서(朴敦緖), 차금봉(車今奉), 신백우(申伯雨), 장덕수(張德秀), 김명식(金明植) 등이 주도한 이 단체에는 장덕수 같은 우파 인사가 평의원으로 참여하기도 했지만, 대체로 아나코-생디칼리스트와 초기 볼셰비키가 중앙조직에 동거했다.[79]

사용되어서 뒤에 말하는 소위 사기공산당사건이 생겼다). (김삼웅, 「죽산 조봉암 평전」 제15회, 『김삼웅의 인물열전 블로그』에서 인용)

79 조선노동공제회 중앙기구는 회장 박중화, 총간사 박이규, 이사장 오상근, 박이규, 박돈서, 차금봉, 신백우 등 25명의 집행위원, 장덕수, 김명식, 오상근 등 17명의 평의원으로 조직되었다. 지방조직도 같은 해 5월 27일 대구지회 발기를 시작으로 평양, 안악, 개성, 인천, 강화, 예산, 정읍, 황주, 북청, 군산, 신천, 안주, 광주(光州), 영흥, 신창, 안동, 경주, 함흥, 해주, 청진, 원산, 진주, 공주, 영주, 고산, 하동, 진영, 강계, 삼진(창원군)에 지회가 결성되어 1922년에는 전국의 회원이 15,000명을 헤아릴 정도로 큰 단체가 되었다. 공제회는 중앙기구는 노동야학을 설치, 운영하고, 강연회 개최, 기관지 『공제(共濟)』를 간행했다. 1921년 7월 15일부터 서울 관수동에 한국 최초의 소비조합상점을 설치해 노동자들에게

아나코-생디칼리스트와 볼셰비키의 동거는 공산주의자들이 주도한 매체로 알려진 『신생활』에서도 확인할 수 있다. 마르크스주의자 김명식이 주도한 것으로 알려지고 있는 『신생활』에는 아나키스트 크로포트킨의 글이나 그의 사상에 대한 소개, 심지어는 개인주의적 아나키스트 푸르동의 글도 소개되고 있다. 『신생활』에서 우리는 이광수의 「민족개조론」에 대한 강렬한 비판의식을 확인할 수는 있지만, 아나키즘에 대한 비판을 찾기는 어렵다. 뒤에 다룰 문제이지만, 『폐허』와 『백조』 동인들의 글이 문학에서 상당한 비중을 차지하고 있는 점 역시 『신생활』이 볼셰비키와 아나키스트들이 동거하는 매체였다는 점을 알려준다.

이와 같은 사실을 종합하면 1920년 즈음 한국 사회주의 진영은 이미 10년에 가까운 기간 동안 다양한 경로로 아나키즘을 수용한 생디칼리슴 계열의 아나키스트들과 1917년 러시아 혁명 이후 급속하게 그 영향력을 넓혀가던 볼셰비키가 다양한 방식으로 교류하고 연대하고 있었다는 점을 알 수 있다. 이와 같은 상황은 상당기간 지속되어 대략 1925년이 넘어서야 양 진영은 첨예한 갈등관계를 형성하기 시작했다. 우리가 문학사적으로 확인할 수 있는 이른바 '아나-보르 논쟁'이 벌어진 1926년과 1927년은 이런 갈등이 거의 최고조에 달할 시점이었다.

이와 같은 상황은 『폐허』와 『백조』를 중심으로 1920년대 초반 동인

식량과 일용필수품을 공급했는데, 이런 방식은 전형적인 아나코-생디칼리스트들의 경제투쟁 방식이었다. 노동자의 이익단체로서 결성되었지만 이 무렵 전국으로 퍼져 가고 있던 농민의 소작쟁의에도 관심을 보여 농민운동을 지원할 체제도 갖추기 시작했다. 1922년 4월 제3회 대회에서 소작인조합의 결성을 결의하고, 이어 같은 해 7월에는 '소작인은 단결하라'라는 장문의 선언문을 발표해 농민들을 지원했다. 이러한 농민운동에 대한 관심은 농민운동을 지원하는 것에 머물지 않고 노동·농민단체로 발전해 가는 실마리가 되었다. 조선노동연맹회·노동대회 등 모든 노동단체와 함께 1924년 4월에 조직된 조선노농총동맹에 통폐합되었다(『한국민족문화대백과』, 한국학중앙연구원, 2010 참조).

지 활동과 아나키즘의 관계를 다루는 이 책의 제3부와 마르크스주의에 대한 반감과 사유재산제도에 대한 반감을 동시에 드러내고 있는 1920년대 중반 이후 농민주체문학을 다루고 있는 이 책의 제4부를 이해하는 데에 중요한 전제가 된다.

제2부

새로운 지식, 새로운 주체의 출현

제1장_1920년대 한국의 젊은 지식인

제2장_새로운 문학주체

제3장_1920년대 아나키스트의 문학

제1장

1920년대 한국의 젊은 지식인

1. 지식인과 문화 · 정치

유럽사회에서 '지식인(Intellectuals)'이라는 용어는 1830년 7월 프랑스혁명을 지나면서 출현했고, 1898년 드레퓌스사건을 계기로 일반화되었다. 1830년 7월 프랑스혁명이 빈체제를 무너뜨린 결정적 사건이었음을 감안하면, 지식인이라는 말은 자유주의의 담지자, 혹은 자유, 자율권 등과 깊이 관련되어 있음을 쉽게 알 수 있다. 에밀 졸라를 존경할만한 지식인으로 꼽는 일반적인 시각도 이런 상황에서 비롯되었다고 할 수 있다. 1898년 1월 13일 자 『로로르(L'Aurore)』에 공화국 대통령에게 보내는 공개편지 형식의 글 「나는 고발한다」를 발표한 작가 에밀 졸라와 에밀 졸라를 지지하는 선언서, 성명서를 발표하고, 드레퓌스사건 재심청원에 동참했던 아나톨 프랑스, 마르셀 프루스트와 같은 작가들을 참된 지식인의 모델로 인식하는 우리의 태도에는 지식인을 낡고 부조리한 것에 저항하는 존재로 이해하는 입장이 전제되어 있다. 이러한 관점은 중세 이전의 지식인을 바라보는 것과는 구별된다. 실제로 에밀 졸라와 그의 지지자들이 벌였던 드레퓌스사건 재심청원운동이 당시 프랑스를 대표하는 보수적 지식인들에 대한 비판을 함께 담고 있었다는 점에서 이 사건은 프랑스에서 낡고 억압적인 것에 대한 저항을 통해 근대적인 지식인이 뚜렷하게 그 존재감을 드러낸 상징적인 사건으로 평가된다.[1]

생각해보면 19세기 유럽의 지식인과 예술가들을 사로잡은 낭만주의적 열정 역시 낡고 억압적인 것에 대한 저항이었다. 지식인은 역사와 현실을 초월해서 존재하는 일관된 그 무엇이 아니었다. 늘 낡은 것에 대한 저항을 통해 새로운 지식인상을 형성하면서 자기갱신을 반복했던 것이 지식인의 역사였다. 이처럼 지식인이 늘 정치적인 존재였다는 점은 그들이 형성시킨 대표적 문화인 문학 역시 매우 정치적인 행위였다는 점을 강조하는 기반이 된다. 한나 아렌트(Hannah Arendt)가 주된 문

1 에밀 졸라를 필두로 한 프랑스 지식인들의 드레퓌스 재심 청원 운동을 근대 프랑스 저널리즘의 특성인 문학과 정치의 결합에 주목하여 바라보는 시각도 있다. 프랑스 신문은 그 시발부터 문학과 정치의 결합이 핵심이었다. 무엇보다 프랑스 초기 신문들은 정치인이나 혹은 문학가 그리고 서적 출판업자들에 의해 창간되었고 그 이후 주로 정치인과 작가들이 저널리스트로 활동해왔다. 그리고 신문마다 독자들을 확보하기 위해 주로 문학 면을 활용했다. 문학은 프랑스 신문에 독특한 기사 문체를 장려해 주었을 뿐 아니라 공공의 덕도 소중히 여기는 배려를 갖게 해 주었으며 또한 볼테르로부터 졸라와 사르트르에 이르기까지 지적인 전통을 잇는 지식인들의 가장 중요한 도구 역할을 할 수 있게 해 주었다. 다시 말해 프랑스 신문의 정치성향은 저널리스트에게 비판적인 태도를 제공했다면 프랑스 저널리즘의 문학성은 독자들의 호의적인 관심을 불러일으킬 만큼 다른 나라보다 훨씬 다양한 신문기사 스타일을 제공했다(임종권, 「현대 프랑스 저널리즘의 기원과 특징」, 『프랑스사 연구』 제19호, 한국프랑스사학회, 2008.8, 133~134면). 프랑스의 이러한 상황은 한국 근대 지식인의 형성과정과 매우 유사하다는 점에서 주목을 요한다고 하겠다.

화적 활동인 취향이 단지 주관성이 아니라 '동일한 기쁨을 다른 사람과 공유하기를 희망'하기 때문에, 취향이나 심미적 판단의 경우에도 그곳의 거주자에게 공통적인 무엇이라는 과실에 의해 '판단'의 문제와 결부된다고[2] 주장한 것 역시 문화와 정치의 강한 연관성을 전제한 것이다. 어쩌면 당연한 것처럼, 또 어쩌면 낡은 것처럼 들리는 이 말은 1920년을 전후로 등장한 한국의 젊은 지식인들을 이해하는 데에 매우 중요하다. 18세기 후반으로부터 19세기 초에 이르는 기간 동안 벌어졌던 유럽 지식인 사회의 형성조건과 20세기 초반 한국사회의 그것이 많이 닮아있기 때문이다.

2. 한계지식인(限界知識人, marginally intellectuals)

고려 말 정몽주와 정도전의 갈등은 그람시의 용어를 빌리자면 전통적 지식인과 유기적 지식인의 갈등으로 표현할 수도 있다. 앞서 말한 지식인의 역사 역시 그렇게 말할 수도 있다. 저자는 1920년 전후 새로운 문학을 주도했던 젊은 지식인들을 이해하기 위하여 좀 문제적인 용어를 설정하고 싶다. '한계지식인'은 말 그대로 지식인으로 인정받을 수 있는 어떤 한계지점에 서 있는 사람들이다. 정도전이 그랬다. 고려 말 신흥사대부들 역시 한계지점에서 출발하여 중심으로 진입한 사람들이다. 조선 후기 이른바 실학자로 불리는 사람들 중 여럿을 한계지

2 Hannah Arendt, 서유경 역, 「문화의 위기—그 사회적 · 정치적 의미」, 『과거와 미래 사이』, 푸른숲, 2005, 275면.

식인으로 규정하는 것이 가능하다. 정치권력으로부터 배제된 지식인 그룹, 주류든 비주류든 지식인 그룹에 소속되지 않은 지식인들도 한계 지식인으로 규정하는 것이 가능하다. 한계지식인의 특성은 그들이 지적행위를 하고 있던 당시의 지배담론에 대한 저항감이 강하고, 새로운 것, 혹은 배제된 것들에 몰입하면서 그 잡다한 것들을 넘나드는 자유를 누릴 수 있다는 점이다.

19세기 말부터 펼쳐진 급격한 한반도 주변 국제환경의 변화와 식민지로 전락된 이후 한국사회의 변화된 지적 환경 변화는 이들 한계지식인의 활동공간을 크게 넓혀놓았다. 1920년대 문학을 통해서 우리는 그 넓어진 공간에 자리 잡은 새로운 지식인들을 만나고 있는 것이다. 당시 한국사회가 식민지 상황에 놓여 있었고, 그래서 한국의 젊은이들에게 정치엘리트로의 성장이 불가능한 일이었다는 점을 감안하면, 그들의 문학행위가 가장 적극적인 정치행위였으리라는 생각을 갖게 만든다. 독서로 촉발되어 표현으로 귀결되었던, 또 그런 과정이 계속 반복되었던 당시 한국의 매체환경은 그대로 정치적 표현의 장이었다. 1920년 즈음 미분화된 상태로 한국지식인들에게 영향을 미친 다양한 형태의 유럽 근대 사회주의는 물론이고, 상징주의, 낭만주의로 불리는 자유롭고 조금은 치기어린 문학적 경향의 수용 역시 정치적 표현으로 읽을 수 있다는 것은 이제 새로운 이야기도 아니다.[3] 적어도 1920년대 초반, 향후 오랫동안 한국문학을 이해할 수 있게 해 줄 지형도가 막 그려지기 시작할 무렵의 젊은 문인들을 이해하기 위해서는 그들이 이전의

3 조영복, 『1920년대 초기 시의 이념과 미학』, 소명출판, 2004 참조.

한계지식인들이 보여주었던 특성 — 저항과 개방성 — 을 잘 보여주고 있으며, 그 특성을 기반으로 문화적 주류가 되었다는 사실을 이해하는 것이 필요하다. 그들을 사회주의자나, 낭만주의자로 이해하기 이전에 그들이 한계지식인들이었고, 사회주의, 상징주의, 낭만주의라는 이름은 그들이 선택한 진로였다는 전제가 생각보다 중요하다는 것이다. 1920년대 초반의 문학은 이와 같은 당시 젊은 지식인들의 내면을 잘 보여주고 있다. 그들은 새로운 지식들에 대해 매우 개방적인 태도를 보였다. 그 개방성은 낡은 것들을 극복하기 위한 것이었고, 새로운 현실에 대응하는 자아를 형성시키는 힘이었다.

이는 이 책에서 중요하게 다룰 농민문학 작가들에 대한 이해에도 적용될 수 있는 사실이다. 대도시에 거주하지 않았고, 따라서 신학문을 적극적으로 수용하고, 이를 기반으로 살아갈 수 없는 형편에 놓인 젊은 농민들이 자신들이 적극적으로 참여할 수 있었던 매체를 통해 자신의 이념을 표출하고, 이를 담은 문학작품들을 발표했다는 것은 주변부 한계지식인으로서의 자기 정체성을 인식하고, 그와 같은 환경 속에서 지적활동을 전개한 것이라고 평가해야 할 것이라는 점이다.

3. 아이러니스트(ironist)

지식은, 지식인은 비합리적인 것을 합리적인 것으로 '합리화'하는 데에 그 첫 번째 가치가 있다. 앞서 한국 전통지식인들의 특성에 관한 이야기를 했지만, 인간과 짐승을 구별하고, 인간다움의 핵심을 '합리적

궁구'에 두는 것은 플라톤이나 공자나 마찬가지이다. 그런데 이 오래된 정의, 혹은 가정은 실제 현실에 작용하는 지식인들을 설명하거나 분석하는 데에 거의 힘을 발휘하지 못 한다는 점에서 선언에 가깝다.

전통적인 철학과 언제나 팽팽한 긴장을 유지했던 철학자 리처드 로티(Richard Rorty)는 '이론가'로서의 지식인을 형이상학자와 아이러니스트로 구분한다. 로티의 이러한 구분과 정의는 1920년대 초반 한국의 젊은 문인들을 이해하는 데에 흥미로운 시사점을 제공한다. 로티가 말하는 형이상학자는 '진리중심주의자(truth-centralist)'이다. 그들은 주로 '진리' 개념을 중심으로 세계의 '본질, 실재, 진리' 등이 존재한다고 가정하고 그것들을 '발견'하려는 데 관심을 기울인다. 아이러니스트는 '자유중심주의자(freedom-centralist)'이다. 이들은 인간이나 개인의 '자유' 개념을 중요시하고 그것을 '발명'과 '창조' 차원에서 실현하고자 한다.[4] 그렇다면 아이러니스트의 동력은 '의심과 변화'가 될 것이다. 앞서 저자가 제시한 한계지식인 개념과 로티의 아이러니스트 개념을 교차시키면서 1920년대 초반 동인지 문학을 주도했던 한국의 젊은 문인들과 농민 출신 작가들을 바라보는 것은 그들에 대한 이해 폭을 한결 넓혀줄 수 있다.

초기 동인지 문학 시기에 문인들과 사회주의 사상가들이 함께 동인지에 참여하고 있었다는 사실은 이미 잘 알려져 있다. 동인지에 참여한 초기 사회주의 사상가들을 '비전문 문인'이라는 말로 표현한 경우[5]도 있는데, 사실 동인지에 참여하고 있을 당시 그들에게 '전문 문인'과

4 박대원, 「리처드 로티의 '지식인' 개념 – 『우연성, 아이러니, 연대성』을 중심으로」, 『동서사상』 제11집, 동서사상연구소, 2011.8, 183면.
5 조영복, 앞의 책 참조.

'비전문 문인'이라는 구분이 있었던 것은 아닐 것이다. 이는 농민작가들에게도 적용될 수 있는 점이다. 물론 그렇다고 해서 이들이 사상활동과 문학 활동을 완전히 동일시하고 있었을 것이라는 뜻은 아니다. 앞서 저자는 지식인, 특히 한계지식인들에게 문화영역이 매우 정치적인 영역이라고 주장했다. 그러나 그것이 1920년대 초 젊은 지식인들의 문학 활동을 완전히 정치적인 활동으로 평가해야 한다는 뜻은 아니다. 또한 훗날 함께 동인활동을 했던 인물들이 각기 다른 길을 걸어갔다고 해서 동인활동을 하던 당시 그들이 개인적으로 각기 다른 목표를 위해 동인활동을 했다고 볼 수는 없다. 동인활동을 했을 당시, 훗날 문인이 된 사람들이나, 문학과는 먼 거리에서 활동했던 사람들 모두 뜻을 모았을 것이고, 다만 동인지에 수록하는 작품들은 대체로 합의된 가치관을 반영하는 각자의 생산물이었다. 그 합의된 가치관은 그 폭이 넓고, 다양하면서도 의심과 거기에서 비롯된 변화를 향하고 있었다는 점에서 분명한 공통점이 있다.

4. 사상 수용과 개인의 창조－황석우의 경우

1920년대 초반 동인지 활동에 참여했던 지식인들 중에서 정치적·사상적 성향, 특히 다양한 형태의 사회주의 사상에 몰입했던 인물들의 문학 활동이 지닌 의미를 규정하기 위하여, 문학과 그의 사상사이의 연관성을 분석하고 증명하는 일은 이제 낯선 일이 아니다. 그런데 그와 같은 연구들 다수가 추구하는 바, 사상과 문학 활동의 상호 습합관계를 증명하는 일이 과연 당시 젊은 문인들을 심층적으로 이해하는 거의 유일한 길이 아닐 수도 있다.

앞서 언급한 리처드 로티는 1992년 자전적 에세이 「트로츠키와 야생란("Trotsky and Wild Orchids")」을 발표한다. '트로츠키와 야생란'이라는 이 이상한 제목은 지식인 로티를 압축적으로 설명한다. '트로츠키'는 사회적 변화를 추구하는 실천철학자 로티를 대변하고, '야생란'은 보편성이 없는 지극히 사적인 관심사가 한 개인에게 절대적인 진리와 맞먹을 만큼 중요할 수도 있다는 점을 보여주고 있다.[6]

황석우의 경우를 보자. 1920년 전후 황석우는 아나키스트이자 상징주의 시인이었다. 언뜻 모순되어 보이는 이 두 수식어의 불협화음을 해소하기 위해 동원된 근대문학 연구자들의 논리는 새로울 뿐만 아니라, 거시적 시각과 미시적 시각이 균형감 있게 동원되고 있다는 점에서 그 의의가 크다. 그중 상징주의 시인과 아나키스트라는 황석우의 두 면모 사이에 다리를 놓으려는 시도로 대표적인 것은 조두섭의 「황석우의 상징주의시론과 아나키즘론의 연속성」이다. 이 연구가 최종적으로 가닿은 지점은 다음과 같다.

> 황석우의 상징주의 시론과 아나키즘론을 분석하여 도달할 수 있는 것은 1920년대 상징주의시론은 일본에서 하던 정치운동의 문학적 전이며, 그것이 전위적인 모습으로 나타난 것이 상징이며 자유시가 되는 것이다.[7]

6 이유선, 「로티의 생애와 사상」, 『철학과 현실』 제74호, 철학문화연구소, 2007.9, 326면.
7 조두섭, 「황석우의 상징주의시론과 아나키즘론의 연속성」, 『대구어문론총』 제14집, 대구어문학회, 1996.6, 553면.

물론 이 분석은 신뢰할만하다. 그러나 '황석우 아나키즘의 문학적 전이가 왜 상징주의여야 했을까?'라는 질문에 대한 답으로는 미완성인 것 같은 느낌을 지우기 어렵다. 황석우 이후에도 아나키스트 작가와 시인은 있었다. 아나키즘의 문학적 전이가 상징주의라는 분석에 보다 더 분명한 답이 되기 위해서는 그 후로도 황석우와 유사한 사례가 다만 몇 건이라도 발견되어야 하지 않을까? 또 이후 1922년 즈음 볼셰비즘에 현저하게 기울어진 북성회에 가입함으로써 아나키즘과 거리를 두기 시작했다고 평가받는 황석우의 사상변화[8]가 그의 시세계에 분명하게 투영되지 않은 이유는 무엇인가? 어쩌면 일관성에 대한 집착이 그의 사상과 문학세계 사이를 오가며 순환논리를 구성하는 폐쇄성을 발생시키는 것은 아닐까?

황석우의 시가 황석우의 사상과 가치관을 반영하고 있는 것은 분명하겠지만, 그것만으로 상징주의 시를 표방한 황석우의 문학적 행위를 온전하게 이해하는 것은 어렵다. 상징주의를 지향한 황석우의 문학은 '새로운 것', '이전에는 없었던 것'에 매료되는 황석우의 어떤 성향과 취향을 반영한 것이라는 판단이 오히려 시인 황석우를 쉽게 이해하는 길일 수도 있다. 이는 황석우의 관심이 오로지 아나키즘과 상징주의에만 머무르지 않았다는 상황과도 연관된다. 그는 「시화(詩話)」에서 "사상파(寫像派)"라는 용어를 사용하면서 영미 이미지즘에 대해서도 관심을 보인다.[9] 이런 애매한 상황에서 황석우 스스로 문학 활동의 의미를 설명

8 저자는 기본적으로 황석우가 볼셰비즘에 기울었다는 주장에 동의하지 않는다. 앞서도 거론했지만, 이는 북성회가 볼셰비즘에 기초한 조직이 아니라는 판단 때문이다.

9 황석우는 「시화」에서 "사상파(寫像派)"라는 용어를 사용하면서 영미 이미지즘에 대해서도 관심을 보인다. 그는 이미지즘을 "그 내용으로보다도 색채, 향, 음향의 배열 형식 여

하는 시집 『자연송』 서문은 의미가 크다.

> 나는 본래 정치 청년의 한 사람이었습니다. 나의 어릴적부터의 수양의 길은 법률과 정치과학이었습니다. 나는 정치가로 서려는 것이 나의 입신의 최고 목표였습니다. 그러나 나는 시를 쓰지 않을 수 없는 어느 큰 시름을 가슴 가운데 뿌리 깊게 안어왔습니다. 그는 곧 나의 어릴때에부터 받아온 모든 현실적 학대와 또 나의 가난한 어머니와 나를 위하여 희생되었던 나의 불행한 누이의 운명에 대한 설움이었습니다. 그는 마침내 나로 하여금 남모르게 탄식해 울고 또는 성내여 현실사회를 저주하며 더욱 내 누이를 울려가면서 모든 주위의 유혹과 경멸과 싸워가면서 시를 썼습니다.[10]

와세다대에 재학 중일 때부터 정치문제와 사회문제에 일가견이 있었던 황석우,[11] 사회진화론이 득세하던 때 크로포트킨을 인용하면서 자신의 사상을 제창하고, 흑우회에 가입한 것을 빼기기도 했던 황석우[12]와 서러움을 떨치려는 마음으로 시를 쓰는 황석우 사이에는 연속성과 불연속성이 공존한다. 그런데, 연속성은 1920년대 초반에 속하고, 불연속성은 21세기 우리들에게 속하는 것일지도 모른다. 새롭다는 점에서, 의심을 확신으로 바꾸고 변화의 동력으로 활용할 수 있다는 점에서, 우리에게는 단절적으로 보이는 아나키즘과 볼셰비즘, 상징주의와 이미지즘이 황석우에게는 낱낱의 것으로 보이지 않았을 수도 있기 때

하에 구별되는 자"라고 정의한다(황석우, 「시화」, 『매일신보』, 1919.9.22 참조).

10 황석우, 「서문」, 『자연송』, 박문서관, 1929, 16면.

11 백대진, 「낙백시인 황석우」, 『현대문학』, 1963.1 참조.

12 유엽, 「상아탑 황석우 씨」, 『현대문학』, 1968.4 참조.

문이다. 이런 전제를 바탕으로 본다면, 한계지식인 황석우는 아이러니스트라는 흥미로운 규정을 쓸모 있게 만들어 준다. 아니러니스트를 옹호하면서 그 자신이 아이러니스트였던 로티처럼 말이다.

5. 사회주의와 이미지즘-박헌영의 경우

오늘의 시각에서 '비전문 문인'으로 분류할 수 있는 박헌영은 1920년 5월 간행된 동인지 『문우(文友)』에 번역시 2편을 게재하고 있다.[13] 1920년이면 박헌영이 경성고보를 졸업한 후, 상하이로 떠나 이르쿠츠크파 고려공산당에 입당하기 이전이다. 박헌영이 『문우』에 참여한 이유를 정확하게 알 수는 없으나, 홍명희, 김억 등과 조선에스페란토협회 창립에 관여했고,[14] 경성고보 동창인 이서구가 『서광』과 『문우』 동인이었다는 점, 1920년 창간하여 그해 6월까지 총 4호가 발간된 『여자시론(女子時論)』 편집에 관여했다는 점 등을 감안하면 그리 뜻밖의 일은 아니다. 여기에 1919년 3월 경성고보를 졸업한 후 사회주의 이론과 영문학에 심취해 있었다는 사실[15]까지 더하면 『문우』에 참여하고, 이미지즘 계열의 시를 번역하여 수록했다는 사실이 아주 자연스러운 것으로 느껴진다.

13 『문우(文友)』와 박헌영의 관계에 관해서는 근래에 발표된 이경돈의 논문(「동인지 『문우』와 다점적 혼종의 문학」, 『상허학보』 제28집, 상허학회, 2010.2)에서 자상하게 다룬 바 있다. 이 연구에서 연구자는 1920년대 초 이른바 '동인지 시대'에 출현했던 다종의 동인지들이 각기 뚜렷한 정체성을 드러내면서, 크게 보면 일종의 문학의 다점성을 보여주었는데, 그 중에서 『문우(文友)』는 비교적 다양한 문제의식을 지닌 동인으로 구성되었다는 점을 강조하고 있다. 그 사례로 든 것 중 하나가 박헌영의 참여이다.

14 이정박헌영전집편집위원회 편, 『이정 박헌영 전집』 9, 역사비평사, 2004, 128면.

15 안재성, 『박헌영 평전』, 실천문학사, 2009, 66면.

이때 박헌영의 내면풍경은 어땠을까? 박헌영의 고백을 들어보자.

> 1919년의 사건은 나를 공산주의자 진영으로 이끌어 들였습니다. 나는 그들의 이념이 독립과 정의, 민주주의와 진보를 호소하고 있다는 것을 이해하기 시작했지요.[16]

1920년 5월 당시 그는 '공산주의'를 이미 수용한 상태였다. 이와 같은 박헌영의 변화와 영문학에 대한 사적인 관심은 그가 번역했던 시 2편에 고스란히 녹아 있다.

> (一)
>
> 富者의 子息은 土地를 相續바드며
> 高樓와 黃金을 넝넉히 相續바드며
> 흰 손길을 받어서
> 치움을 견대지 못하고 헌옷을 안입는다
> 보돌보돌한 筋肉을 밧는다
> 이것이 진실노
> 참깃봄을 밧지 못하는 遺産이다
>
> (二)
>
> 貧者의 子息은 무엇을 相續밧느냐?

16 F. 샤브시나 꿀리꼬바, 「역사인물 회고–소련의 여류역사학자가 만나 박헌영」, 『역사비평』 제27호, 1994.6, 174면.

强健한 筋肉과 剛毅한 마음

堅强한 肉身과 ㅅ도다시 堅强한 精神

져희는 兩手로써

有用한 勤勞와 技藝를 힘쓴다

진실노 이것들이

王일지라도 깁버셔 바들만한 遺產이다[17]

青年은 强하고 雄壯함에 情과 愛가 잇다

青年은 溫雅와 迷惑에 채엿다

너에게 將次 올 바 '老年'은 갓흔 溫雅와 威力과

迷惑을 가진 줄을 너는 아느냐?

낫에 너무 極度로 빗처서 맑게 개이며

갓차업는 太陽과 活力과 野心과 哄笑하는 낫

(晝) (夜)밤은 百方에 太陽과 잠과 復舊의 어둠을

가지고 갑가히 온다[18]

황석우가 「시화」에서 '사상파'로 명명한 것은 국내에 영미 이미지즘을 알린 첫 번째 사례이다. 그런데 의외로 1920년대에 이미지즘 시에

17 박헌영, 「遺產」, 이정박헌영전집편집위원회 편, 『이정 박헌영 전집』 4, 역사비평사, 2004, 761~762면.

18 박헌영, 「青年은 晝 老年은 夜」, 위의 책, 762면.

관심을 보인 인물들은 박영희와 김기진이었다. 당시 이미지즘을 소개한 그들의 모습에서 전문성과 정확성을 찾기는 어렵다. 또한 상대적으로 이미지즘의 후기 시인인 로웰이 먼저 소개된 반면, 이미지즘의 선구자인 흄이나 이미지즘 운동의 주역이었던 파운드가 거의 소개되지 않거나 소홀하게 다루어졌다는 점도 독특한 면이라고 하겠다.[19] 이런 상황은 영미 이미지즘 시에 대한 당대 젊은 문인들의 관심이 집단적인 관심이라기보다는 개인적인 취향과 형편에 기댄 것이라는 점을 알려준다. 박헌영도 그렇지만, 박영희와 김기진, 또 그 이후의 양주동과 같은 인물들이 한결같이 영어에 능한 인물들이라는 점이 초기 이미지즘 시에 대한 관심을 촉발시켰다고 볼 수 있다. 물론 그렇다고 하더라도 당시 이미지즘에 대한 관심은 그것이 새로운 운동이고, 그 방향이 보다 자유로운 것을 바라보고 있다는 점이 가장 크게 작용했을 것이다. 그런 점에서 1920년대 이미지즘 시 수용과 1930년대 이미지즘 수용은 구별해서 이해해야 할 것이다.

위에 소개한 박헌영의 번역시 2편은 영문학에 심취했던 문학청년 박헌영과 이제 막 마르크스주의자가 된 박헌영이 혼종된 모습을 잘 보여준다. 가난한 자의 건강성에 대한 예찬과 낡은 것에 대비되는 젊음에 대한 예찬은 당시 박헌영의 내면과 당시 젊은 지식인들의 풍경을 상징적으로 보여준다.

황석우의 경우와 박헌영의 경우에서 볼 수 있는 혼종과 분리는 1920년대 초반 새롭게 등장한 젊은 지식인들의 내면과 이를 흥미롭게 드러

19 홍은택, 「영미 이미지즘 이론의 한국적 수용 양상」, 『국제어문』 제27집, 국제어문학회, 2003.6 참조.

내고 있는 문학 활동을 보여주는 작은 사례이다. 물론 이 혼종된 상황은 그리 오래 지속되지 않았다. 이 짧았던 기간을 우리는 서구문학 수용 초기 단계로 바라보고 있다. 그러나 더 중요한 것은 이 시기가 새로운 것이 진영논리와 관계없이, 다시 말해서 아나키즘, 볼셰비즘, 상징주의, 낭만주의, 이미지즘이 하나의 물결로 다가온 시기라는 점이다.

제2장

새로운 문학주체

1. 새로운 지식인—근대적인 사상과 정서의 표현자들

사회진화론적 사고에 크게 기울어져 있었던 『독립신문』의 논설 일부분을 보자.

> 남의 나라에서는 전국의 인민이 모두 무슨 일을 해 얻어먹고 살거늘, 조선은 천분의 일이 겨우 벌이를 하고 나머지 999명은 그 한 사람이 벌이한 것을 뜯어 먹고 살려고 하니, 가난하기는 필경 1,000명이 모두 가난하게 되고 사람은 모두 게으르게 되어 세계의 무용지인이 되고, 독립하려는 마음은 하나도 없고 다만 남에게 의지할 생각들뿐이다. 사람이 세상에 나서 자기의 의식을 자기의 손으로 벌지 못하고 남에게 의지할 때, 그 사람이 나라가 남에

게 의지하는 것을 어찌 분하게 여기리오?[20]

대한제국시기 한국이 국가적으로 처해 있는 어려움의 원인을 국민들의 게으름에서 찾는 논리는 매우 많았다. 이는 앞서 우리가 살펴본 유길준의 『서유견문』에서 미국 인디언의 몰락 원인을 그들의 게으름에서 찾았던 것과 동일한 시각이다. 그런데 이런 메시지가 반드시 사회의 하위계층을 향한 것만은 아니었다. 『독립신문』과 『매일신문』에 수록된 한국인의 게으름을 탓하는 논설들 중에는 양반들의 게으름을 탓하는 경우도 적지 않았기 때문이다. 앞에 소개한 논설과는 시간 차이가 좀 있지만, 1908년에 유길준이 쓴 『노동야학독본』에는 노동의 신성성을 예찬하는 부분이 있다.[21] 그러나 이도 결국 부지런한 국민의 필요성을 강조하는 차원에서 제기된 목소리라는 점에서 논리나 관점의 변화가 일어난 것이라고 볼 수 없다. 이런 입장은 사실 이광수의 「민족개조론」을 거쳐 새마을운동에 이르기까지 면면히 흐르는 보수적 노동·노동자관의 핵심이라고 할 것이다.

그런 점에서 1920년 4월 11일 창립한 한국 최초의 노동조합 조선노동공제회의 출범 일성은 노동문제, 나아가 지식인과 노동자의 관계 문제에 관해 당시 한국사회가 새로운 국면에 접어들었다는 점을 알려준다. 신민회 출신으로 대동청년당을 주도한 바 있으며, 조선노동공제회 회장이었던 박중화가 조선노동공제회 기관지 『공제(共濟)』 창간호에 게재한 글을 보자.

20 「논설」, 『독립신문』, 1896.8.13.
21 유길준, 『勞動夜學讀本』, 경성일보사, 1908, 35~36면 참조.

> 견(見)하라. 조석으로 연결부절(連結不絶)하는 남대문역의 단표객(單瓢客)은 누구이며 엄동염하(嚴冬炎夏)에 산로하반(山路河畔)의 시체는 누구이며 동옥서감(東獄西監)에 엽립황의(葉笠黃衣)의 복역자(服役者)는 누구이며 대가소항(大街小巷)에 유리호읍(流離號泣)하는 유동소아(幼童小兒)는 누구인가를 — 필시 태반은 노동실업자가 아니면 빈한가의 자녀일가 하노라. 각년(各年) 4월로부터 약 5개월에 선하야 용산철도국을 위시하야 각 공장 각 점포의 종무원과 심지어 통신사무원까지 동맹파업을 징(徵)하게 될 것은 생활난 문제의 해결을 요구함으로부터 표현된 사실이 아닌가.[22]

1910년대 중반『학지광』에서도 기업의 사회적 역할과 기업가의 중요성 등을 강조하는 글이 다수 수록되는 분위기였던 것을 감안하면, 조선노동공제회의 입장은 완전히 새로운 목소리였다. 같은 글에서 박중화가 공제회의 목적이 '공존'이며 그 방법으로 '상호부조'를 강조하는 것을 확인할 수 있는데,[23] 이는 이들의 입장이 사회진화론에 입각한 계몽주의와 대척점에 있다는 것을 명확하게 확인할 수 있는 부분이다. 그렇다면 이들이 서 있었던 그 '대척점'은 어디였을까?

조선노동공제회는 조선노동문제연구회라는 소극적인 사회주의 사상연구모임을 발전시키면서 창립되었다. 총 75명이 발기인으로 공표된 이 단체에 참여한 인사들이 동일한 이념을 공유하고 있었다고 단언하기는 어렵다. 그러나 적어도 사회주의자들이 이 단체를 주도하고 있었던 것은 분명하다. 저자는 보다 구체적으로 이들 주도세력을 형성한

22 박중화, 「조선노동공제회 주지」, 『공제』 제1호, 조선노동공제회, 1920.9, 167~168면.
23 위의 글, 167면 참조.

사회주의자들을 아나키스트들, 그리고 미래의 마르크스주의자들로 이해하고 있다. 이는 당시에는 마르크스주의자로 분명하게 자처하지 않았으나, 창립 후 얼마 지나지 않은 시점인 1922년 12월 26일 이른바 '『신생활』 제11호 필화사건'[24] 재판정에서 분명하게 자신들을 마르크스주의자로 규정했던 김명식, 유진희가 주도적으로 이 단체에 참여하고 있었다는 점, 그리고 신채호가 단장으로 있었던 대한독립단원 73명이 이 단체에 참여하고 있었다는 점을 근거로 한다.

박중화의 글에서도 확인할 수 있는 바와 같이 조선노동공제회를 주도하고, 기관지 『공제』에 적극적으로 투고했던 인물들에게 가장 큰 영향력을 행사했던 것은 크로포트킨의 '상호부조론'이다. 크로포트킨이 극찬한 바 있고, 이로 인해서 당시 상호부조론을 수용했던 인물들에게 매우 중요한 작품으로 인식되었던 투르게네프의 「아버지와 아들」[25]이 번역되어 수록되거나, '무아생(無我生)'이라는 필명으로 유진희가 크로포트킨의 「청년에게 소(訴)함」[26]을 번역하여 수록했다는 점 등이 이를

24 1922년 11월 '러시아혁명 5주년 기념호'로 발행된 『신생활』 제11호에 게재된 김명식의 「로서아혁명 오주년 기념」, 신일용의 「오년전의 금일을 회고」, 유진희의 「민족운동과 무산계급의 전술」, 이항발의 「자유노동조합 결성의 취지」 등의 글이 '적화사상'을 선전했다는 점이 문제가 된 사건이다. 1922년 12월 26일 경성지방법원 제7호 법정에서 열린 이 사건에 대한 재판은 한국 최초의 마르크스주의 사상 관련 재판이었다. 이 자리에서 "공산주의에 찬성하는가?"라는 재판장의 질문에 『신생활』 주필이었던 김명식은 "마르크스의 사상에 공명하며 연구하고 찬성하오"라고 답한다. 김명식은 기록상으로 확인할 수 있는 한국 최초의 마르크스주의자이다.

25 오장환, 『한국 아나키즘 운동사 연구』, 국학자료원, 2006, 38면.

26 앞서도 소개한 바 있지만, 이 글은 의사, 혹은 법률가 등 전문직을 가지고 있거나 그러한 삶을 추구하는 지식인 청년들에게, 자본주의 체제 내에서 행할 수 있는 도덕적 미덕이나, 약자에 대한 배려는 결국 현존하는 불평등과 부조리를 개선하는 데에 거의 아무런 도움도 되지 못한다는 점을 매우 설득적인 내용으로 서술하고 있다. 한국 근대 아나키스트들에게 이 글은 매우 중요한 의미를 지닌다. 문화와 교육을 통한 자강을 독립의 선결과제로 제시하고 있는 개량주의적 민족운동의 허구성을 비판하는 논리로 자주 인용되었던

잘 보여준다.

조선노동공제회가 크로포트킨의 상호부조론의 영향을 받고 있다는 사실은 조합주의 자체가 상호부조론의 실천방식이라는 점과도 관련된다. 실제로 조선노동공제회의 발기인이었던 고순흠은 「짜윈說과 맑스說」(『공제』 제8호)이라는 제목의 글에서 크로포트킨이 다윈의 후기저작을 기반으로 논구했던 사회생물학적 입장을 그대로 반영한 글을 게재했다.

저자가 흥미롭게 느끼는 부분은 조선노동공제회의 조직구성과 그 기관지 『공제』의 내용 사이에 격차가 보인다는 점이다. 앞서 조선노동공제회에 참여한 인물들의 성향이 대체로 진보적인 민족주의자들과 사회주의자들이었다고 말한 바 있지만, 실제 1920년 4월 3일 발기총회에 참석한 150명 중에서 100명이 노동자 대표이고 지식인은 50명이었다.[27] 물론 이것이 당시 조선노동공제회 지도부가 노동자 대표들에 의해 주도되었다는 뜻은 아니다. 조선노동공제회가 창립되자 곧 3,000명의 회원이 가입했다는 보도[28]도 있었고, 40개가 넘는 지방 지회와 6만 명이 넘는 회원을 확보했다고는 하지만, 분명한 것은 조선노동공제회 중앙지도부를 견인한 것은 지식인들이었다는 점이다. 기관지 『공제』가 주로 지식인들의 관심사와 또 그들의 지적 수준에서 글을 게재하고 있었다는 점은 이런 상황과 관련이 있다. 뒤에 보다 상세하게 살펴보겠지만, 기관지 『공제』에는 사상적인 글, 노동문제와 진보적인 서구사상을 소개하는 글, 번역물을 비롯하여 문학작품들로 채워지고 있었다.

이 글은 1925년 신채호가 발표한 「浪客의 新年漫筆」에서도 중요하게 언급되고 있다.

27 신용하, 「朝鮮勞動共濟會의 창립과 노동운동」, 『사회와역사』 제3호, 한국사회사학회, 1986.12, 92면.

28 「사설 – 조선노동공제회에 대하여」, 『동아일보』, 1920.4.17.

그렇다고 해서 기관지 『공제』가 어떤 계몽적 의도를 반영한 글들로 채워진 것도 아니었다. 앞서 언급한 몇몇 글들만 하더라도 그 글들은 조선노동공제회에 참여하고 있거나, 그와 유사한 생각을 지닌 지식인들의 논리적 자기 확신을 강화하는 데에 영향을 줄 수 있는 글들이었다. 그 대표적인 사례가 번역물을 포함해서 문학작품이 적잖게 『공제』에 수록되고 있었다는 점이다. 만약 노동운동의 일환으로 『공제』에 문학작품을 수록한 것이라면, 그것은 순진한 구상이거나 지식인의 자위적 행위에 지나지 않는다. 투르게네프의 「아버지와 아들」을 번역・연재하는 행위로부터 노동조합 운동의 동력을 이끌어내려고 하는 행위를 이 말 외에 어떻게 표현할 수 있을까?

이는 1920년 당시 지식인들에게 문학 활동이 주었던 의미를 다시 한 번 확인할 수 있게 해준다. 당시 젊은 지식인들에게 문학은 정치적, 사상적 인식을 개인의 내면 차원으로 끌어오고, 그것을 동류집단과 공유하려는 행위에 가까웠다. 『폐허』 동인이었던 염상섭, 황석우, 이혁로, 나경석 등이 조선노동공제회에 적극적으로 참여하거나 강연회에 연사로 참여하고, 기관지 『공제』에 글을 게재했다는 점이 이를 반영한다. 『폐허』 동인으로 활동하던 시기와 이들이 노동운동 단체에서 활동한 시기가 겹친다는 사실은 이 두 방향의 활동이 단계적으로 이루어진 것이 아니라는 점을 보여준다. 이는 근대적인 사상과 자신의 사적 정서를, 새롭고 공적인 매체를 통해 적극적으로 표출하는 새로운 지식인이 분명하게 모습을 드러내는 장면이다.

2. 글 쓰는 농민 – 농민의 이념과 정서의 표현자들

조선노동공제회와는 약간의 시간차가 있지만, 지식인과 노동자의 결합이 보다 노동자의 입장에서 반영된 사례를 조선농민사와 그 기관지 『조선농민』과 『농민』에서 찾을 수 있다. 근대 초기에 한국 농민은 계급, 민족, 산업, 국민 등 그 어떤 범주 개념으로도 규정하기 어려운 존재였다. 그들은 식민지 민중으로서 경제적 수탈에 가장 많이 피해를 받은 사람들이었으며, 근대화 과정에서는 지식인들에 의해 무지에서 깨어나야 할 계몽 대상으로 설정된 사람들이었다. 한국 근대사회에서 그들은 늘 변혁의 주체가 아니었다. 그들은 다수였지만 소외된 사람들이었고, 엘리트 사상 운동가들의 세력경쟁 과정에서는 운동의 주도권을 확보하기 위한 쟁취 대상이기도 했다.

1920년대에 농민운동이 대두된 핵심 배경은 당연히 당대의 농민들이 겪고 있었던 힘겨운 현실 조건이었다. 그 힘겨운 현실조건을 가져온 여러 원인들 가운데 가장 대표적인 것은 일제에 의한 대규모 토지수용사업이었던 '토지조사사업'과 오랜 기간 내재되어 있었던 '지주와 소작인 사이의 갈등'이였다. 이 두 원인만으로도 당대 농민들이 지니고 있었던 저항의식 내부에 민족주의적인 요소와 계급주의적인 요소가 동시에 포함되어 있었으리라는 점을 알 수 있다. 이는 1920년대로부터 1930년대를 가로지르는 농민운동을 좌・우의 사상 구분으로 단순하게 이해해서는 안 된다는 점을 환기시킨다. 결과적으로 1920~30년대 이 땅의 농민운동은 상당히 다양한 사상적 경향을 지닌 세력들에 의해서 동시 다발적으로 진행되었다. 마르크스주의와 아나키즘, 민족주의, 천도교, 기독교 등 다양한 가치관과 이념인식을 지닌 엘리트들이 광범위하게 농민운동에 관여하거나 관심을 표하고 있었던 역사적 사실이 이를 증명한다.

그러나 1920~30년대 농민운동에서 가장 중요한 점은 이미 농민들 스스로도 자신들의 문제에 주체적으로 대응할 수 있는 역량을 갖추기 시작했다는 점이다. 80%[29]를 상회했던 당시 전체 인구 대비 농민비율을 감안하면 농민들의 현실은 곧바로 민족 전체가 처한 현실을 의미했다. 이러한 상황에 반해서 1920년대 중반이 될 때까지 농민을 계몽이나 변혁의 대상이 아니라, 그 주체로 인식하는 농민 중심적 담론은 거의 존재하지 않았다. 이와 같은 상황에 대한 반성은 우선 사회현실에 적극적으로 대응하려고 했던 진보적인 지식인들로부터 제기된다. 그러나 무엇보다도 자신들의 문제를 각인하고 스스로 해결하려고 했던 농민들의 반성과 참여는 이 당시 가장 두드러진 농민운동의 특성이었다.

이와 같이 진행된 1920~30년대 농민운동에 대한 학문적 평가는 주로 당시의 여러 사상들과 농민운동의 연관성을 추적하면서 이루어졌다. 이후 그 사상적 특성과 각 농민운동 조직의 활동 상황 및 조직의 특성을 분석하면서 연구는 점차 구체화되어 왔다. 그러나 지금까지 진행된 1920~30년대 농민운동에 대한 학문적 접근들은 당시 농민운동의 다양한 활동들을 세밀하게 다루면서도, 그 다양한 활동의 사상적 경향을 좌・우 양 이념간의 대립으로 단순하게 구획하는 모습을 보여 왔다. 물론 당시 농민운동이 사상에 기초를 두고 전개된 것은 사실이다. 그

29 인정식, 「조선사회의 기본적 분석」, 『삼천리』 제11권 7호, 1939, 78면 참조.

러나 농민운동에 기초를 제공했던 당시 사상들은 매우 다양했다. 특히 그 사상들 중에는 농민계층이 주도적으로 형성해 낸 것도 적지 않았다. 의외로 이러한 상황에 관심을 기울이는 연구는 많지 않았다. 그러다 보니 현시점에서 제시되는 1920~30년대 농민운동론이 당대의 실제 농민운동의 실체에 접근하지 못하는 경우가 많다.

한국 근대문학사 연구에 대해서도 이와 같은 문제를 제기할 수 있다. 아직도 많은 사람들은 한국 근대 농민문학과 지식인들의 입장에서 서술된 계몽문학을 '농민소설'로 동일시하고 있다. 여기에는 농민 출신 작가와 시인을 찾기 어렵다는 연구자들의 어려움도 충분히 이해할 수 있다. 그런 측면에서 조선농민사의 기관지 『조선농민』과 『농민』은 한국 근대사회에서 농민주체의 농민문학 작품을 만나고 그 작품의 내부에 존재하는 의식과 지향을 살펴볼 수 있는 귀중한 매체라는 점에서 주목을 요한다.

1925년 12월부터 1933년 12월까지 약 8년간 꾸준히 발간된 조선농민사의 『조선농민』과 『농민』은 단순히 조선농민사의 기관지로서의 위상만 갖고 있는 것이 아니라 농민대중을 위한 전문 교양매체이자, 문화매체였다. 그 잡지에 기고한 필진은 이돈화, 이광수, 방정환, 김억 등과 같은 당대의 명망가부터 이름 없는 지역 농민사원에 이르기까지 다양했다. 그들은 필자와 독자라는 폐쇄적인 관계 속에서 매체에 동참하고 있지 않았다. 시간이 갈수록 농민 필자들의 수가 늘어났으며, 그들이 투고하는 글의 종류도 논설이나 강좌부터 문학작품에 이르기까지 다양했다.

우리는 『조선농민』과 『농민』을 통해서 한국 근대사회의 현실 그 자체였던 농민의 이념과 정서를 뚜렷하게 확인할 수 있다. 또한 그들이 문학 활동을 통해서 자신들의 목소리를 표현해 나가는 극적인 장면을 목격할 수 있다. 이들 농민 출신 문인들을 새로운 문학주체로 인식하게 되면 당시 한국문학을 새롭게 인식하는 길이 열린다.

『조선농민』과 『농민』에 시와 소설을 게재한 농민작가와 시인들의 작품은 형식과 표현 면에서 투박하고 보수적인 모습을 보이고 있다. 그들은 민요풍의 시를 많이 썼고, 여전히 설화적인 구성을 지닌 소설을 썼다. 뒤에 다루겠지만, 1920년대 상징주의, 낭만주의 계열의 작품을 썼던 지식인 문인들과 유사한 사상을 지니고 있었던 농민출신 작가·시인들도 작품의 형식에 있어서는 오래되고 익숙한 형식을 선호했다. 그런 측면 역시 이들 각 문학주체의 차이를 흥미롭게 바라볼 수 있는 지점이다. 대중매체에 글 쓰는 농민, 시와 소설을 발표하는 농민이 등장한 것 역시 한국 근대문학사의 새로운 한 장이 시작된 것을 의미한다.

제3장

1920년대 아나키스트의 문학

1. 두 개의 아나키즘

아나키즘은 하나의 통일된 사상체계라기보다는 권위적인 사회구조와 다른 사상체계 등에 대해 저항하는 혁신적인 '경향'이라고 말할 수 있다. 누가 뭐라고 해도 아나키즘의 핵심은 사유재산제도에 대한 거부감, 관료제에 기반을 둔 중앙집권적 국가체제에 대한 도전에 있다. 아나키즘은 자본주의와 사회적 계급 관계에 기초를 둔 근대국민국가체제에 대한 반발에 기초하고 있다는 것이다. 그러므로 아나키즘은 무엇보다도 평등을 중요시 한다.[30]

30 물론 고드윈(William Godwin)이나 슈티르너(Max Stirner) 같은 개인주의적 아나키스트, 혹은 이른바 순정아나키스트들에게까지 이러한 판단이 적용될지는 확신할 수 없는 일

아나키즘이 중앙집권적 국가체제와 거기에서 나오는 권력을 거부한다는 점은 마르크스주의자들과 끊임없이 갈등하는 이유가 되었다. 우리는 파리코뮌, 스페인내전, 1968년 학생혁명에서 아나키즘이 표면화하는 것을 목격했는데, 당시 우리에게 목격된 아나키즘은 같은 빛깔이 아니었다. 그 각각의 크고 작은 차이가 곧 아나키즘의 실체라는 모순된 정의를 이해하거나 받아들이게 될 때, 우리는 아나키즘에 대한 인식에 한발 다가갈 수 있다. 그런데 아나키즘에 대한 이런 일반적 정의와 분류는 한국 근대 아나키즘을 이해하는 과정에서 매우 기초적인 정보로밖에는 작용하지 못한다는 점을 미리 밝힌다. 일테면 한국 근대 아나키스트들과 교류가 빈번했던 오스기 사카에 같은 경우에도 그렇지만, 특히 한국과 일본의 근대 지식인들에게 아나키즘은 개인적 아나키즘과 사회주의적 아나키즘, 혹은 민족주의를 의식한 아나키즘이 분명하게 구분되어 인식되지 않았다.

그렇다고 해서 한국 근대 아나키즘을 미분류 상태, 혹은 혼종된 상태로만 정의할 수는 없다. 한국 근대 아나키즘을 아나코-코뮤니스트 그룹과 아나코-생디칼리스트 그룹으로 분류하는 견해는 대다수 관련 연구자들이 수긍하는 것이며, 저자 역시 그러하다. 신채호, 유자명 등 중국을 중심으로 활동했던 인물들을 민족 해방에 방점을 찍은 아나코-코뮤니스트 그룹으로, 정태신, 이홍근, 최갑룡 등 일본에서 활동했거나, 일본인 아나키스트들로부터 영향받은 인물들을 노동운동 중심의 아카코-생디칼리스트 그룹으로 구별하는 입장 역시 무리가 없는 관점

이나 아나키즘의 주류가 평등을 중시한다는 관점에 크게 문제가 있는 것은 아닐 것이다.

이다. 이 두 아나키스트 그룹이 한국 근대 아나키즘운동을 주도했다는 점, 여기에 이 두 그룹 모두 크로포트킨의 영향을 많이 받았다는 점을 인식하는 것은 한국 근대 아나키즘운동과 아나키스트 문학을 이해하는 중요 전제가 되어야 한다.

2. 사회변혁의지와 아나키즘

사회혁명을 꿈꾸었던 젊은 지식인들에게 아나키즘은 어떻게 받아들여졌을까? 전형적인 개인주의자이면서 개인주의적 아나키즘의 대명사였던 슈티르너[31]를 바라보는 젊은 마르크스주의자 정백(鄭栢)의 글을 통해서 우리는 1920년대 초 아나키즘에 대한 그들의 인식과, 아직 분명하게 분화되지 않았던 아나키즘과 공산주의에 대한 인식을 동시에 확인할 수 있다.

정백은 박종화, 홍사용과 함께 『문우』를 주도했지만, 곧 『신생활』로 그 활동 무대를 옮긴 인물이다. 앞서 살펴본 바와 같이 『신생활』은 초기 마르크스주의자들이 주도했던 매체였다. 그는 1922년 슈티르너가 1845년 발표한 대표 저서 『유일자와 그 소유(*Einzige und sein Eigentum*)』를 소개하는 「유일자와 그 중심사상」[32]을 발표한다.

31 막스 슈티르너(Max Stirner)는 1806년 바이에른 지역에서 출생했다. 그는 유일한 현실은 자아이며, 자아야말로 창조적인 허무라고 생각했다. 러시아혁명 과정에서도 확인할 수 있는 바처럼 유럽에서는 아나키즘을 니힐리즘과 연계하여 인식하는 경우도 적지 않았는데, 이는 슈티르너 식 아나키즘이 당시 사회에 준 영향이었다. 그의 사상은 니체에게도 영향을 주었다고 알려진다.

32 정백, 「唯一子와 그 中心思想」, 『신생활』, 1922.9.

이 글에서 정백은 슈티르너를 "자아 이외에 일체의 권위를 집프레기 갓치 짓밟어 버리든 유일자"로 규정하고 그가 "모든 지배적 권위사상을 종횡으로 비판하야 자아 이외의 일체 권위는 여하한 종류를 막론하고 모다 흡혈귀에 불과"한 것으로 생각했다고 주장한다. 이는 정백이 슈티르너의 주장을 하나의 독특한 아나키즘 사상으로 받아들인 것이 아니라, 자본주의 체제라는 지배질서에 대한 비판으로 주목했다는 것을 보여준다.[33] 주목할 만한 것은 바쿠닌과 마르크스의 갈등을 비롯해서 마르크스주의자들과 늘 격한 갈등관계를 형성했던 아나키스트들의 글이 『신생활』에 심심찮게 수록되고 있다는 점이다. 정백의 글뿐만 아니라 『신생활』에는 크로포트킨을 소개하는 글이 총 5편 수록되어 있는데, 이는 사회변혁이라는 아나키즘의 입장에 정파적 입장을 떠나 동의했던 초기 한국 마르크스주의의 한 풍경을 보여주는 점이면서, 1920년대 한국 아나키스트들과 마르크스주의자들이 별다른 갈등 없이 동거했던 점을 보여주는 사례라 할 수 있을 것이다.

앞서도 언급했지만, 1920년대 한국사회에 가장 큰 영향을 준 아나키스트는 크로포트킨[34]이었다. 사회변혁의지를 이론적으로 뒷받침 받고

33 박종린, 「바쿠닌과 슈티르너의 아나키즘과 식민지 조선」, 『동양정치사상사』 제7권 1호, 한국동양정치사상학회, 2008.3, 41면.

34 크로포트킨(Pyotr Alekseyevich Kropotkin, 1842~1921)의 삶은 매우 극적이다. 19세기 중반 상트페테르부르크의 최고 귀족 가문에서 출생한 그는 일찍 생모와 사별했다는 점을 제외하고는 전형적인 구귀족층의 교육환경 속에서 성장했다. 당시 많은 귀족 자제들이 선택했던 길에서 거의 벗어나지 않고 성장한 크로포트킨은 상트페테르부르크 근위사관학교를 졸업하고 차르의 근위장교가 된다. 그러나 그는 평탄한 출셋길을 마다하고 험난한 시베리아 근무를 자원한다. 그는 시베리아 근무시절 러시아 동부 여러 지역을 탐사하면서 지리학적 업적을 쌓았고, 이를 바탕으로 국제적인 명성을 얻기도 한다. 그러나 크로포트킨이 시베리아 시절에 얻은 가장 중요한 것은 자연 생태계를 관찰하면서 얻은 '진화에 대한 새로운 관점'이었다. 이는 훗날 '상호부조론'의 기반이 되었다. 스위스 방문시 우연히 알게 된 아나키스트 노동조합인 쥐라연합(Rassemblement Jurassien) 사람으

싶었던 당시 지식인들에게 크로포트킨의 상호부조론은 자기 확신의 계기로 작용했다. 그런 점에서 적잖은 1920년대 한국 아나키스트들은 크로포트킨주의자에 가까웠다. 노동자, 민중, 민족이라는 집단 개념을 동원했던 아나키스트들에게는 특히 그랬다. 당시 한국사회가 민족에 대한 억압과 노동자와 농민에 대한 억압이 혼재된 상황이었으므로 크로포트킨의 아나키즘을 받아들인 초기 아나키스트들은 각자의 입장에서 아나키즘을 수용했지만, 그 각자의 관점에 크로포트킨의 상호부조론은 모두 영향을 주었다. 3·1운동 직후 당시 한국의 진보적인 지식인들이 지니고 있었던 문제의식, 특히 제국주의에 대한 가장 유효한 대응방식을 크로포트킨의 상호부조론에서 찾을 수 있었던 것은 매우 중요한 이유였을 것이다. 대표적인 아나키스트 유자명[35]의 말은 이를 뒷받침한다.

> 크로포트킨의 저작은 철학, 경제학, 생물학, 문학, 예술 등 광범한 내용을 포괄하고 있었다. 그가 쓴 『윤리학』은 인생철학을 서술한 것이고, 『상호부

로부터 받은 영향을 통해 급속도로 아나키즘에 경도된 그는 자신이 누리고 있던 모든 기득권을 버리고 혁명가의 길을 걷게 된다. 한때 당국에 체포되어 악명 높은 감옥에 수감되기도 했던 그는 동료들의 도움을 받아 극적으로 탈출하는 데에 성공하여 서유럽으로 망명한다. 영국, 프랑스, 스위스 등을 수십 년간 전전하면서 저널리즘과 파업투쟁을 망라한 국제 아나키즘운동을 주도했다. 특히 그는 학자로서의 자질과 뛰어난 문필능력을 바탕으로 인상 깊은 저작을 생산했다. 저널리즘을 통한 아나키즘 운동 역시 그의 재능이 십분 발휘되었다. 그의 자서전(김유곤 역, 『크로포트킨 자서전(*Memoirs of a Revolutionist*)』, 우물이있는집, 2003)에는 극적인 크로포트킨의 삶과 그에 대한 스스로의 평가와 단상이 매우 흥미롭게 그려지고 있다.

35 유자명은 3·1운동 직후 중국으로 망명하여, 매우 적극적으로 항일무장항쟁에 나섰던 인물이다. '의열단의 참모'로 잘 알려진 그는 신채호, 이회영 등 대표적인 재중 한인 아나키스트들과 함께 활동했을 뿐만 아니라, 제국주의에 억압받는 아시아 아나키스트들의 국제적인 조직을 창립하고 활동하기도 했다.

조론』은 생존경쟁이 생물진화의 동력이라고 인정하는 다윈의 『진화론』과 반대로 상호부조가 생물진화의 주요 인소라고 주장하였다. 당시 구라파 각국의 제국주의자들은 다윈의 생존경쟁의 학설을 저들의 식민침략전쟁을 변호하는 데 이용하였다. 그러나 크로포트킨의 『상호부조론』은 침략을 반대하는 근거가 된다고 나는 생각하였다.[36]

노동운동의 입장에서 아나키즘 사상운동을 벌였던 지식인들 역시 크로포트킨의 상호부조론을 의식하기는 마찬가지였다. 실제로 조선노동공제회 기관지였던 『공제』, 1920년 결성된 사회주의계열 청년 단체였던 조선청년연합회 기관지 『아성(我聲)』 등에도 크로포트킨의 상호부조론과 「청년에게 고함」이 소개되거나 번역되는 경우가 다수 발견된다.

3. 아나키스트와 마르크스주의자의 문학논쟁

지금까지 저자는 한국 근대사상과 전통 사상의 관계, 젊은 식민지 근대 지식인의 형성과정, 또 아나키즘의 수용과정에 대해 살폈다. 이는 상징주의문학, 낭만주의문학이라고 불리는 서구적이고, 탈현실적이며, 지식인 중심적인 한국 근대 초기 문학과 한국적이고, 현실적이며,

36 유자명, 『유자명의 수기－한 혁명자의 회억록』, 독립기념관, 53면(조세현, 「동아시아 3국에서 크로포트킨 사상의 수용」, 『중국사연구』 제39집, 중국사학회, 2005.12, 255면에서 재인용).

농민 중심적인 조선농민사 기관지 소재 농민문학에 한국 근대 아나키즘이 동시에 작용하고 있었다는 점을 규명하기 위한 전제 작업이었다.

여기에서는 다음 장부터 이루어질 각각의 문학 활동에 대한 접근 이전에 한국 근대문학에 두 개의 아나키즘 문학론이 있었다는 점을 논의할 것이다. 어쩌면 이 과정은 개인주의적인 것과 공동체주의적인 것으로 구분할 수 있는 이 두 양상을 왜 아나키즘이라는 하나의 범주 안에서 설명하려고 하며, 그 근거는 무엇이냐는 회의적인 물음을 부를지도 모른다. 이에 대해서 저자는 그 각각의 양상이 모두 '자율성'을 무엇과도 바꿀 수 없는 가치로 여겼다는 점을 우선 밝혀 둔다. 문제는 그 '자율성'이 적용되는 대상이 좀 다르고, 그 자율성을 확보하기 위해서 우선적으로 해결해야 할 과제가 좀 다르다는 점이다. 물론 이 역시 그런 차이를 지니고 있는 각각의 태도를 왜 아나키즘으로 동일시하느냐는 의문을 부를 수 있다. 그러나 곰곰이 생각해보면 민족주의자나 마르크스주의자들 사이에도 이런 정도의 차이, 어쩌면 이보다 더 큰 차이는 분명하게 있었다. 아나키즘에 대한 의심은 대체로 그것에 대한 낯선 느낌에서 오는 경우가 많다는 점을 인식할 필요가 있다.

지금까지 주로 1910년대 중반부터 1920년대 초반에 이르는 기간을 중심으로 진행했던 논의를 시간을 좀 건너뛰어 1927년 무렵 있었던 이른바 '아나-보르 논쟁' 상황으로 시점을 옮겨보자. 여기서 다루려는 것은 논쟁 그 자체가 아니라 마르크스주의자들이 주도했던 KAPF의 맹원이었던 문학이론가들에 대해 보였던 아나키스트 문학이론가들의 입장이다. 이들의 입장을 통해서 우리는 한국 근대 아나키즘 문학론의 흐름을 감지할 수 있다.

아나키스트 시인이자 문학이론가 권구현의 아나키즘 문학론은 '계급의식'과 '자율성', '경험'이라는 키워드로 설명할 수 있다. 이 각각의 요소는 유기적으로 연결된다. 우선 그는 당대 사회의 계급적 모순을 거론하는 것은 문학의 근본적인 목표여야 한다고 생각한다. 그러나 그 목표를 드러내고 있다고 해서 모두 평가받을만한 작품은 아니라는 생각도 동시에 가지고 있다. 유명한 박영희와 김기진 간의 논쟁에 대한 평문인 「계급문학과 그 비판적 요소」에서 그는 "초계급적·예술지상적·개인주의적" 예술은 참된 예술이 아니고 "선전, 전투"를 위한 예술만이 참된 예술이라는 전제를 밝히면서도 다음과 같이 자신의 생각을 드러낸다.

> 박군(박영희-인용자)의 이론에 잇어서는 대체로 모순이 업다. 그럼으로 나는 김(김기진-인용자)·박 양군의 어썬 편이냐 하면 박군의 편이라고 아니할쑤가 업다. 그러나 한가지 섭섭한 것은 박군의 이론이 좀 더 구체적, 계통적으로 되지 못한 것이다. 그리고 비록 ×소한 문제나마 박군의 논법에 대하야 어쩌한 불만이 잇다면 그것은 김군이 넘우도 작품상 표현과 묘사에만을 과중시하였음에 반하여 박군은 넘우도 이것을 도외시하는 ×이 업지 안흔가 하는 이것이다.[37]

권구현의 입장이 좀 애매해 보인다. 박영희의 입장이 옳다고 생각하지만, 한편 입장이 너무 관념적인 것이 아니냐는 말인데, 뒤에 이어지

37 권구현, 「계급문학과 그 비판적 요소」, 『동광』 제10호, 1927.3, 88면.

는 발언에서는 거의 김기진의 입장을 옹호하는 듯한 모습까지 보인다. 잘 알려진 바와 같이 소설이라기보다는 우화에 가까운 박영희의 「사냥개」가 지닌 문학적 가치를 두고 벌어진 박영희와 김기진의 논쟁은 창작기법 논쟁이었다. 결국 권구현이 박영희에게 하고 싶었던 이야기는 문학적 표현, 혹은 기법이 필요하다는 점이라기보다는 리얼리티에 관한 이야기였다. 소설에는 최소한의 리얼리티가 있어야 하며, 또 그것이 작품 내에서 제 역할을 할 수 있도록 배치되어 있어야 한다는 것이다. 그래야 독자도 그 작품을 통해서 뭔가를 알 수 있지 않겠냐[38]는 권구현의 입장은 김기진의 입장과 구분하기 어려워 보인다. 그러나 그는 이와 같은 논리전개 이전에 분명한 전제로 "그 결론이 예술의 독립적 존재성을 주장하는 데에 떨어지고 마는 것이니 이것은 곧 예술을 위한 예술을 고조하는 태도에 불과하다"[39]는 점을 분명하게 하고 있다.

「계급문학과 그 비판적 요소」에서 권구현이 박영희의 작품, 「사냥개」의 한계점에 대해 가한 비판은 이보다 먼저 발표되었던 「1월 창작평」에서도 확인할 수 있다. 이 문제는 '경험'과 '자율성'이라는 권구현 문학론의 나머지 두 키워드를 이해할 수 있는 통로가 된다. 한국 근대문학 연구 성과들 중에서 아나키스트들과 마르크스주의자들 간의 문학 논쟁을 문학의 자율성에 대한 인식 사이의 충돌로 설명하는 경우를 자주 볼 수 있는데, 이런 설명이 아나키즘 문학론에 대한 왜곡으로 이어지는 경우는 적지 않다. 아나키스트들이 문학적 자율성을 강조하는 경우, 대체로 그것은 문학주의를 옹호하는 것이 아니라, 마르크스주의

38 위의 글, 89면.
39 위의 글, 85면.

문학론의 교조성에 대한 반감을 표현하는 것이다.[40] 교조성에 대한 비판은 결국 이론가나 지도자가 아닌 무산계급 개별 인자들의 경험을 중시하는 태도로 연결될 수밖에 없다.

이를 잘 보여주는 것이 1927년에 있었던 권구현과 한설야의 논쟁이다. 이 논쟁은 문학평론가들의 역할이 어디에 있는 것인가를 두고 오고 간 작은 논쟁이었다. 권구현은 1927년 『동아일보』에 총 6회에 걸쳐 「1월 창작평」을 분재한다. 그는 그 해 1월에 발표된 각각의 작품들에 대한 평가를 시도하고 있는 창작평 두 번째 글에서 권구현은 특히 이기영의 「실진」을 집중적으로 분석한다. 권구현은 이 작품을 비판한다. 비판의 내용은 크게 두 가지이다. 우선 이 작품이 당대의 사회적 모순을 정확하고도 구체적으로 드러내지 못하고 있다는 점이다. 그는 그 이유를 무엇보다도 이 작품의 주인공 '경식'의 행동에 이해하기 곤란한 측면이 있다는 점에서 찾고 있다.

가난을 이기지 못한 경식이 쌀을 나르는 한 노파를 지게막대기로 살해하고 쌀을 빼앗지만, 그 노파 역시 자신과 같은 처지의 인물이라는 사실을 깨닫고는 양심의 고통을 느껴 경관에게 자수하고 만다는 이 작품의 내용은 그저 인도주의적인 태도를 보여주고 있을 뿐이라는 것이 권구현의 생각이었다. 권구현이 비판하고 있는 두 번째의 문제는 이와 같은 경식의 행동에는 무엇보다도 작가의 경험부족, 혹은 피상적 현실

40 물론 이런 오해는 1920년대 당시에도 있었다. 당시 논쟁을 지켜보다 보면 아나키스트들은 마르크스주의자들의 문학론을 정확하게 알고 비판한 데 비해서 마르크스주의자들은 아나키스트들의 문학론을 제대로 이해하지 못한 채 논쟁에 개입하는 경우가 많았다는 점을 알 수 있다. 이런 불균형적인 상황은 최근, 어쩌면 지금까지도 해소되지 못한 상태이다. 여전히 적잖은 연구자들은 마르크스주의자들의 눈을 빌려 당시의 아나키스트들을 본다.

인식이 작용했으리라는 것이었다. 직접 이런 관점은 박영희의 「사냥개」에 대한 권구현의 문제의식이 경험이 배제된 교조성에 대한 비판이었다는 것을 우리에게 알려준다.[41]

또 다른 아나키스트 문학이론가 이향 역시 권구현과 마찬가지로 예술이 혁명의 도구가 되어야 한다는 점을 강조한다.[42] 그는 이를 위해서 필요한 것은 독자(대중)의 공감대라고 판단한다.

> 한 개의 예술작품을 분석하면 작자가 취급한 사건과 그 사건에서 생긴 작자의 미적 정서의 활동과 예술의 형식내에서 구상화한 것임을 알 수가 잇는 것이다. 그럼으로 사건은 예술의 재료이고 또한 그 재료에 의하냐 시대적 공기를 호흡할 수 잇는 보통 말하는 바와 가튼 시대적 의식을 알 수 잇는 것이다. 이 시대적 의식은 예술의 전적(全的) 내용이 아니고 독자가 작자가 취급한 시대적 배경에서 엇는바 의식에서 불과하고 예술본래의 필수조건인 공감력(共感力)은 아니다. 우리는 유한한 예술의 형태내에서 작자가 취급한 사건에 유동(流動)한 미적 정서의 동적 현상이 무한히 비약하고 잇슴을 예술을 통하야 맛보게 되는 것이다. 이곳에 예술의 생명이 영원성을 갓게 되는 것이다.[43]

41 이에 대한 한설야의 비판은 즉각적이고도 맹렬했다. 한설야가 권구현을 비판하는 데에는 권구현이 경험주의적 태도에 빠져 있다는 판단이 가장 크게 작용했다. 언뜻 보기에 권구현에 대한 한설야의 구체적 비판내용은 권구현이 「1월의 창작평」에서 말하고자 했던 핵심을 비켜나간 것처럼 보인다. 한설야가 문제 삼은 권구현의 발언이 글의 주제와는 거리가 있는 일종의 인사치레에 가까운 말이었기 때문이다. 그러나 핵심을 벗어난 것처럼 보이는 이 비판은 앞서 언급한 바와 같이 아나키즘문학론과 프롤레타리아문학론의 입장차이가 어느 지점에서 발생하고 있는가를 잘 보여주고 있다. 한설야가 문제 삼은 권구현의 발언은 다음과 같다. "간단히 말하자면 나는 남의 작품에 대하야 호의를 가진 독자에 불과하다. 어떠한 호감을 주는 작품이면 그것을 再三 숙독하며 스스로 흠모했고 그렇지 않은 작품이면 즉 불쾌를 주는 작품이면 차라리 침묵으로써 그것을 푸대접하여 왔을 뿐이다", 권구현, 「1월 창작평」, 『동아일보』, 1927.1.29.

42 「藝術의 一翼的 任務를 爲하야 (2)」, 『조선일보』, 1928.2.11.

문학(예술)의 의미는 작품의 내용이나 형식, 혹은 그 양자의 결합 여부에 따라 결정되는 것이 아니라, 독자와 작품의 관계에서 형성되는 것이라는 주장이다. 매우 인상 깊은 주장이다. 일체의 권위와 권력을 배제한다는 아나키스트들의 기본 관념이 자본주의 경제체제, 대의 민주주의, 중앙집권적 관료주의를 두루 배격하는 것과 일체의 교조적 입장, 작가와 작품의 권위를 부정하는 논리로 연결되는 것은 사실, 매우 자연스러워 보인다.

아나키스트 김화산[44]은 낭만주의, 다다이즘 등 전위적인 창작활동과 아나키즘 문학 옹호자로서의 길을 병행한 인물이다. 아나키즘과 낭만주의, 다다이즘이 물과 불처럼 섞일 수 없는 것인지, 아니면 한 사람에게 공존할 수 있는 것인지에 대한 문제는 다음 장에서 자세하게 다룰 계획이므로 지금은 논외로 한다. 김화산이 아나키스트로서 자기 자신의 입장을 강렬하게 드러낸 글은 「계급예술론의 신전개」이다. 그 글에

43 「藝術의 一翼的 任務를 爲하야 (3)」, 『조선일보』, 1928.2.12.

44 아나키스트로 김화산을 다루면서 김화산에 대한 논란 두 가지를 정리하고자 한다. 첫째 김화산이 과연 누구인가 하는 문제이다. 김화산이 1930년대 중반 이후 총독부 사법관료(판사) 방준경과 동일인물이라는 점, 그리고 그 방준경의 삶에 관해서는 유문선의 연구(「총독부 사법 관료의 아나키즘 문학론—김화산의 삶과 문학 활동」, 『한국현대문학연구』 제18집, 한국현대문학회, 2005.12)를 통해 논란의 여지가 없어졌다고 판단한다. 시간이 좀 지난 일이지만, 이러한 사실을 우선 정리한다. 또 하나는 김화산이 아나키스트이냐 아니냐 하는 문제이다. 어떤 경우에는 김화산이 아나키스트로 자처했던 것을 신기한 외래사조에 대한 호기심 이상이 아니었다고 폄훼하는 경우도 있고, 어떤 경우에는 김화산은 진짜 아나키스트가 아니라며 배제하는 경우도 있다. 저자 역시 아나키스트 김화산에 대해 의심스러워하는 입장(김택호, 「아나키스트 권구현의 문학론과 소설」, 『현대소설연구』 제29호, 한국현대소설학회, 2006.3 참조)이었다. 그러나 비록 행동가로서의 아나키스트는 아니었고, 훗날 총독부 관료가 되기도 했지만, 그런 이유로 그를 아나키스트 문학이론가로 평가하는 것조차 잘못된 것이거나, 왜곡된 시각으로 보는 것은 문제가 있다. 아나키스트로 자처하면서 작성한 김화산의 글들은 아나키즘에 대해 상당한 학습이 된 것이 드러나는데, 이는 이념에 대한 동조감 없이 가능한 일이 아니기 때문이다. 물론 가장 먼저 공부가 덜 된 상태에서 주장한 저자 자신의 단견부터 바로잡는다.

서 가장 많이 인용되는 두 부분을 함께 보자.

> 본론에 들어가기 전에 먼저 나의 태도를 선명히 하고자 한다. 본지 2월호에 발표된 소설「악마도(惡魔道)」를 읽은 사람은 나를 싸짜이스트로 생각할지 모르나 나는 결코 싸짜이스트가 아니다. 나는 도로혀(오히려－인용자) 사상적 방면에 잇서 퇴폐적이며 환멸적이며 절망적인 싸짜이슴을 극력 배제하며 동시에 명일의 사회를 초래할 확실한 신념하에 진출하는 무산계급 운동에 좌단(左袒)한다. 그럼으로 나는 예술론의 견지에 잇서서 푸로레타리아 예술론을 지지한다.[45]

> 예술의 본질은 영원불멸한다. 이곳에 영원불멸이라 함은 예술의 내용과 형식의 영원불멸을 의미하는 것이 안이라. 예술이 인류의게 기여하는 본질적 요소의 영원불멸을 의미한 것이다. 아모리 무산계급예술이라 할지라도 이 본질적 요소는 무시하여서는 안이 된다. 공산파 정략가가 제작된 예술품을 선전용으로 사용함은 무방한 일이다. 그러나 선전용의 예술을 창작하라 함은 공산파 정략가의 폭론(暴論)이다.[46]

이 두 부분을 엮으면, '억압받는 자들을 위한 문학에는 동의하고, 지지하지만, 정치적 목적으로 문학을 활용하는 것에는 반대한다'는 논리가 형성된다. 언뜻 보기에도 좀 이상하다. 그러나 김화산의 주장 역시 권구현과 이향이 주장했던 논리와 같은 선상에 있다. 이는 두 번째 인

45 김화산,「계급예술론의 신전개」,『조선문단』 제20호, 1927.3, 14면.
46 위의 글, 18면.

용문을 예술의 자율성이 아니라, 작가의 자율성, 즉 정치적 지도력에 대한 자율성으로 읽게 된다면 이해할 수 있는 일이다. 실제로 두 번째 인용문은 그러한 취지로 김화산이 작성한 내용이다. 이 '자율성'이라는 용어를 아나키스트들의 입장에서 해석하고 분석하는 과정이 생략되어 있었다는 점이 한국 근대 아나키즘 문학에 대한 논의 범위를 확대하고, 깊이를 더하는 데 큰 장애가 되었다. 결국 아직까지도 우리는 1920년대 아나키스트들의 문학 활동이 지닌 의미와 영향력에 대해 거의 이해하지 못하고 있다.

제
3
부

아나키즘과 상징주의 · 자연주의 · 낭만주의

제1장_새로운 매체, 문학과 이념의 결합
제2장_문예사조
제3장_『폐허』와 아나키즘
제4장_『백조』와 아나키즘

제1장

새로운 매체, 문학과 이념의 결합

1. 『근대사상(近代思想)』

1912년 10월 일본에서는 잡지 『근대사상(近代思想)』이 발간되었다. 이 잡지는 오스기 사카에가 주도했는데, 그의 회고에 따르면 『근대사상』의 창간목적은 사상적 동지를 모으고, 이를 바탕으로 활동공간을 마련하기 위한 것이었다. 『근대사상』에 대한 어느 일문학자의 평가를 보자.

> 『근대사상』은 상대적으로 '시사잡지'가 아닌 '사상문예잡지'이면서도 상당히 의욕적으로 창간을 하게 된다. 사카이 도시히코는 "내 기억에 의하면 당시 나는 운동 상의 일에 관해서 잠시 시기를 기다리는 외에는 방법이 없

다고 생각했고 또 그렇게 말했다. 그러나 오스기나 아라하타와 같이 젊은 기예(氣銳)의 동지는 '시기를 기다리'지 못하고, 스스로 나아가 '시기를 만들어야'한다고 생각하고 또 그렇게 주장했다. 그 주장의 실행이 곧 월간 잡지 『근대사상』이었다"고 회고한다. (…중략…) 즉 『근대사상』은 억압의 상황을 돌파하기 위한 '적극적'인 모색이었던 셈이다. 사카이는 이런 적극성을 "젊은 기예의 동지"라는 말로 자신과의 차이를 말하고 있으나, 실상은 오스기, 아라하타의 무정부주의적 성향이 가지는 적극성과 낭만적 열정의 표출이라고 생각된다. 그리고 여기에는 역사의 가능성 — 혹은 혁명성에 대한 낙관적 신념이 녹아있다.[1]

『근대사상』은 아나키즘운동을 목적으로 발간한 매체였으나, 표면적으로는 문예지에 가까웠다. 오스기가 『근대사상』을 창간한 이유는 『헤이민신문(平民新聞)』을 창간한 것과 다르지 않다. 다만 그는 아나키즘운동을 목적으로 문학적인 글을 주로 수록하는 『근대사상』을 창간하는 것에 대해 일종의 회의를 느끼고, 그러한 자신의 회의감을 돌파하기 위해 『헤이민신문』을 창간한다. 그러나 『근대사상』과 『헤이민신문』이 연속해서 당국에 의해 폐간 당하자, 운동의 거점을 잃어버렸다는 상실감에 빠졌다고 고백한다.[2] 이와 같은 고백은 『근대사상』의 창간목적이 아나키즘운동을 위한 공간을 확보하고, 동지를 규합하기 위한 것이었음을 분명하게 보여준다.

1 유병관, 「1910년대 일본의 개인주의와 아나키즘 — 오스기 사카에[大杉榮]와 『근대사상(近代思想)』을 중심으로」, 『일본언어문화』 제20호, 한국일본언어문화학회, 2011, 374면.

2 오스기 사카에, 김응교 · 윤영수 역, 『오스기 사카에 자서전』, 실천문학사, 2005, 279 · 289면 참조.

일본문학사에서 『근대사상』은 초기 사회주의와 아나키즘 문학-문화론을 구축하고 전파했다는 데 의미를 둔다. 하지만 오스기의 『근대사상』에 의해 일본 아나키즘 사상의 새로운 전개를 보여 주었다는 점은 더욱 주목할 만하다. 오스기는 고토쿠 슈스이의 아나코-생디칼리슴의 '직접행동론'을 계승하면서도, 한편으로는 생철학자 앙리 베르그송, 아나키스트 막스 슈티르너와 조르주 팡드 등을 비롯해 실존주의 철학자 키에르케고르에 천착했는데, 이렇듯 폭넓은 사유와 연구, 분석이 결합되고 접합되면서 오스기 사카에 특유의 아나키즘 이론과 운동론이 구축되었다고 볼 수 있을 것이다. 그리고 그러한 과정을 거쳐 오스기는 다이쇼 후반기 일본의 사회주의 운동을 주도했다. 이후 오스기 사카에가 아나키즘과 노동운동을 결합시키는 논리와 과정, 또 그가 마르크스주의자들에게 가한 비판의 논리도 이렇듯 다양한 사상을 결합시킨 데에서 비롯된 것이다. 이렇듯 일본 근대 아나키즘 사상의 내적 논리의 정립과정은 여타 사상과의 접합과 길항, 상호대립을 통해 형성되었다. 그러므로 일본의 근대 아나키즘은 노동운동, 사회운동의 이론적 차원에서만이 아니라 문화 전 부문에 걸친 영향을 끼쳤다고 할 수 있다.[3]

보다 단순화하자면, 우리는 『근대사상』으로부터 이념과 문학의 결합, 혹은 문학을 정치적 기획에 결합시키는 사례를 보고 있다고 할 수 있다. 어쩌면 1910년대 후반으로부터 1920년대 초반까지 한국 문학에 강한 영향력을 발휘했던 상징주의가 '자유'의 표현방식으로 이해되거나, 사용되었던 기원을 『근대사상』으로부터 찾을 수 있을지 모른다.

3 유병관, 앞의 글, 386면 참조.

더군다나 황석우와 최승구 같은 인물들이 『근대사상』을 눈여겨보고, 『근대사조』를 기획했다면, 애초에 『근대사조』는 그 매체 자체가 이념의 은유였다고 보는 것이 타당할 것이다.

2. 『근대사조(近代思潮)』

황석우 주도로 1916년 1월 26일, 21쪽짜리 작은 책자로 발간된 『근대사조』는 창간호를 끝으로 사라진 잡지이지만, 문학사적으로 그 의의는 상당하다.[4]

『근대사조』 발간은 1920년대 황석우를 비롯한 상징주의자들의 동인지 발간과 관련하여 중요한 시사점을 준다. 우선 『근대사상』과 『근대사조』의 관계에 대해 살펴봐야 할 필요가 있다. 『근대사조』를 살펴보면, 이 잡지가 오스기 사카에가 주도했던 『근대사상』으로부터 많은 영향을 받고 있었다는 것을 확인할 수 있다. 정우택의 연구 「『근대사조』의 매체적 성격과 문예사상적 의의」에서 실증적으로 설명되고 있지만, 『근대사조』를 주도한 황석우를 비롯해서, 최승구, 김억 등이 모두 아나키즘과 깊이 관련된 인물들인 것은 분명하다. 또 오스기 사카에와의 관계도 『근대사조』를 통해서 확인할 수 있다. 그렇다면 남는 문제는 황석우가 『근대사조』를 발간한 핵심 이유가 무엇이었느냐는

4 『근대사조』의 존재에 대해서는 이미 관련 연구자들이 주목하고 있었으나, 실제 잡지를 입수하여, 구체적으로 분석한 연구는 정우택의 「『근대사조』의 매체적 성격과 문예사상적 의의」(『국제어문』 제34집, 국제어문학회, 2005.8)가 처음이었다. 저자 역시 정우택이 자신의 논문에 부록으로 수록한 「『근대사조』 원본」으로 그 내용을 확인・분석했다.

점이다. 이에 관해 정우택의 연구 일부분을 인용한다.

황석우는 애초에 '근대사조사'에 큰 의미를 부여했던 것 같다. "이번 호에 「사론(社論)」을 게재하려 하얏스나 압뒤의 취체(取締)와 주의(注意)를, 두려워하야, 뜻을 이르지 못하얏삼내다"(19쪽)고 한 대목이 눈에 띈다. 「창간사」와 별도로 「사론(社論)」 발표를 계획했던 것은 '근대사조사'를 어떤 이념이나 강령 등이 부여된 조직으로 설정했음을 보여주는 대목이다. "본사직원의 성명 급 집무기관조직(姓名及執務機關組織)의 결과는, 차호에 발표하겟삼내다"(「잡기 잡고(雜記 雜告)」, 19쪽)고 한 것을 보면 조직 구상이 어느 정도 완료되어 있었던 것 같다. 그는 잡지와 출판사를 매개로 해서 또 다른 네크워크를 구상하고 있었다. 그 교두보가 지사(支社)였다. "본사는, 조선내지각처급해외조선인거류지각처(朝鮮內地各處及海外朝鮮人居留地各處)에, 지사를 설치할 계획이온바, 지사의 사장을 모집함"(19쪽). 지사장의 자격은 "상당한 교육을 수한(受) 유지(有志)의 사(士)"로서 일정한 경제적 조건을 갖춘 자여야 했다. '근대사조사'는 지사를 통해 잡지를 유통시키고, 나아가서는 국내외를 망라하는 네트워크를 형성하고자 했다. 1916년 1월 26일 『근대사조』가 발행되자마자, 2월 말 경찰은 "일본에서 잡지 『근대사조』가 발행되었는데 발행인은 황석우이다"라는 정황을 바로 포착하고 곧 "조선총독부는 잡지 『근대사조』의 발매반포를 금지"했다. 황석우는 2월 초순에 『근대사조』 총 발행부수 600권 중 200권을 가지고 직접 국내에 들어와 배포하려다가 체포되었다.[5]

5 위의 글, 164~165면.

『근대사조』에 수록된 글이나 광고, 창간사 등을 면밀하게 분석한 후, 근대사조사가 "어떤 이념이나 강령이 부여된 조식으로 설정되었"으며, "잡지와 출판사를 매개로 해서 또 다른 네트워크를 구상"하고 있었다는 판단을 내리고 있는 부분인데, 저자 역시 이러한 판단에 동의한다. 그런데 이런 기획은 오스기 사카에가 주도했던 『근대사상』의 기획과 거의 일치한다. 조선총독부가 『근대사조』의 발매반포를 금지하고, 황석우가 이를 국내에 가져와 배포하려다 체포되기까지 했다는 『근대사조』에 수록된 글들은 사실 과격한 사상을 노골적으로 드러내는 내용이 아니다.

『근대사조』에는 타고르의 글(「개인과 우주의 관계」)과 솔로비요프[6]의 글(「전쟁과 도덕」), 엘리엇[7]의 글(「장래의 종교」), 스코틀랜드 출신 종교 철

6 솔로비요프(Vladimir Sergeyevich Solovyov)는 1853년 모스크바에서 출생한 러시아의 신비주의 철학자이다. 그는 유럽의 합리주의 사상에 대응하여 정교회와 교황의 지도 아래 있는 로마 가톨릭 교회를 결합한 보편적 그리스도교를 배경으로 종교철학, 과학, 윤리학의 종합을 시도했다. 역사학자의 아들로 출생한 그는 1874년 모스크바대학교에서 「서양철학의 위기－실증철학에 대한 반론("Krizis zapadnoy filosofi : Protiv pozitivistov")」이라는 제목의 논문으로 박사학위를 받았다. 그는 유럽의 경험철학과 관념철학이 부분적인 통찰과 추상적인 원리에 절대적인 의미를 부여한다고 비판했다. 또한 베네딕트 드 스피노자와 G. W. F. 헤겔의 저작에서 유추하여 인생을 갈등적 긴장을 통해 지식과 실재가 상호작용하는 변증법적 과정으로 보았다. 그는 유대교-그리스도교의 전통에서 하느님이라 불리는 절대적 존재의 궁극적 통일성을 가정하여, 본래 하나의 창조적 근원에서 출발한 세계의 다양성이 그 근원으로 재통합하는 과정을 겪고 있다고 주장했다. 그에게 있어 윤리란, 세계가 궁극적으로 신적인 통일성과 통합하는 데 인간의 도덕적인 행동과 결정이 얼마나 기여하는가의 정도에 기초를 두는 변증법적인 문제였다. 이 이론은 「사랑의 의미("Smysl lyubvi")」(1894)라는 저작에서 주장된 내용이다. 이외에 「통합 지식의 철학적 원리("Filosofskiye nachala tselnogo znaniya")」(1877), 「역사와 신권정치의 미래("Istoriya i budushchnost teokrati")」(1887), 「러시아와 보편교회("La Russie et l'église universelle")」(1889) 등의 저술을 남겼다.

7 엘리엇(Charles William Eliot)는 40년간 하버드대학교 총장을 지냈으며, '5피트 선반에 가득 찬 책들'이라고 불리는 전50권으로 된 『하버드 고전(*Harvard Classics*)』의 편집인으로 일했다. 1853년에 하버드대학교를 졸업하고 1858년 하버드대학교의 수학 및 화학 조교수가 되었다. 1867년에 유럽을 여행했으며, 이 여행을 통해 유럽의 교육제도에 대해 연구시찰하게 되었다. 1869년 『애틀랜틱 먼슬리(*The Atlantic Monthly*)』에 기고한 시찰보고서는 새로운 총장을 찾고 있던 하버드대학교 이사들의 관심을 끌었다. 엘리엇은 1869년 10월에

학자 바버(George Freeland Barbour)의 글(「국가주의와 세계주의의 조화」)을 황석우가 번역한 것과, 김억의 「영길리문인(英吉利文人) 오스카, 와일드」, 최승구의 시 「긴-숙시(熟視)」가 수록되어 있다. 수록된 글 각각은 정우택의 연구에서 분석된 바 있지만, 내용상 특별히 '불온'하거나, 이념적 혹은 체제비판적인 내용이 아니다. 그러므로 『근대사조』에 수록된 글들을 통해서 이 잡지가 이념 지향적이라든가, 아나키즘과 명백한 관련을 맺고 있다고 판단하기는 어렵다. 굳이 수록된 글의 내용을 통해 아나키즘과의 연관성을 찾는다면, 아나키스트였던 오스카 와일드를 소개하는 김억의 글 정도가 되겠지만, 그것이 『근대사조』에 대한 조선총독부의 강경한 입장의 원인이라고 해석하기에는 좀 옹색하다. 물론 최승구의 시 「긴-숙시」에 저항적인 인식이 드러나고 있는 것은 사실이다. 총 3면에 걸쳐 수록되고 있는 「긴-숙시」의 끝부분을 보자.

> 長長한 밤이다. 這는 繼續하여. 熟視한다—嗚咽하며 涕泣한다. 羊의 무리는 疲困하여 痛哭한다. 하나, 긋침업시, 파며, 헷친다. 파며, 헷친다.
>
> * * * * * *
>
> 長長한 밤이다.…… 時間은 만히~經過된 模樣이다. 東便하날—地平線 우흐로서, 멀즉이 曙色이 낫하나난다. 灰霧의 帳은 徐徐히 것처진다. 그 朦朧한

총장으로 취임했고, 1909년에 퇴직할 때 하버드대학교를 세계적으로 유명한 대학으로 끌어올렸다. 엘리엇은 미국의 고등교육은 '폭넓어지고, 심화되고, 활성화되어져야 할' 필요가 있다고 주장하면서 교양교육의 충실한 프로그램에는 인문학뿐만 아니라 과학도 포함되어야 한다고 주창했다. 당시의 관례에 따라 교과내용이 미리 정해지는 하버드대학교 교육과정의 경직성을 타파하기 위해 엘리엇은 필수과목제도를 폐지했다. 그의 저작으로는 「교육 개혁—평론과 연설집 1869~97("Educational Reform : Essays and Addresses 1869~1897")」(1898)과 「대학행정("University Administration")」(1908) 등이 있다.

中으로서 這는, 羊의 무리가 如前히 움직이는 것과, 露氣잇는 薄赤의 地面이 드러남을 본다.

這는 인제, 涕泣 더하지 안이한다.[8]

분명히 희망과 저항에 관한 이야기를 담고 있지만, 이 정도의 메시지와 어조가 당국의 강경대응을 불렀다고 해석하기에는 부족하다.[9] 더구나 황석우가 번역하여 수록하고 있는 글들은 당시 아나키즘을 수용하고 있었던 황석우의 상황을 감안하면 다소 의외인 측면도 있다.[10]

그렇다면 『근대사조』에 대한 총독부의 강경대응은 잡지에 참여한 인물들에 대한 경계심, 혹은 『근대사조』가 추구했던 '인적 네트워크 구축'이라는 궁극적인 목표, 그리고 『근대사조』 발간과 같은 방식의 아나키스트들의 활동을 이미 『근대사상』을 통해 목격했던 일제 당국의 경험이 두루 작용한 결과였으리라고 추측할 수 있다.

사실 조선총독부 입장에서는 『근대사조』에서 취하고 있는 '운동'방식, 즉 동인지 형태의 잡지를 발간하고, 문화적인 글들을 수록하는 방식으로 문학을 정치적 기획의 도구로 삼는 방식은 1912년 이래 익숙한 것이었다. 비단 『근대사상』 뿐만 아니라, 『근대사상』에 참여했던 아나

8 素月[최승구], 「긴-熟視」, 『근대사조』, 18면.

9 인용한 시의 내용을 '민족 해방을 추구하는 이념을 은유한 것'으로 해석할 수 있는 여지는 충분히 있다. 그런데, 『근대사조』가 발간되기 1년여 전인 1914년 말 최승구가 아나키스트 나경석에게 보내는 편지 형식으로 『학지광』에 수록한 글을 보면 이른바 '실력양성론'이 지배적인 담론이 되어가고 있었던 당시 조선의 비참한 현실의 원인을 '실력부족'이 아니라, '감정과 예술의 결여'에서 찾고 있다. 이런 정황은 이 시의 내용을 '민족 해방을 추구하는 이념을 은유한 것'으로 분명하게 규정하기 어렵게 만든다(최승구, 「情感的生活의 要求(나의 更生)-K, 의게 與허는 書-」, 『학지광』 제3호, 1914.12, 20면 참조).

10 당시 황석우가 번역한 글들의 저자들은 일본 사상계에서 큰 관심을 기울였던 인물들이었다. 그런 사정으로 인해 황석우가 그들의 글을 접하게 되고, 이를 번역하게 되었을 것이다.

키스트 사카이 토시히코[堺利彦] 역시 1915년 아나키즘을 비롯하여 다양한 사회주의 사상을 표방한 월간지 『신사회(新社會)』를 창간하기 전인 1914년에 문예잡지 『수세미꽃(へちまの花)』을 발간했으며,[11] 도키 젠마로[土岐善麿] 등 몇몇 사회주의자들 역시 『근대사상』과 같은 방식으로 매체를 발간하고, 이를 인적 네트워크 축으로 삼았다.

『근대사조』는 창간호를 끝으로 그 생명을 다 한다. 그러므로 단 한 권의 결과물만을 우리에게 보여주고 있다. 그 한권을 통해서 『근대사조』를 규정하고 이해하는 것은 불가능하다. 『근대사조』가 가려고 했던 지점은 창간호에서 보여주었던 것보다는 더욱 분명하고 정돈된 곳이었을 텐데, 조선총독부는 그 지점을 선점하고 『근대사조』의 입지를 역사에서 삭제했다. 그러므로 총독부가 염려했던 불온성은 『근대사조』 창간호가 아니라, 이 매체가 궁극적으로 가려고 했던 지점에 있었다. 물론 그것은 아나키즘과 관련된 지점이었을 것이다. 이와 같은 상황이 『근대사조』라는 새로운 형태의 동인지를 불온한 것으로 인식하게 하는 원인이 되었을 것이다.

『근대사조』의 주축 황석우와 최승구, 김억은 이후 『근대사조』 발간과 유사한 맥락 속에서 매체에 적극적으로 참여한다. 최승구는 1917년 젊은 나이에 죽음을 맞았지만, 그로부터 영향받은 염상섭은 『근대사조』의 리더 황석우, 홍난파와 더불어 『삼광』에 참여한다. 잘 알려진 바와 같이 이후 황석우와 염상섭은 김억 등 다른 동인들을 규합하여 『폐허』를 창간한다.

11 차기벽, 『한국과 일본』, 한길사, 2005, 132면 참조.

제2장

문예사조

1. 상징주의

1919년 황석우가 「조선시단의 발족점과 자유시」를 발표했을 때, '자유(自由)'라는 말을 어떤 느낌에서 사용했을까? 그가 시 「봄」에서 "가을 가고 결박 풀어져 봄이 오다"라고 말할 때, 그의 내면에 자리 잡은 봄은 어떤 이미지였을까?

1910년대 중반 유학생 신분으로 당시 일본에서 가장 문제적이었던 상징주의 시와 시론을 경험했던, 김억, 백대진, 황석우, 주요한 등이 초기 한국 문학에서 중요한 이론가로 활동했던 점은 한국 근대문학사의 첫 자리에 상징주의를 놓게 하는 이유이다. 문제는 이들이 '왜 상징주의를 매개로 문학 활동을 하려고 했느냐'이고, 나아가 이들에게 문학론

연구와 문학 활동이 어떤 사회적 의미가 있었느냐이다. 아무리 상징주의라는 특정한 문학적 경향이 이들과 같은 당시 젊은 지식인들을 매료시켰다고 하더라도 결국 그것은 그들의 삶에 영향을 미치는 요소이면서, 하나의 도구에 지나지 않는다. 앞서도 언급했지만 황석우가 아나키스트였으면서 동시에 상징주의 시 옹호자였다는 확인된 사실을 바탕으로 상징주의와 아나키즘의 내적 연속성을 찾으려는 시도는 그것이 성공적인 결과를 낳는다고 해도 매우 제한적인 성공일 수밖에 없다. 상징주의와 아나키즘은 관계가 있을 수도 있고, 관계가 없을 수도 있다. 그것은 상징주의를 받아들이고 있는 각 인물이 놓여 있었던 상황이나 내적 성향, 혹은 이념이나 가치관에 달린 것이지, 상징주의가 어떤 인물을 아나키스트로 만드는 것은 아니다.

반대로 어떤 인물이 상징주의 문학론을 받아들이게 되는 것이 그가 아나키스트이기 때문이라는 주장은 지나치게 결과론적이라고 말할 수 있다. 일테면 동일하게 당시 일본 상징주의 시에 깊은 관심을 지니고 있었던 황석우가 신시논쟁에서 '민족'이라는 사소한 그릇에서 벗어나 보편적인 단위에서 사고하고 그에 입각한 시론을 전개했던 것과 달리 주요한이 당시 황석우를 공박했던 현철의 입장에 가까운 가치관을 드러내는 것은 당시 젊은 지식인들에게 상징주의가 하나의 도구에 불과했다는 점을 잘 보여 준다.

> 오늘날의 신시가 비록 시작은 외국시의 모방 번역에서 하엿스나 장차는 조선말의 진정하 님를 차저 드러갈 것은 의심업스며 또 그리 하여야 할 것입니다. 웨 그러키하기전에는 신시가 한가지 예술의 형식으로 조선에 생명

> 을 계속할 권리와 가치가 업는 것인 고로 (…중략…) 조선의 신시 운동이 성공하려면 반드시 민요를 긔초삼고 나아가야 되리라 합니다.[12]

이는 한국 근대문학을 이해하고, 시인과 작가를 구분하고 규정하는 데에 문예사조의 내적 원리, 혹은 문예사조 자체의 논법이라는 기준이 제한적인 요소로밖에는 기능할 수 없다는 점을 알려준다. 그러므로 우리는 그들이 열광했던 상징주의 그 자체의 이론체계를 분석하는 일이 아니라, 황석우, 백대진, 김억, 주요한 등 그들의 내면을 채우고 있었던 사상과 시대적 상황을 살피는 일로부터 이해의 실마리를 잡아야 할 것이다.

그런 점에서 "1920년대 한국의 문학청년들이 프랑스 상징주의에 대해 그토록 열렬했던 것은, 우선 그들이 프랑스 상징주의 문학을 이해하는 전범으로 삼았던, 쿠리야가와 하쿠손(廚川白村)의 『근대문학십강』에서 이미 상징주의가 문학적 근대성 바로 그 자체이고, 그러한 근대성을 몸소 실천한 것이 바로 유럽 문명의 중심인 프랑스의 작가들이라고 가르쳐 주었기 때문이다. 그리고 무엇보다도 그 무렵 조선의 문학청년들에게 부단한 '기록적 암시'를 주었던 '타가(他家)의 활동'으로서 일본의 문학계가 이미 상징주의를 통해 시적 글쓰기의 근대성을 선취하고자 했기 때문"[13]이라는 분석은 보다 넓은 시야로 그들을 이해할 수 있는 단초를 제공한다. 이런 시각을 앞서 살펴본 『근대사조』를 발간했던 황

12 주요한, 「노래를 지으시려는 이에게 (3)」, 『조선문단』, 1924.12, 44면.

13 구인모, 「한국의 일본 상징주의 문학 번역과 그 수용」, 『국제어문』 제45집, 국제어문학회, 2009.4, 110면.

석우, 최승구, 김억의 활동과 연결해 보면, 그들이 추구했던 근대성이 곧 자유로운 세계에 대한 동경이었다는 것을 느끼게 해 준다. 만약 그들의 문학에서 우울과 환멸이 찾아진다면, 그것은 자유의 부재에서 비롯된 것이다. 그렇다면 그들에게 강요되는 부자유는 무엇이었을까?[14]

황석우, 김억 등이 일본에 도착한 1910년대 중반은 앞서 살펴본 바처럼, 문학적 표현을 통해 사상을 드러내는 방식이 『근대사상』을 통해 하나의 모델로 제시된 후였다. 그래서 부잣집 도련님들이 모인 『시라카바(白樺)』 동인들까지도 아나키즘과 동거하는 모습이 자연스러운 시절이었다. 다시 말해서 『근대사상』을 통해 문학과 사상, 정치의식 등의 관계를 고민할 수밖에 없는 시절 그들은 일본에서 근대적인 지식을 '공부'하기 시작했던 것이다. 그리고 그들의 공부 방향을 감지할 수 있는 발언을 우리는 오스기 사카에의 글에서 간접적으로 확인할 수 있다.

> 개인적 사색의 성취가 있고서야 비로소 우리는 자유로운 인간이 되는 것이다. 아무리 자유주의를 표방한다 할지라도, 그것이 남의 판단에서 빌려온 것이라면, 그 사람은 마르크스나 크로포트킨의 사상적 노예에 불과할 것이다. 사회운동은 흔히 일종의 종교적 광신을 수반하는 동시에 이런 노예를 만들어내는 경향이 있다. 우리는 어떤 경우에도 노예가 되어서는 안 될 것이다.[15]

14 우리는 1920년대 초반 『폐허』나 『백조』가 우울과 퇴폐성에 지배를 받고 있는 원인을 3·1운동의 실패에서 찾는 목소리에 매우 익숙하다. 물론 그런 시각이 완전히 틀린 것은 아닐 것이다. 그러나 우리가 반일과 독립이라는 하나의 이미지로 이해하고 있는 3·1운동의 성격을 바탕으로 그들의 우울을 감지하는 일은 여간 어려운 일이 아니다. 우선 그들에게 '3·1운동이 무엇이었느냐'도 일일이 따져봐야 할 일이고, 또 우울을 표현하기 위해서라기에 그들의 문학 활동은 지나치게 의욕적이었고, 활발했다.

『혜이민신문』 종간호를 통해서 밝힌 이런 생각은 상징주의를 적극적으로 받아들인 한국의 젊은 지식인들에게 영향을 주었다. 이런 반교조적 태도는 『근대사조』, 『삼광』, 『폐허』, 『백조』를 관통하면서, 훗날 김화산, 권구현, 이향, 박영희, 한설야 등이 얽히고설키면서 벌였던 이른바 '아나-보르 논쟁'에까지 아나키스트 문인들의 가치관을 지배하고 있었다. 상징주의는 이 '사색의 성취'를 표출하는 도구였다. 그런 점에서 황석우가 「시화」와 「조선시단의 발족점과 자유시」에서 강조한 '영률(靈律)'은 상징주의 문학 자체를 은유한다.

자유시의 발상자는 신체시이다. 자유시 이전의 재(在)한 서시(西詩)는 음수(音數) 체재(體裁) 등에 관한 복잡한 괴란(怪難)한 법칙에 지배되어 있다. 알렉산드리안조의(調) 12철음(綴音)의 법칙과 같은 그 현저한 예다 이것은 일행일인낙제(一行一印落制)라 할 법칙이 없다. 이 법칙에서 1행에 포(包)하는 의미는 차행(次行)에 급(及)치 않음을 그 원칙으로 하였다. 곧 그 행행이 각각 의미독립을 보치(保) 않아도 안 되었다. 이런 부자유의 외적 전제율(專制律)이 시인의 자유분방의 정상(情想)을 구속 압박하여 왔다. 근경(近傾) 우리가 흔히 듣는 안잔부민이란 어(語)는 이 시대의 토산어품(土産語品)이다. 곧 피법칙(彼法則)에 반대시는 안잔부인이라고 호(呼)하였기 때문이다. 이 전제시형(專制詩形)에 반항하여 립(立)한 자는 곧 자유시다 자유시는 그 율의 근저를 개성에 치(置)하엿다. 근일 구미와 일본에서 보통 시가 운운함은 곧 이 자유시를 지(指)함이다. 일본에서 자유시의 이름이 생(生)함은 삼부후랑

15 조세현, 『동아시아 아나키즘-그 반역의 역사』, 책세상, 2001, 53면.

(三富朽郎)의 자유시 운동으로부터 시(始)한다. 율이라 함은 이 자유시의 혹(惑) 성률(性律)을 이름이다. 이 율명(律名)에 지(至)하여는 사람에게 의하여 각각 개(個) 내용률 혹 내재율 혹 내율 심률(心律)이라 호(呼)한다. 그러나 이는 모두 자유시 곧 개성률을 형용하는 동일의미 말이다. 나는 차등(差等) 종종(種種)의 명(名)을 포괄하여 단(單)히 영률(靈律)이다 호(呼)하려 함이다.[16]

'개인적 사색의 성취'를 이루었다는 뜻이었을까? 오스기 사카에는 1918년 무렵부터 노동운동에 적극적으로 가담하면서 노동자중심의 아나키즘 운동을 전개하여, 1919년 8월에는 『노동운동』을 창간한다. 이 잡지의 한 논설에서 그는 노동운동이 임금인상이나 노동시간 단축과 같은 단순한 생물학적 또는 금전적 요구에 그쳐서는 안 되며, 인간해방이란 근본적인 목표를 설정해야 한다고 강조한다.[17] 「시화」와 「조선시단의 발족점과 자유시」에서 '영률(靈律)'을 강조한 이듬해인 1920년 4월 한국 최초의 전국단위 노동단체인 조선노동공제회가 창립될 때, 황석우는 적극적으로 공제회 활동에 가담한다.

2. 낭만주의

초기 한국 근대문학사 기술의 길잡이 역할을 한 백철, 조연현, 김용직의 문학사에서 1920년대 한국 낭만주의 문학은 "악마주의주의 감상"

16 황석우, 「조선시단의 발족점과 자유시」, 『매일신보』, 1919.11.10.
17 조세현, 앞의 책, 54면.

과 "퇴폐적인 경향",[18] "자기 자신도 알지 못하는 막연한 감상이 아니면 정신의 소박한 감상적 허영의 의장과 같은 것",[19] "병적 낭만주의"와 "감상과 비탄"[20]으로 표현되고 있다. 이와 같은 표현은 주로 『백조』 동인들의 문학 경향을 두고 이루어진 것이다. 여기에는 1920년대 낭만주의적 문학 경향을 불분명한 것, 치기어린 것으로 평가하는 입장이 반영되어 있다. 눈에 띄는 것은 이들이 공히 동원하고 있는 용어가 '감상'이라는 점이다. 아마도 이 세 원로 문학연구자들은 1920년대 낭만주의 문학을 내면에 젖어든 감상의 표출로 이해하고 있었던 것 같다. 여기에는 문제제기가 가능하다. 우선 당시 그들의 작품들이 과연 단지 개인적인 것들이었을까 하는 점이다. 맥락에 대한 이해가 분명하지 않으면, 적지 않은 문학 작품들은 개인적인 것, 혹은 몇몇 동류집단의 자폐적 목소리로 들릴 수도 있다. 그런 차원에서 그들의 목소리가 단지 '감상'의 차원에 머물고 있다는 견해를 제기할 수 있었는지 모르겠다.[21]

이러한 경향은 최근의 연구들에도 그대로 수용되어 낭만시가 맹목적인 감상 과잉만을 보여 주었던 데 비해서, 김억, 황석우 등의 1920년대 상징주의적 경향의 시는 시어의 감각적인 표현과 그러한 감각적 언

18 백철, 『신문학사조사』, 민중서관, 1953, 146~147면.

19 조연현, 『한국 현대문학사 개관』, 정음사, 1964, 141면.

20 김용직, 『한국 근대시사』 상, 학연사, 1994, 215면.

21 이와 관련하여 이승은의 논문(「한국문학 '읽기'에서의 '낭만주의' 재검토」, 『국제어문』 제48호, 국제어문학회, 2010.4)은 인상 깊은 시사점을 제공한다. 그는 황석우가 자신의 사상이었던 아나키즘을 중심으로 인적 네트워크를 구축하기 위해 노력했는데, 상징주의는 그런 그의 이념의 한 측면이었다고 규정하면서, 현철과의 신시논쟁에서 현철이 취한 입장은 그런 넓은 의미에서 상징주의를 분리하여 단지 몽롱한 표현으로 격하시켰다고 판단한다. 그리고 그런 현철의 태도는 매우 오랫동안 한국문학 연구자들의 낭만주의 인식에 작용하고 있다고 진단한다. 그런 맥락 위에 백철, 조연현, 김용직 등의 낭만주의에 대한 규정도 자리 잡고 있다는 것이다.

어 속에 상징적 관념을 담아내려 했다는 점, 시의 운율을 새롭게 자각하고 모색 시험하려 했다는 점 등에서 "우리 시가 현대시로 나아가는데 있어서 중요한 시사점을 마련해 주었"[22]다는 평가도 찾아볼 수 있다. 그렇다면 낭만주의자들에 대한 평가에 빠짐없이 동원되는 '감상'과 '과잉'이라는 말이 의미하는 바가 대체 무엇일까?

자유주의자 이사야 벌린(Isaiah Berlin)은 낭만주의의 발흥 원인이 프랑스혁명이 약속한 인간 이성에 기초한 세계가 거짓으로 판명되면서 유럽의 근대 이성의 결과물인 '문명'이 인간의 자유를 보장할 대책이 될 수 없다는 점에 대한 인식에 있다고 분석한다.[23] 물론 이것은 낭만주의에 대해 독특한 분석을 가한 것은 아니다. 일반적으로 유럽에서 낭만주의는 18세기 말로부터 19세기 초에 걸쳐 점차 공고해지고 있었던 자본주의사회에 대한 불만과 항의에서 비롯되었다고 이해되고 있다. 낭만주의가 18세기 말의 부르주아 혁명과 산업혁명의 결과가 부조리와 불평등으로 연결되는 것에 대한 사상적 반항 중 하나였다는 것이다.

독일과는 사정이 많이 달랐지만, 결국 유럽 근대사회의 모순이 대외적으로 표출된 형태였던 제국주의의 피해자였던 당시 한국의 젊은 지식인들에게 유럽 낭만주의자들의 문제의식과 동일한 감정이 존재했을 개연성은 크다. 1915년 『학지광』에 실린 나경석의 글을 보자.

"요보, 이리와, 오소" 송곳갓치 서서, 공연헌 암상에 소리를 쌕쌕지르니,

22 장도준, 「한국의 초기 낭만주의와 상징주의 시의 성격」, 『한국어문연구』 제17집, 한국어문연구학회, 2006, 171면.

23 Isaiah Berlin, 강유헌 · 나현영 역, 『낭만주의의 뿌리』, 이제이북스, 2001, 176~178면 참조.

보통사람의 색씨들의 본능적 배외야만성(排外野蠻性)이라, 그들의 의식적 악성도 안인줄 생각하오. 연발허난 모욕과 선입적 모멸에 대하야 감인(堪忍)하난 배달사람의 내구력도 위대하다 할난지! … 엇던날 저녁에 A군을 O 여관에서 상봉하니, 해음읍시 피곤한 두 얼골이 딱 맛처, 무언히 서로 응시하기 수분후에 "도쿄는 우리의 공상의 천국이요, 서울은 사실의 유리(羑里)로구려!" 그 다음에 나오난 것은 한숨 뿐입듸다. C군, 나난 일주일 전 수원 상귀 장안이라고 허는 이곳으로 타작보러 왓소. 우리집 전답이 육석두락(六石斗落)이 된다는데, 전답은 생전에 우리 아버지도 보지 못하얏고, 나난 전답 소재지까지와서도 하처(何處)에 잇난지 아지 못하오. 추수하여 보니, 윷가락 갓흔 베가 사십팔석이 되얏소. 일동중(一洞中)에 우리 사음(舍音)의 집이 제일 쏙쏙한데, 금구(衾具)가 두텁지 못하야, 익조(翌朝)에 귀족적 복통이 생겻소.

신농씨의 발견하신 진근부탕(陳根腐湯)이나마, 한첩 먹으랴 한즉, 삼십리 밧게 가지 안이하면 읍다하오. 차처(此處)의 농민들은 병드러 죽을 지경에야, 비로소 전인(專人)하야 약 한첩 읏어 온다헙듸다. 매일, 아츰붓터 타작마당에서서 타작을 감시하니 나의 보통대명사는 나리요, 지시대명사는 O 주사라. 이토록 최대경의를 표하는 것은 이왕분조(已往分租)하난 토지를 타인에게 이동할까하난 위험을 읍새기 위험이요. 타작관 대접이란, 컹덩의 칙사대접칙(勅使待接敕)이요, 작인들의 순수한 태도를 졸지에 영합적 표정으로 변허는 필사의 노력은, 두량(斗量)이라도 후히 줄가, 짱마지기나 더 읏어할 마음이니, 이것을 괴상타할가? 가련타할가! …… 누가 "예 나로드, 예 나로드"하면서, 붉은기를 놉히 들 사람이 잇겟소?! 그 몟 사람이요?! 세상일을 책상에서 한번 웃고, 짱에서 기리울 쑨이로구려.[24]

나경석의 고백은 도처에서 자아와 현실이 모순된 상황 속에서 불화하고 있는 자신의 상황과 내면을 담아내고 있다. 이것이 많은 사람들이 말하는 예의 그 '감정 과잉'일까? 나경석이 훗날 『폐허』 동인으로 나서게 된 것은 그 과잉된 감정을 표출하기 위해서일까? 저자의 눈에는 상징주의가 낭만주의의 핵심이라는 이사야 벌린의 분석[25]은 '감정 과잉'을 운운하는 것보다 훨씬 이성적인 목소리로 보인다. 감성과 직관, 상상력을 중시했던 낭만주의 문학은 매우 주관적인 성격이 강했지만, 그 주관성들은 대체로 자신들이 발 딛고 있는 시대를 비판하고, 미지의 세계를 완벽한 곳으로 설정하여 그곳을 향해 '이탈'하고 '탈주'한다는 점에서 공통점을 지니고 있었다. 그러므로 그 주관성들은 결정론적 세계관에 대한 반발이었고, 전통이나 국가와 같은 거대한 것에 의해 작은 것으로 취급되었던 개인을 옹호하는 목소리로 표면화했다. 그 비판의 강도와 방향, 또 대안에 있어서 차이는 있었겠지만 그런 점에서 낭만주의는 마르크스주의나 아나키즘과 유사한 문제의식을 지닌 사상이라 할 것이다.

저자가 1920년대 낭만주의 문학이 놓여 있던 그 자리 — 맥락 — 로 이해하고 있는 것은 사상이다. 상징주의가 되었든, 낭만주의가 되었든 초기 지식인 작가, 시인들은 우리가 알고 있는 것보다 훨씬 정치적이고, 현실지향적인 인물들이었다. 이들은 앞에 제시했던 한계지식인이며 아이러니스트로서의 지식인들이었다. 예컨대 염상섭을 문단으로 끌어낸 것은 낭만주의나 사실주의가 아니라 3·1운동이었으며[26] 염상

24 KS生(나경석), 「低級의 生存慾—打作마당에서, C君의게」, 『학지광』 제4호, 1915.2, 96~97면.
25 Isaiah Berlin, 앞의 책, 162면.

섭, 황석우, 이혁로, 나경석은 『폐허』 동인이거나 『폐허』에 글을 수록하고 있는 인물들인 동시에 아나키스트들이 대거 참여했던 조선노동공제회에 적극적으로 참여하거나 강연회에 연사로 참여하고, 그 기관지인 『공제』에 글을 수록한 인물들이라는 점은 그들의 문학을 이해하는 데에 매우 중요한 요소가 되어야 한다는 것이다.[27]

3. 자연주의—백대진의 경우

백대진[28]은 황석우, 김억 등과 함께 1910년대 상징주의 문학을 한국에 소개한 인물로 알려져 있다. 그가 프랑스 상징주의에 관심을 지니고 있었던 것은 사실이었는데, 황석우와 비교할 때, 그의 입장은 다소 차이가 있다. 그 입장 차이를 이해하기 위해서 우선 그의 사회활동을 확인하는 것이 필요하다. 이 과정을 통해서 백대진의 문학과 문예사조와의 관계를 이해할 수 있는 시사점을 얻을 수 있기 때문이다.

서울 출생인 백대진은 1907년 당시 도쿄에 유학 중이었다. 1892년생

26 김종균, 『염상섭연구』, 고려대 출판부, 1974, 26~27면 참조.

27 『폐허』 동인으로 활동하던 시기와 이들이 노동운동 단체에서 활동한 시기가 겹친다는 사실은 이 두 방향의 활동이 단계적으로 이루어진 것이 아니라는 점을 보여준다. 물론 황석우는 초기 한국 사회주의 운동사에서 매우 중요하게 다루는 인물이지만, 나머지 인물들의 활동은 좀 더 면밀하게 살펴보아야 할 필요성을 느낀다. 그것은 첫째, 『폐허』 동인, 혹은 이른바 낭만주의를 표방하고 있는 문인들 중 상당수가 사회주의 운동, 보다 구체적으로는 아나키즘에 어떤 방식으로든 관련되어 있다는 점, 둘째, 사상의 문학적 표현을 사실주의에 국한하여 이해하는 우리의 인식이 과연 유효한 것인가를 돌아보게 한다는 점, 마지막으로 1920년대 한국사회에서 문학 활동이 지닌 의미를 보다 거시적인 차원에서 해명할 수 있지 않을까 하는 점에서 그러하다.

28 백대진의 삶과 그의 기자생활 등에 대해서는 주승택의 연구(「백대진(白大鎭) 연구」, 『진단학보』 제80집, 진단학회, 1995)에서 상세하게 살펴볼 수 있다.

이었으므로 당시 백대진은 16세에 불과했다. 아마 중학과정에 재학 중이었을 것으로 추정되는데, 『대한유학생학보』에 글을 투고할 정도로 적극적이고 조숙했다. 백대진의 사회활동은 주로 기자로서의 활동이었다. 그는 1914년 무렵부터 『신문계(新文界)』에서 기자생활을 시작했다. 1917년 『반도시론』 기자로 자리를 옮긴 그는 3·1운동 직후 『매일신보』 사회과장이 된다. 그의 사회활동에 큰 변화를 가져온 것은 1921년 『신천지(新天地)』 창간과 함께 이 매체의 주간 겸 발행인을 맡은 일이다. 잘 알려진 바처럼 『신천지』는 일종의 종합잡지였는데, 3·1운동 후 신문지법에 의해 처음으로 허가된 6종의 잡지 중 하나였다. 창간 벽두부터 백대진의 「신천지임을 선언하노라」와 최영택의 「신천지 전개하도다」, 강매(姜邁)의 「생명력의 자각」 등 3편의 논문이 당국에 압수되고 이어 제2권 4호에서는 오상은(吳尙殷)[29]의 권두언 「유복한 나라 유복한 민족」과 백대진의 「일본 위정자에게」가 전문삭제 되었다. 훗날 백대진은 『신천지』에 대해서 다음과 같이 회고한다.

> 내가 주재(主宰)하게 된 잡지는 위에도 말한 바와 같이 『신천지』였는데, 이것의 창간호를 1922년 11월 11일에 발행하였다. 이 창간호 내용은 민족주의로 일관되어 있었다. 창간시의 필진으로 말하면 안확, 고 문일평, 고 안석주, 고 박제호, 고 유병기 등 19명의 청년논객이었는데 내가 발행 겸 편집인이 되어 이를 경영하였다.[30]

29 오상은은 『신천지』 발간에 자금을 제공한 인물이다.
30 백대진, 「나의 필탄전 회고담」, 『희망』 5월호, 희망사, 1958, 65~66면. 당시 백대진은 『신천지』 창간일자를 1922년으로 기억하고 있는데, 이는 순간적인 혼동이었을 것이다.

백대진의 회고는 사실과 부합한다. 『신천지』의 논조는 당시로서는 강한 편이었는데, 결국 백대진은 1921년 11월 4일 발행한 『신천지』에 수록한 「일본 위정자에게 보낸다」라는 글로 인해 구속, 6개월의 실형을 받았다. 이와 같은 사실에 대해서 우리는 몇 가지 의문을 품을 수밖에 없다. 첫째, 총독부 기관지 『매일신보』 중견 간부로 활동했으며 이로 인해 친일분자라는 낙인이 찍혀 있었던[31] 백대진이 왜 갑자기 매우 저항적인 인물로 돌변했느냐이다. 당시 『매일신보』 기자가 한두 사람도 아니고, 그들이 모두 친일분자로 낙인찍히는 상황도 아니었을 텐데, 백대진이 그런 평가를 받았던 이유는 1920년 8월에 그가 『매일신보』에 송고한 기사 때문이었다. 유광렬의 회고와 당시 신문기사를 종합해 보면 당시 상황을 대략 알 수 있다.

백대진이 문제의 기사를 쓴 이유는 1920년 8월 25일 자 『동아일보』를 통해 확인할 수 있다.

> 배일(排日)에 반대선전(反對宣傳), 『경성일보(京城日報)』와 『매일신보(每日申報)』의 양사(兩社), 미(米) 국회의원(國議員團)의게 선전서(宣傳書) 반포(頒布), 배일운동은 허황한 일이라고, 『매일신보』 긔자 빅대진 씨 활동
>
> 미국 의원단 일행이 중국의 각 디방을 시찰하는 사이에 조선사람들이 빅일사상을 힘띄게 선전한 모양이 분명함으로 경인일보사와 매일신보사는 그것이 허황하다는 뜻을 선전하기 위하야 미국의원단 일행에게 선전서를 반포하는 일을항하기 위하야 매일신보사 긔자 빅대진 씨는 일힝과 봉텬으

31 유광렬, 『기자 반세기』, 서문당, 1969, 337면 참조.

로부터 동힝하게 되얏더라.[32]

중국을 순회하고 있었던 미국 연방의회 의원단에게 당시 중국에 거주하던 동포들이 일제강점의 부당함을 호소하는 일이 있었던 것 같다. 이에 『매일신보』와 『경인일보』 기자를 봉천에 특파했는데, 그 주 목적은 미국 의회의원 일행과의 인터뷰였던 것 같다. 인터뷰가 목적이었다면, 사회과장이었고, 영어에 능통했던 백대진이 적임자였을 수 있다.[33] 결과적으로 백대진은 인터뷰를 성사시켜 관련 기사를 송고했는데, 이것이 서울시민들의 공분을 샀던 것으로 보인다. 그러나 봉천으로 특파될 당시 여관 사환에게까지 차별과 괄시를 당하면서도 '조선옷'을 입고 취재지까지 갔다는 백대진의 글이 문제의 『동아일보』 기사와 같은 날 『매일신보』에 실린 것으로 보아 당시 백대진의 심정은 다소 복잡했으며, 그 특파원 자격이 자발적으로 얻은 것이 아닐 것이라는 추측을 가능하게 한다.[34]

물론 이것은 추측이지만, 그가 곧 『신천지』로 자리를 옮기고 또 필화사건으로 실형을 살게 되었다는 움직일 수 없는 사실은 그가 느닷없이 심경의 변화를 일으킨 것이 아니라는 정황을 제공한다. 생각해보면 반일주의자가 친일행위자로 변신한다면 모르되, 친일에서 반일로의 심경변화가 느닷없이 일어난다는 것은 쉽게 이해할 수 없는 일이기도

32 『동아일보』, 1920.8.25.

33 이 문제에 관해 주승택은 백대진이 『동아일보』 기자 김동성과 함께 특파되었다고 전하고 있는데, 정작 『동아일보』 기사에서는 백대진과 함께 특파된 인물이 『경인일보』 기자였다고 밝히고 있다. 이로 미루어볼 때 이는 부정확한 정보로 보인다(주승택, 앞의 글, 345면 참조).

34 백대진, 「봉천(奉天)에서」, 『매일신보』, 1920.8.25 참조.

하다. 봉천 특파 기사송고로부터 약 1년이 지난, 1921년 11월 백대진이 쓴 「일본 위정자에게 보낸다」 필화사건의 판결문을 통해서 우리는 당시 백대진의 생각을 읽을 수 있다. 백대진은 「일본 위정자에게 보낸다」라는 제목의 소위 참정권문제라는 문장 아래 "양근환의 칼에 쓰러진 민 아무개[35]가 참정권 획득운동을 시도한 이후 움직임은 일본 위정자, 일본 의회, 일본 학자 등은 참정권 부여로 조선인의 마음을 완화시키려 하지만 오늘날 우리 조선인은 참정권 획득 이상의 무언가를 갈망, 욕구한다. 그렇지만 일본의 위정자가 후안무치(厚顔無恥)의 일부 직업적 친일자의 감언이설(甘言利說)에 농락되어 참정권 부여를 조선인의 마음을 완화할 좋은 계책으로 하는 것은 실로 웃음거리가 될 뿐이다"라고 주장했는데, 이에 대해 경성지방법원은 "조선민중을 향하여 '적어도 조선인이라면 배(倍)로 이 운동에 부단한 노력을 하여 조선독립을 달성해야만 한다'라는 이유를 암시하는 기사를 집필, 게재하여 국헌을 문란케 하는 등 정치변혁을 목적으로 하는 다수 공동의 정치방해를 선동한 자이다"[36]라며 1922년 12월 25일, 신문지법 위반으로 징역 6개월의 실형을 선고한다.[37]

그렇다면 당시 백대진의 사상을 우리가 어떻게 이해해야 하는 것일

35 양근환의 거사가 당시 의혈투쟁을 도모하던 젊은 아나키스트들에게 준 영향은 적지 않았다. 황석우 역시 이에 영향을 받은 인물 중 한 사람이다.

36 백대진에 대한 판결문은 국가기록원에서 제공하는 판결문 번역을 인용했다.

37 이 사건은 당시 사회의 관심을 상당히 모았던 사건이었다. 『동아일보』는 1922년 11월 24일 백대진이 필운동 자택에서 연행되는 과정으로부터 판결을 받는 과정에 이르기까지 상세하게 재판 상황을 전하고 있다. 1922년 12월 초에는 백대진 사건과 '『신생활』 필화사건'으로 인해 강제 구인된 박희도(朴熙道)와 김명식, 유진희 등의 석방을 요구하는 결의문을 법조계 변영만과 허헌 등 4명, 언론계 염상섭, 송진우 등 7명의 명의로 『개벽』에 게재했다(「당국의 언론압박과 민중의 여론격앙」, 『개벽』 제30호, 1922. 12, 90면 참조).

까? 그리고 그 사상의 실체는 어디로부터 온 것일까? 저자는 이 문제에 대한 통로를 백대진의 문학 활동으로부터 찾을 수 있으리라고 기대한다.

1910년대에 발표한 백대진의 문학론을 살펴보면 그가 생각하는 바람직한 문학은 현실에 착근해 있는 것이라고 요약할 수 있다. 그는 1915년에 발표한 「현대 조선에 자연주의 문학을 제창함」을 통해서 "예술가의 사회적 책무"를 강조하면서, 그 책무를 "가치 있는 행동"이라고 주장한다. 그러므로 그에게 가치 있는 문학은 "허위도 없고, 가식도 없고, 공상도 없는" 문학이 되는 것은 당연하다.[38] 문학의 공리적 책임을 강조하고 있는 것인데, 이것이 백대진이 주장하는 자연주의 문학이다. 이듬해에 발표한 「신년벽두에 인생주의파 문학자의 배출함을 기대함」에서 백대진은 "실생활을 위한 문학"의 필요성을 강조하면서 "인생을 위주로 하는 문학은 시가 아니라 소설"이라고 주장한다.[39] 이 역시 그가 제창했던 자연주의 문학의 필요성과 같은 맥락에 있다.

> 이런 복잡한 표상파를 끊어버린 것은 자유시의 기인(旗印)이올시다. 제각금 자기의 모델에 부합되지 아니하는 개성의 인상을 읊음과 동시에, 이에 믿는 바 각자의 표현법을 구하였나니, 곧 기억시킨 시행의 제국을 돌파하고 제각금 자기의 시풍(詩風)을 수립하였습니다. 곧 단순무미한 전통적 시법에 헤매지 아니하고 제각금 자연으로 돌아갔습니다.
>
> 이에 1830년의 낭만파 이래 무릇 60년 동안 전성을 지속하던 제국식 규범

38 백대진, 「현대 조선에 자연주의 문학을 제창함」, 『신문계』 제29호, 1915.12, 14~16면 참조.
39 백대진, 「신년벽두에 인생주의파 문학자의 배출함을 기대함」, 『신문계』 제30호, 1916.1, 13~16면 참조.

이 파르낫스 제국에 이르러 절정에 달하였다가, 상징주의 파괴운동으로 말미암아 자유시의 건설을 보게 되었습니다. 곧 시에 대한 공화적 자유사상이 확실히 세워지었습니다.[40]

백대진이 프랑스 상징주의를 소개하는 것은 김억이 감상적인 측면에 기울어져 있었던 것에 비해 지적인 측면이 강했으며,[41] 상대적으로 체계적이었다고 평가된다.[42] 그는 김억이나 황석우에 비해 분석적이고 이성적인 태도로 상징주의를 받아들이고, 또 소개하고 있었는데, 이는 위의 인용문에서 보는 바와 같이 상징주의를 자유사상과 연결시키고 있다는 점에서 확인할 수 있다.

저자가 1910년대로부터 1920년대에 이르는 기간 동안 한국의 젊은 지식인들이 상징주의에 관심을 기울이는 이유는 그들이 상징주의를 무엇으로 생각했는가가 궁금해서가 아니라, 그들이 왜 상징주의에 관심을 기울였는가를 이해하기 위해서이다. 김억, 황석우와 함께 상징주의에 관심을 기울였으면서도 다른 한편으로는 자연주의라고 하는 이름 아래 문학의 사회적 역할과 문학인의 공리적 역할을 강조했던 모습과 상징주의를 '문학적 공화주의'로 인식했던 것을 연결하면 백대진이 생각했던 바람직한 문학의 모습이 일관되고 있다는 점을 확인할 수 있다. 그가 황석우, 남궁벽 등과 교류했음에도 초기 동인지 활동에서 눈에 띄는 역할을 하지 않은 반면, 언론인으로 활동하는 데에 집중했던 것, 또 시가

40 백대진, 「최근의 태서문단 (二)」, 『태서문예신보』 제9호, 1918.11.30.
41 권영민, 『한국 현대문학 대사전』, 서울대 출판부, 2004, 410면 참조.
42 정우택, 『한국 근대 자유시의 이념과 형성』, 소명출판, 2004, 146면.

아닌 소설을 통해서 문학적 발언을 시도했던 점은 보다 직접적이고 분명한 목소리로 자신의 관점을 현실에 내어놓는 과정이었다.

물론 백대진 소설에 대한 선구적 성과인 문혜윤의 연구[43]에서 평가하고 있는 바와 같이 백대진의 소설은 근대 초기 한국사회의 자본편재 상황을 보여주기는 하되, 그것의 원인을 구조적인 모순으로 심화시키지 못하고 있으며, 그와 같은 상황을 돌파할 수 있는 요소로 '개인적 윤리'를 제시하는 등 미성숙한 모습을 보이고 있는 것이 사실이다.[44] 그러나 다른 한편으로는 「절교의 서한」, 「양인의 기도」, 「황금?」 등과 같은 작품을 통해서 백대진이 드러내고자 한 '슬픔과 분노의 원인'으로서의 가난, 또 「금강의 몽」에서 도덕적, 인격적 모순과 타락에 연관되는 '돈'의 의미는 「절교의 서한」, 「양인의 기도」과 같은 해에 발표된 이광수의 「무정」에서 표현되는 '사회진화론적 세계관의 문학적 표출'과는 분명한 차이를 보인다는 점에서 주목을 요한다.

어쩌면 백대진의 단편소설을 완성된 근대소설의 형태를 갖추진 못한 것이라고 평가하는 데에는 그의 소설이 계몽성이나 사회비판, 혹은 소설의 형식적 세련미 중 어느 한쪽도 명료하게 드러내지 못하고 있다

43 문혜윤, 「백대진 단편소설 연구」, 『한국 문학이론과 비평』 제23호, 한국문학이론과비평학회, 2004.6.

44 백대진이 가난의 문제를 '도덕'과 연결시키는 입장을 그의 인식결여 차원보다는 당시 지식인들이 자본주의를 바라보던 입장과 연결시키는 것이 어쩌면 백대진에 대한 이해를 높이는 계기가 될 수도 있다. 일테면 가와카미 하지메[河上肇]가 『貧乏物語』에서 주장하는 '도덕적 사회주의'도 하나의 시사점이 될 수 있다. 빈곤이라는 생의 조건이 널리 퍼져 있던 당시 일본의 문제 해결지점을 도덕적 각성에서 찾으려고 했던 가와카미의 관점 역시 현대경제학의 눈으로 볼 때 소박하거나 순진한 것으로 평가받을만 하지만, 당시 일본 사회에 준 영향력은 대단했다. 백대진이 실제 가와카미로부터 영향을 받았는지, 그렇지 않은지는 알 수 없는 일이다. 그러나 「절교의 서한」, 「양인의 기도」, 「황금?」, 「금강의 몽」 등에서 가난이 초래하는 모순과 부자의 도덕적 타락상을 대조적으로 보여주고 있다는 점은 이런 당시 진보적인 지식인들의 지적 분위기와 분명 관련이 있을 것이다.

는 판단이 작용하고 있을지도 모른다. 그러나 이런 시각이 혹, 1920~30년대 아나키즘에 입각한 농민문학에 대해 반마르크스주의적 경향을 기준으로 '개량주의'라는 딱지를 붙이는 것과 유사한 관점은 아닌지 질문을 던질 필요가 있다. 백대진은 '과거와의 단절', '공화적 자유사상'에 대한 의지를 표출하기 위해서 소설을 창작 · 발표했다. 그가 관심을 기울였던 자연주의와 상징주의는 그러한 생각을 외부로 표출하는 통로로 채택된 것이었다. 그러므로 '문학 텍스트 백대진'을 평가하기 위해서는 그가 말하는 '과거와의 단절'과 '공화적 자유사상'을 이해하는 것이, 소설의 형식과 그가 언급하고 있는 문예사조를 기준으로 설정하는 것보다 선행되어야 할 것이다.

저자의 이런 관점은 문학 활동과 언론 활동을 포함한 백대진의 모든 글쓰기가 궁극적으로 정치적인 활동이었다는 전제에서 비롯된다. 앞서 언급한 바처럼 백대진이 그의 소설을 통해서 말하는 '돈에서 비롯되는 슬픈 현실'과 문학론을 통해서 말하는 '상징주의'와 '자연주의'가 무엇이었냐는 점보다 그가 왜 그런 목소리를 냈는가를 파악하는 것이 근대 초기 지식인 백대진을 이해하는 길이고, 또 그 이해가 백대진의 문학론과 소설을 이해하는 기반이 될 수 있다고 판단하기 때문이다.

그렇다면 사회진화론에 입각한 부르주아 민족주의 노선도 아니고, 마르크스주의도 아니고, 개량주의도 아니었던 백대진의 정치사상은 무엇이었다고 이름붙일 수 있을까? '개성을 읊는 것'이 '자연으로 돌아가는 것'이 되고 이것이 '시에 대한 공화적 자유사상'이 된다는 백대진의 문학관을 생성시킨 사상은 무엇일까? 저자는 그것이 아나키즘이었다고 판단한다.

제3장

『폐허』와 아나키즘

1. 『폐허』와 아나키즘

저자는 동인지 『폐허』를 통해서 1910년대 중반부터 당시 젊은 지식인들에게 영향을 주기 시작한 다양한 형태의 사회주의적 사상들, 특히 아나키즘이 문학이라는 매개체를 중심으로 집결하고 있는 모습을 볼 수 있다고 판단한다. 앞서 논의한 바를 되짚어보자. 오스기 사카에를 중심으로 일본의 아나키스트들이 『근대사상』을 창간했던 것은 문학을 통해 아나키스트들의 인적 네트워크를 구축하고 문학을 사상의 표현 수단으로 활용하기 위해서였다. 『근대사조』는 그와 같은 『근대사상』의 목적에 동의하여 창간했던 것으로 보인다. 상대적으로 온건한 목소리를 담고 있었던 『근대사조』가 강제 폐간된 것이 이런 저간의 사정과 관련되어 있다는 것이다. 『근대사조』를 중심으로 활동하려던 애초의 목표가 실패한 후, 그 주축이었던 황석우, 또 최승구로부터 영향받아 아나키즘에 깊은 관심을 지니게 되었던 염상섭이 홍난파와 함께 동인지 『삼광』[45]을 창간했다는 점은 『삼광』의 창간 동기 역시 『근대사상』과 『근대사조』의 연장선상에서 이해해야 할 필요를 느끼게 해준다. 그렇다면 황석우와 염상섭이 참여하고 있는 『폐허』를 이들 앞선 세 매체와 관련지어 설명하는 것이 필요하지 않을까? 『폐허』를 문학 동인지이면서, 동시에 사상을 표출하는 매체로 규정할 수도 있다는 것이다.

1920년 7월에 발행된 『폐허』 창간호에서는 김억, 김영환, 김찬영, 김원주, 남궁벽, 나경석, 염상섭, 이병도, 이혁로, 민태원, 오상순, 황석우를 동인으로 밝히고 있다.[46] 그런데 이들 중 창간호에 글을 수록하지 않은 인물은 김영환과 김원주이다. 근대 초기 대표적인 서양 음악가였던 김영환은 『폐허』 제2호에도 글을 싣지 않았는데, 그런 점에서 그는 『폐허』 동인들과의 인적 교류가 활발했고, 『폐허』가 창간되는 과정에 어떤 형태로든 기여한 바가 있어 동인에 포함된 것으로 보인다. 김영환은 또 『폐허』와 『삼광』 사이의 인적 교류를 보여주는 인물이기도 하다.

김영환은 한국 최초의 피아니스트이자 최초의 피아노 소장가로 알려져 있다. 평양 출신인 그는 개화의지가 강한 대지주 집안에서 유복

45 1919년 2월 10일 창간, 1920년 4월 15일 통권 3호를 끝으로 폐간된 잡지 『삼광』은 도쿄 조선유학생악우회(東京朝鮮留學生樂友會)의 기관지로 알려져 있으나, 이는 창간호에 해당하고, 제2호와 제3호의 발행주체는 '삼광사'이다. 『삼광』을 주도했던 인물은 난파 홍영후였다. 『삼광』이 『폐허』에 연결된다는 것은 『삼광』에 어떤 방식으로든 관련되어 있는 염상섭, 황석우, 이병도, 남궁벽, 변영로 등이 모두 『폐허』에 참여한다는 점에서 그렇다(한기형, 「초기 염상섭의 아나키즘 수용과 탈식민적 태도」, 『한민족어문학』 제43집, 2003.11 참조).

46 『폐허』 창간호, 122면.

하게 자라 우에노음악학교(上野音樂學校, 현 도쿄예대)에서 피아노를 전공했다.[47] 그는 1919년 기독교 청년회관을 중심으로 홍난파와 경성악우회를 조직한 바가 있는데, 이는 『삼광』을 통해서 맺게 된 황석우, 염상섭, 홍난파의 관계가 김영환으로까지 확대된 것이라고 해석할 수 있다.

여류 시인 김원주는 나경석의 누이이면서, 『폐허』 제2호에 '나정월(羅晶月)'이라는 이름으로 시 2편을 게재한 나혜석을 통해서 『폐허』에 연결된 것일 수도 있다. 그러나 당시 김원주는 김명순, 나혜석과 더불어 대표적인 여성 지식인이었으며 여성운동가, 문인이었으므로 신여성 김원주의 『폐허』 동인 참여는 나혜석을 매개하지 않더라도 충분히 가능한 일이라고 하겠다.

수필 「청춘예찬」으로 잘 알려진 민태원은 와세다대 정경과 출신이라는 점에서 와세다 출신이었던 황석우를 통해 동인이 된 것이 아닐까 한다. 그는 제2호에 소설 「음악회」를 게재했다. 그는 언론인이자 번역가로 활동이 활발했던 인물이다.

이혁로는 『폐허』 창간호에 「네 발자국 소리」라는 제법 긴 분량의 시를 보성(步星)이라는 필명으로, 자연으로 돌아가고픈 감정을 드러내는 수필 「황장미화(黃薔薇花)」를 본명으로 게재했다. 이혁로는 『폐허』가 창간될 당시 임시정부에 군자금을 조달하는 역할을 하고 있었던 인물이었다.[48]

47 김영환에 관해서는 김미현의 논문 「피아노와 근대―초기 한국 피아노음악의 사회사」(『음악학』 제19호, 한국음악학학회, 2010.12)을 참조했다.

48 국가보훈처에서 이혁로에게 추서한 '애국장' 공적개요에는 "1919년 서울에서 구국단의 단원으로 대한민국임시정부와 연락하며 군자금을 모집하기 위한 활동을 하다가 1921년 4월 체포되었고 1922년 신생활사에서 근무 중 필화사건이 나자 피신하여 1923년 8월 러시아 블라디보스토크 신한촌(新韓村)에서 망국기념대회에 참석했으며 1924년 서울에서

나경석은 『폐허』 동인 중에서 가장 주목되는 인물이다. 그는 1910년 일본으로 건너가 1914년 도쿄고등공업학교를 졸업했다. 앞서 정태신의 경력에서 주목했던 재오사카 조선인친목회 결성에는 일본인 아나키스트 하세가와 시쇼우[長谷川市松]와 요코다 소우지로[横田宗次郎]의 적극적인 후원이 있었는데,[49] 정태신을 하세가와 시쇼우에게 소개한 인물이 바로 나경석이였다. 나경석을 주목하는 것은 바로 이 지점 때문이다. 우리는 일반적으로 『폐허』 동인들의 문학 활동이 현실에 대해 느슨한 관계를 지니고 있었을 뿐만 아니라, 문학의 현실지향성에 대해 일종의 경계심을 지니고 있었을 것이라고 생각한다. 황석우가 창간호에는 참여했으나, 제2호부터 동인에서 빠졌다는 사실을 이런 관점에서 해석하는 경우도 있는데, 황석우에 비해 계급주의적인 성향이 더 강했던 생디칼리스트 나경석과 이혁로가 『폐허』 제2호에도 계속해서 참여하고 있다는 점은 이런 해석을 선뜻 받아들이기 어렵게 한다.

이와 같은 사정은 『폐허』가 이들에게 어떤 의미를 지닌 매체였는지 이해하기 어렵게 만든다. 황석우, 정태신, 이혁로 등과는 도무지 어울릴 것 같지 않은 남궁벽이 "오즉 '갓튼 자만 갓튼 자를 이해하는 것이다.' 우리는, 그 '갓튼 자'의 출현을 흔구(欣求)하며 전진할 쑨이다"[50]라고 주장했을 때, 그 '같은 자'라는 말이 무엇을 뜻하는지 몹시 혼란스럽기 때문이다. 그런데 『폐허』 동인들 대다수는 어떤 방식으로든 아나키

사회주의자동맹을 조직하고 집행위원이 되어 노동자의 권익과 신사회 건설을 위한 활동을 전개했으며 1928년 4차 조선공산당사건으로 망명했다가 1930년 체포되어 순국한 사실이 확인됨"이라고 적시되어 있다.

49 이호룡, 『절대적 자유를 향한 반역의 역사』, 서해문집, 2008, 24면.

50 『폐허』 제2호, 1921.1, 152면.

즘에 관련되어 있다. 오상순과 남궁벽, 김억 등 아나키즘과의 관련성이 적어보이는 인물들도 사실은 아나키스트들과의 교류가 활발했던 사람들이었다.

오상순이 아나키스트들과 활발하게 교류하고 있었다는 사실은 박윤희의 연구를 통해서 분명하게 확인할 수 있다. 그는 오상순이 일본에서 수학하는 동안 에스페란토를 가장 먼저 배워 국내에 보급했으며, 바하이교[51]를 국내에 처음으로 소개했다는 점 등을 규명하고 있다. 그의 연구에서 특히 주목되는 것은 오상순이 아나키스트들로부터 특별한 관심을 받았던 에스페란토 보급에 애를 썼다는 점과 1918년 중국에 머물 당시 루쉰[魯迅]과 그의 동생 저우쭤런[周作人]과 지적 교류를 경험했다는 점이다. 그의 연구에서는 오상순이 저우쭤런의 집에 기거했다는 점을 확인하고 있는데, 루쉰과 그의 동생 저우쭤런이 아나키즘을 수용한 인물들이었다는 점은 잘 알려진 사실이다.[52]

에스페란토와 관련하여 주목되는 『폐허』 동인은 안서 김억이다. 에스페란토와 김억의 관계에 관해서는 1960년대 말부터 연구가 있었으

51 바하이교(Bahai faith)는 19세기 중반, 바하 울라(Bahā' Ullāh : 아랍어로 '신의 영광'이라는 뜻)로 알려진 미르자 호세인 알리 누리가 창시한 종교이다. 1867년 바하 울라는 자신이 바브가 예언한 성스러운 영혼으로서 '신의 화현(化顯)'이라고 공공연히 주장했다. 바하이교도는 바하 울라가 예수 · 무함마드 · 조로아스터 · 석가모니 등을 포함하는 과거와 미래의 일련의 현신(顯神) 가운데 가장 최근의 신이라고 믿는다. 바하이 교리의 핵심은 종교의 통일과 인류의 통일이다. 바하이교도는 위대한 종교의 창시자는 모두 신의 화현이었으며 인류를 계도하려는 성스러운 계획을 점진적으로 실천한 사람들이라고 믿는다. 바하이교도에 의하면 모든 종교는 외형상의 차이에도 불구하고 모두 동일한 진리를 가르친다고 한다. 바하이 교단에는 바하 울라에 대한 신앙을 고백하고 그의 가르침을 받아들인 사람은 누구나 입교할 수 있다. 아무런 입교의식이나 성례(聖禮)가 없으며 성직자도 없다.

52 박윤희, 「오상순의 문학과 사상—1920년대, 동아시아의 지적 교류」, 『문학사상』 8월호, 2009 참조.

나,[53] 아직까지도 김억에 관한 연구는 프랑스 상징주의, 특히 보들레르와의 관계, 그의 시론에 중심을 이루는 '음악성'에 관한 문제 언저리에 머무는 경우가 많다. 황석우, 최승구와 함께 『근대사조』를 주도했으며, 『폐허』, 또 책의 후반부에서 다룰 조선농민사의 기관지 『조선농민』과 『농민』에 작품을 발표하고 있었다는 사실 등을 종합적으로 고려한 본격적인 김억 연구는 아직까지도 시도되지 않고 있는 형편이다.

김억이 에스페란토 운동에 가장 큰 족적을 남긴 인물이라는 점은 『폐허』 동인의 사상적 성향을 추적하는 과정에 적잖은 시사점을 제공한다. 1907년 암스테르담 국제 아나키스트 대회에서 아나키스트의 공식 언어로 에스페란토를 채택할 것을 결의한 이후, 에스페란토는 자연스럽게 아나키스트들의 국제적 연대 언어로 자리 잡았다. 그러므로 1910년대 이후 일본에 많은 에스페란토 아나키스트들이 나타난 것 역시 자연스러운 현상이다. 오스기 사카에나 이와사 사쿠다로岩佐作太郎 등이 대표적인 에스페란토 아나키스트들인데, 이들을 통해 박열, 김약수, 백무 등도 에스페란토를 받아들였다.[54]

조선에스페란토협회가 창립된 것은 『폐허』 창간 즈음인데, 김억이 회장이었고, 『폐허』 동인인 김찬영이 부회장이었다. 1925년 당시 신문기사에 따르면 당시 조선에스페란토협회 위원 명단에는 홍명희, 김억,

53 김윤식, 「에스페란토 문학을 통해 본 김억의 역시고」, 『국어교육』 제14호, 1968.

54 안종수, 『에스페란토, 아나키즘 그리고 평화』, 선인, 2006, 63면. 에스페란토와 아나키즘에 관해 이 책은 매우 중요한 정보를 전달하고 있다. 특히 책의 두 장, 「조선의 에스페란토」와 「예로센코와 루쉰」(81~109면)에서는 에스페란토를 매개로 20세기 초반 한중일 아나키스트들이 맺고 있었던 인적 관계를 실증적으로 보여주고 있다. 동아시아에 에스페란토를 전달한 러시아인 예로센코(Vasiliy Yakovevich Eroshenko, 1889~1952)에 대한 소개도 상세하게 서술되어 있는데, 이는 박노자의 글 「착한 사람, 예로센코」(『우리가 몰랐던 동아시아』, 한겨레출판사, 2007)를 원용한 것이다.

박헌영, 변영로가 포함되어 있었다.[55] 홍명희는 한국 최초의 에스페란토 습득자로 알려져 있기도 하다. 『폐허』 표지에 'LA KREADO'라는 에스페란토 표기가 함께 쓰인 것과 1924년 당시 사회주의자들의 글이 주류를 이루었던 『조선일보』 1면에 무려 115일간이나 연재되었던 김억의 「에스페란토 강좌」를 단순하게 보기 힘든 이유가 여기에 있다. 김억이 에스페란토 강좌에서 예문으로 번역한 다음의 문장은 김억의 상징주의와 짝을 이루는 '음악성'보다, 더 의미 깊다.

> 나는 가슴에 불길을 피워 놓앗습니다. 그것은 죽은이라도 쓰지 못합니다. …… 그 불의 이름은 인류애이며 그 불의 이름은 자유에 대한 사랑입니다.[56]

『폐허』에 대한 애착이 남달랐던 것으로 보이는 남궁벽과 아나키스트들의 교류도 확인할 수 있다. 1921년 27세로 짧은 생을 마감한 남궁벽의 시는 여타 『폐허』 동인들의 시에 비해 감정의 표현이 절제되어 있는 것으로 평가받는다. 그런 구별에도 불구하고 남궁벽을 설명하는 가장 대표적인 경력은 그가 『폐허』의 동인이었다는 점이다. 근래에 NHK 프로듀서 출신 작가 다고 기치로[多胡吉郎]의 책 『야나기 가네코, 조선을 노래하다』[57]에서 그리고 있는 바와 같이 남궁벽은 야나기 무네요시로부터 많은 영향을 받았다. 그러한 전제 아래 조영복은 남궁벽에 대해 다음과 같이 분석한다.

55 『조선일보』, 1925.11.2.
56 『조선일보』, 1924.5.4.
57 다고 기치로[多胡吉郎], 박현석 역, 『야나기 가네코, 조선을 노래하다』, 21세기북스, 2009.

> 남궁벽은 자아를 만물 가운데 최고의 존재로 인식하고 성찰의 대상으로 놓는다. (…중략…) 자아를 성찰의 대상으로 놓는다는 것은 자아를 객관화시킨다는 것을 의미하며 이는 자신에 대한 존귀감의 인식 없이는 불가능하다. 이는 감정의 토로나 발산을 위해서, 자기감정을 통째로 실어 나르는 '도구로서의 시'의 단계 곧 '협소한' 서정시 단계에서는 가능하지 않다. 이 말은 이 시기 근대시 형성과정에서 엘리트들의 감읍벽이나 낭만적 자기감정의 방출을 위해서 시가 가능했다는 주장에 의문을 갖게 만든다.[58]

이와 같은 남궁벽의 자아관, 또는 문학세계는 하나의 '결론'이었다. 그러므로 여전히 남는 것은 그런 결론에 이르게 되는 원인, 남궁벽의 사상적 기반이 무엇이었는지에 대한 궁금증이다. 이 지점에서 우리는 남궁벽의 유고시가 『신생활』에 투고되었다는 점을 상기할 필요가 있다. 『신생활』의 성격에 관해서는 이미 언급한 바 있지만, 분명하게 사회주의를 표방하고 있었던 『신생활』[59]에 남궁벽의 시가 수록됐다는 점은 『신생활』 편집진과 남궁벽 사이에 상호 이해 내지는 교감이 있었다는 것을 방증한다.[60] 더군다나 남궁벽이 존경했던 야나기 무네요시는 아나키즘, 좀 더 구체적으로는 길드 사회주의에 공감했던 인물[61]이

58 조영복, 『1920년대 초기 시의 이념과 미학』, 소명출판, 2004, 297~298면.

59 앞서도 언급했지만, 『신생활』의 주간이었던 김명식은 법정에서 자신이 마르크스주의자라고 선언했고, 실제 매체의 주도적인 인물들도 그와 사정이 비슷했다. 그러나 실제 매체에 글을 싣는 사람들의 면면을 보면 마르크스주의자와 아나키스트 간의 갈등이 있었던 것은 아니라고 보인다. 또한 마르크스주의자라고 자처했던 매체의 중심인물들도 크로포트킨이나 푸르동 등 아나키스트들의 사상에 대해 매우 개방적인 입장을 보이고 있었다. 그러므로 『신생활』은 보다 포괄적인 의미에서의 사회주의 매체였다고 규정할 수 있을 것이다.

60 조영복, 앞의 책, 293면 참조.

61 나카미 마리[中見眞理], 김순희 역, 『야나기 무네요시 평전』, 효형출판, 2005, 90면.

지 않은가? 남궁벽이 『폐허』를 통해서 추구했던 것은 궁극적으로 '자아'가 아니라 '세계'였다. 이는 그를 지배했던 것이 '감상'이 아니라, 사상이었다는 점을 말해준다.

> 『폐허』는 동인조직의 잡지다. 동인 십수삼 인(十數三人)이 경영하여 가는 잡지다. 그럼으로, 『폐허』가 우리 동인들의 잡지인 것은 분명한 사실이다. 그러나, 우리 동인들만의 잡지는 아니다. 동인들의 잡지되는 동시에 우리 조선인의 잡지다. 우리 조선인의 잡지되는 동시에, 전인류의 잡지다. (…중략…) 우리 동인의 사업이 다만 동인의 것 될 섇 아니오, 곳 조선을 위하는 것이 되며, 세계를 위하는 것이 되는 것이다. (…중략…) 『폐허』야, 너는 얼마 동안 민족적으로 成長하여 가거라, 그러나 장래에는 세계적으로 활약하여라.[62]

남궁벽이 『폐허』를 바라보는 시각 또한 황석우의 그것과 먼 거리에 있는 것이 아니었다.

『폐허』 동인 각자는 어떤 방식으로든 아나키즘과 연결되어 있다. 조선노동공제회와 『공제』에서의 활동은 이와 같은 관점에서 바라보면 매우 일관된 그들의 활동이었다.[63] 상징주의, 자연주의, 낭만주의 등

62 남궁벽, 「想餘」, 『폐허』 창간호, 1920.7, 127면.

63 저자는 『폐허』 동인들과 『공제』를 연결하는 인물이 『공제』 편집진 중 한 사람인 정태신이였을 것으로 추측하고 있다. 1996년에 발간된 『한국사회주의운동인명사전』에 의하면 1892년생인 정태신은 보성전문 재학 중이었던 1913년 11월 상하이로 가서 중국어신문 『상무보(商務報)』 기자가 되었다. 그러나 그 이듬해인 1914년 그는 오사카에 있었다. 이는 그가 나경석과 함께 1914년 오사카에서 결성된 재오사카 조선인친목회를 조직했다는 사실을 통해 확인할 수 있다. 재오사카 조선인친목회는 일본 아나키스트들과의 교류를 통해 한인 노동자들의 열악한 노동환경을 개선하기 위해 조직된 최초의 노동단체였

과 같은 문학 용어로 그들을 이해하는 것이 늘 한계가 있을 수밖에 없었던 이유는 어조를 중심으로 그들의 내용을 평가하려고 했기 때문이 아닐까?

이와 같은 『폐허』 동인들을 이해하는 것은 『폐허』에 수록된 작품들을 면밀하게 분석하고 이에 대한 해석을 가하는 것만으로 가능한 일이 아닐 것이다. 저자가 선택한 방법은 『폐허』의 핵심 동인들의 활동을 살피고, 『폐허』 동인들이 『폐허』 동인활동과 동시에, 또는 그와 연결되는 시기에 했던 『폐허』 밖에서의 활동을 구체적으로 교차시키는 것이다.

2. 황석우와 아나키즘

황석우는 1910년대 중반 일본 유학시절부터 아나키스트 오스키 사카에[大杉榮]와 이와사 사쿠타로[岩佐作太郎], 훗날 일본 공산당 창당 주역 중 한 사람이었던 사카이 도시히코[堺利彦], 상징주의 시인 미키 로후[三木露風] 등과 교류했다. 그는 또한 한국과 일본을 오가면서 정태신, 박열, 김약수, 원종린, 유진희, 변희용, 김사국, 최승구, 김억, 조명희, 홍난파, 염상섭 등의 젊은 지식인들과 교류하기도 했다. 그가 이들과 교류하면

다. 정태신의 이러한 경력은 그가 왜 흑도회가 분열하는 과정에서 북성회를 선택했는지에 대한 이해도를 높여주는 부분이다. 그는 아나키스트였으나 박열과는 달리 순정아나키스트라기보다는 노동조합주의에 가까운 아나코-생디칼리스트에 가까운 인물이었던 것이다. 귀국 후 정태신이 조선노동공제회에 적극적으로 가담하고 있었다는 점은 그가 매우 일관되게 생디칼리스트로서의 길을 걷고 있었다는 것을 알려준다.

서 활동했던 것은 매체를 발간하는 일이었는데, 이는 매체를 중심으로 인적 네트워크를 구축하는 일이기도 했다. 결국 표면적으로 조직을 만들고 매체를 발간하는 일은 황석우가 했던 거의 대부분 활동의 최종 지점이었다. 『근대사조』로부터 『삼광』, 『폐허』, 『폐허이후』, 『서광』, 『대중시보』, 『장미촌』, 『조선시단』 등 다양한 형태의 매체가 황석우의 주도로, 혹은 그의 참여를 바탕으로 발간된 매체들이다. 그런 점에서 그의 글쓰기는 문학 활동 이전에 사상운동이자 조직운동으로 이해될 필요가 있다.

최근 작성된 황석우 연보에 따르면, 문학과 관련이 적은 그의 사회활동 중에서 눈에 띄는 것은 1921년 1월17일 원종린(元鍾麟), 조명희, 정재달(鄭在達) 등과 함께 의거단(義擧團)을 조직했다는 점이다. 당시 조선총독부 경무국은 의거단이 사회주의자와 연결, 결탁하여 경성에 있는 친일자, 밀정 등을 물색하고 이를 구타 징계함을 목적으로 결성되었다고 보고했다.[64] 이 단체는 의거단에서 철권단(鐵擧團), 혈권단(血拳團), 박살단(撲殺團), 혈거단(血擧團)으로 단체명을 계속 바꾸면서 활동을 지속했다고 알려져 있는데, 구체적으로 이들의 활동이 무엇이었는지는 아직 확인된 바가 없다. 다만 이 단체가 양근환의 친일 거두 민원식 처단 등 이른바 의혈투쟁을 목표로 조직된 것이었던 것은 충분히 추론할 수 있다.

또한 같은 해 황석우는 5월 도쿄에서 발행된 『대중시보』 창간에도 관여한다. 『대중시보』는 정치적인 문제를 다루는 글을 주로 수록했는

64 정우택, 「황석우 연보」, 『근대서지』 제3호, 근대서지학회, 2011.6, 87면.

데, 창간호에는 정태신, 김약수, 변희용(邊熙瑢), 황석우, 박정식(朴偵植), 원종린, 서병무, 유진희 등이 필자로 참여했다. 황석우는 정치평론 「국가 급 정치의 생물학적 심리학적 고찰」, 「대중단평 — 일본 정치 급 정당」과 시 「토(土)의 향연」을 발표했다. 창간호의 편집자와 필진들의 성향을 보았을 때 『대중시보』는 김약수, 정태신, 변희용, 유진희, 황석우 등 사회주의 계열 지식인들이 주도한 매체였다.[65]

사실 황석우의 활동은 문학보다는 정치적인 활동에서 보다 뚜렷하다. 그는 1920년대 중반을 넘어서면서 점차 정치적이고, 계급적인 문제에 집중하게 되는데, 1923년 1월 1일 『동아일보』에 평론 「신년문단에 바람」을 발표한 것이 이를 잘 보여준다.

1923년 초의 황석우를 살펴보자. 그는 1923년에는 1월 1일 『동아일보』에 평론 「신년문단에 바람」을 발표했고, 다음 달인 2월 『개벽』에 수필 「연애」를 발표한다. 이 두 글은 각기 소외된 자를 위한 문학을 촉구하는 내용과 청춘의 감성이 집약되는 연애를 예찬하는 내용이지만, 그가 일찍이 「시화」에서 강조했던 '영률(靈律)'이라는 개념으로 집약되고 있다.

65 위의 글, 88면 참조. 황석우는 5월 도쿄에서 발행된 『대중시보』의 창간에 관여했다. 다만 이 연보에서 『대중시보』에 대해서 "김약수, 정태신, 변희용 등의 공산주의 계열과 유진희, 황석우 등의 아나키즘 계열이 혼합되어 있으며, 그중에서 공산주의 계열이 중심을 형성하고 있었다"라고 평가하는데, 그 평가에 대해서는 조금 생각해볼 점이 있다. 북성회 구성원들이 흑도회와 갈등했던 것은 분명하지만, 그 갈등의 원인이 과연 아나키즘과 마르크스주의 간의 갈등이었는가는 애매한 측면이 있다. 김약수가 북풍회가 조직된 1923년 초 이전에 이미 마르크스주의자들과 접촉이 잦았다는 점은 분명하지만, 사실 흑도회와 북성회의 갈등은 아나키즘 내부의 노선투쟁, 일테면 순정아나키즘과 생디칼리슴의 갈등이라는 측면에서 바라볼 여지도 충분하기 때문이다. 북성회 가담이 과연 황석우가 마르크스주의로 기울어졌다는 움직일 수 없는 근거가 될 수 있는지에 대해 애매하고, 북성회가 마르크스주의자 중심조직이었다는 근거가 되는 주도자 정태신을 마르크스주의자로 분류하는 근거는 그가 북성회에 가담했다는 이유 때문이다. 이는 순환논리를 통해 상황을 규정하는 것에 지나지 않는다.

「신년문단에 바람」은 영탄적인 구호를 나열하는 짧은 글이다. 몹시 파격적인 형식의 짧은 글인데, 중요 내용을 인용하면 다음과 같다.

> 인간의식에 입각한 세계인, 자유인의 예술을 고조(高調)하라.
>
> 1. 기성의 신을 가진 모든 종교를 섬멸(殲滅)하라.
>
> (신은 원래 인간이 그 마음을 일헛슬때 ×시(時) 그 일시적(一時的)의 후처(後妻)로서 영래(迎來)한 자(者)일다. 지금의 자각한 인간의 집에는 그 마음이 임이 도라와 잇다.)
>
> 1. 농민문학을 이르키라.
>
> 1. 노동자문학을 이르키라.
>
> 1. 아동문학을 이르키라.
>
> 1. 창작에 행위를 겸하라.
>
> 1. 비평을 성(盛)히 하라.
>
> 1. 인간의식에 눈뜬 민중운동, 혁명운동에 대하여는 그의 가장 귀임(責任) 잇는 동반자, 이해자, 변호자가 되라, 아니 그의 가장 이해잇는 친한 벗이 되라.[66]

다소 비약이 보이지만, 합리적 인간관에 입각한 인간으로서의 자기 확신, 그리고 그 자기 확신을 기반으로 농민, 노동자, 아동문학을 일으키고, 이것을 민중, 혁명을 위해 활용할 것을 독려하는 이 글의 내용은 상징주의 시인으로서보다는 혁명가 황석우의 모습을 강하게 느끼게

66 황석우, 「신년문단에 바람」, 『동아일보』, 1923.1.1.

해준다. 이 글이 북성회 조직 전후에 작성된 글이라는 점에서 혹, 이것이 황석우의 사상변화를 보여주는 모습이 아닐까 싶기도 하지만, 비슷한 무렵 개벽에 발표한「연애」에서는「시화」를 쓸 당시의 인간관, 예술관을 유지하고 있는 황석우를 확인할 수 있다.

> 연애는 실로 청춘의 그 생명의 구하는 바의 최고가(最高價)의 낙원일다. 청춘은 이것을 구함에는 그 생명의 寶庫(보고)를 여하한 염경매(廉競賣)에 부(付)함도 감히 사양치 안는다. 그 곳에는 청춘의 그 명성이라던지 지위라던지 하는 등과 여(如)함은 피일종(彼一種)의 날근허진 똥무든 초리(草履)에 불과하다, 청춘에게 취하야는 연애는 실로 그 혼의 무명의 두상(頭上)을 꾸미는 일개의 왕관일다. 부(否), 연애는 청춘의 감정의 오좌(奧座)에 재(在)한 일개의 '산신'일다. 이곳에서 연애는 종교와 동일한 지위를 점령한다.
>
> 실로 청춘에게는 신에의 동경의 심지(心持)와 애(愛)에의 그것이 전혀 동일하다. 또한 그 애(愛)를 포(抱)하는 심지(心持)와 신을 포(抱)하는 심지(心持)도 동일하다. 금일의 피문화인(彼文化人) 중의 젊은 시인 등이 피(彼) '견신(見神)의 깃븜'의 심지(心持)를 '알애(謁愛) (접애(接愛), 촉애(觸愛), 감애(感愛))의 깃븜'의 심지(心持)에 비(比)함은 곳 신(神)과 애(愛)의 동일임을 늣기기 때문일다.[67]

연애가 곧 '견신의 기쁨'과 동일시된다는 그의 표현은 그가「시화」에서 표현했던 '영률(靈律)'이라는 용어를 떠올리게 한다. 황석우 시론에

67 황석우,「戀愛 (寸想)」,『개벽』제32호, 1923.2, 50면.

대해 의미 깊은 분석을 시도했던 조두섭의 목소리를 들어보자.

> 이를 위하여 먼저 「시화」를 의미 단락별로 나누어본다면 시인의 위치, 시의 맛, 시의 회화적 요소, 시의 음악적 요소, 상징파사의 특징, 시의 언어, 시의 사상, 시작의 태도, 명상, 시인의 임무, 영감 등 열한 개의 의미 단락으로 나누어진다. 이 열한 개의 의미 단락을 지배하고 있는 핵심은 '영률'이라는 용어에 있다. 영율은 그가 언어를 '인어(人語)'와 '영어(靈語)'로 구별하여, 일상의 언어에 대응되는 시어를 영어라는 독창적인 용어를 선택하는 데서 시작된다. 영어는 그의 말에 따르면 '인간과 신의 교섭에만 쓰이는 언어'이자 '천재' 곧 시인이 아니면 그 말을 배울 수 없는 언어이다.[68]

조두섭은 또 다른 논문에서 황석우의 시론이 특히 보들레르의 영향을 받은 것이라고 분석하면서, 이는 그가 현실 변혁의지가 강한 기질과 환경에 놓인 인물이었다는 점과 관련된다고 분석한다. 즉 신의 세계에 대한 동경이 황석우가 보들레르를 받아들인 이유라는 것이다.[69] 이것이 곧 '영률'이라는 탈현실의 도구가 설정되는 이유라는 것인데, 충분히 공감할 만한 분석이다. 그러나 혁명가 황석우와 문인 황석우가 분리된 인물이라고 볼 수 없다는 점에서 이런 분석은 황석우의 내면을 포괄적으로 설명했다고 보기는 힘들다.

아나키즘이 인간의 본성에 대해 깊은 신뢰를 지닌 사상체계라는 점

68 조두섭, 「황석우의 상징주의시론과 아나키즘의 연속성」, 『대구어문론총』 제14집, 대구어문학회, 1996.6, 543면.

69 조두섭, 「1920년대 한국 아나키즘 시의 두 양상」, 『인문과학연구』 제15집, 대구대 인문과학연구소, 1996.12, 19면.

은 이미 논의한 바 있다. 아나키즘을 수용한다는 것은 그런 자신의 본성을 자각하는 과정으로부터 시작되는 일이다. "신은 원래 인간이 그 마음을 잃었을 때", "일시적"으로 온 것이므로 "자각한 인간"에는 필요가 없다는 「신년문단에 바람」 전반부의 '전제적' 발언이 바로 이 과정이라고 할 수 있다. 그런 자각이 문학론으로 연결될 때, 황석우 자신의 상징주의 시로 나타난 것이다. '영률'은 이런 자신의 시를 해명하는 용어일 것이다. 1923년, 「연애」에서 드러난 바와 같이 여전히 자각의 매개로 '연애'를 설정하고 있는 황석우가 동시에 농민과 노동자의 문학을 독려하고 있는 것은 그의 문학이 보다 적극적으로 혁명의 현장과 만나고 있는 장면이다.

황석우가 「신년문단에 바람」을 발표할 시점인 1923년 초의 직전인 1922년 말에 흑도회가 해체과정을 거쳤다는 점은 당시 황석우의 입장을 간접적으로 이해할 수 있는 시사점을 준다. 흑도회 해체에는 박열과 김약수의 갈등이 자리 잡고 있었던 것으로 보인다. 박열이 사회제도의 근본적인 파괴를 주장하고 있었던 것과는 달리 김약수와 백무 등은 당시 일본지역에 산재한 조선인 노동자들의 상황을 상세하게 조사할 조사회를 결성하자고 주장했다. 결국 조사회 결성을 주장했던 김약수와 백무 등이 북성회를 주도하고, 여기에 황석우가 가담했다는 것은 당시 황석우가 순정 아나키스트가 아닌 경제투쟁, 혹은 생디칼리슴 경향에 기울어져 있었음을 알려준다. 이런 그의 입장이 노동자와 농민을 위한 문학, 그리고 적극적인 행동의 필요성을 주장한 「신년문단에 바람」에 반영된 것이라고 해석할 수 있다.

그런 점에서 1927년 만주로 이주한 후 이주조선농민보호연구회 부회장을 맡는 황석우의 활동은 느닷없는 일은 아니라고 할 수 있다. 이주조선농민보호연구회는 만주 장춘(長春)에 거주하는 조선인들의 회합으로, 만주 전역에 거주하는 조선 농민들의 생활 상태를 조사하고 대책을 강구하기 위해 조직된 단체이다.[70] 1927년부터 활동의 근거지를 만주지역으로 옮긴 황석우는 만주 이주조선농민보호연구회의 활동을 바탕으로 1927년부터 1930년대 초까지 국내의 여러 지역에서 만주 이주민의 실상과 농촌문제를 주제로 여러 차례 강연했다.

황석우가 아나키스트였으며, 그의 시론과 시작활동, 그리고 정치적인 활동이 대부분 아나키스트라는 자신의 이념적 정체성의 표현과정이었다는 점은 이미 학계에 어느 정도 알려진 사실이다. 여기서는 황석우의 문학론을 상징주의와 아나키즘이라는 두 정신체계의 내적 연관성을 중심으로 살폈던 초기 연구와 사상적 경향과 동인지 활동을 중심으로 그의 활동을 살폈던 근래의 연구의 공백을 메우는 데 주력했다.

70 이주조선농민보호연구회장은 함석은(咸錫殷)이었다. 함석은은 와세다대 정치과 출신(1928년 5월 16일 『동아일보』는 함석은의 부고기사에서 그를 메이지대 출신으로 소개했다)으로, 1919년에 대한독립청년단 안동현 단장을 지냈던 인물이다. 대한독립청년단은 상하이 임시정부의 운동비를 조달하고, 독립운동원을 모집하며 임시정부에서 발행하는 인쇄물을 전달하는 역할을 했다. 함석은은 1921년 5월에 내란죄로 금고 3년형을 선고받고 1923년 10월에 가출옥했다. 안동현과 장춘지역을 중심으로 오랫동안 독립운동을 해온 함석은의 이력을 고려할 때 만주 이주조선농민보호연구회가 단순한 농민단체나 연구모임의 성격을 넘어섰을 것으로 짐작할 수 있다(정우택, 「황석우 연보」, 『근대서지』 제3호, 근대서지학회, 2011.6, 92면 참조).

3. 염상섭과 아나키즘

염상섭은 최승구로부터 영향을 받은 인물이다. 『삼광』에 참여한 것 역시 최승구와 관련이 있는 활동이었다. 염상섭과 아나키즘 사이에 매우 밀접한 관련이 있다는 점은 이미 실증적으로 검토된 바가 있다.[71] 염상섭과 황석우의 관계는 1919년부터 긴밀해졌던 것으로 보인다. 염상섭이 『삼광』 제2호에 「상아탑형끠」라는 제목으로 수록한 글을 보면 3·1운동 집회를 뜻하는 '이태왕(李太王) 장일(葬日)날 집회' 즈음부터 염상섭과 황석우의 개인적 교류가 시작되었음을 알 수 있다.

> 그후에 이태왕(李太王) 장일(葬日)날 집회에 참례하랴가는 길에서 L씨의게 상아탑씨가 나를 찻드라는 전언과 육칠 년 전에 동경 신전구(神田區) 성천관(聖天館)에서 뵈옵든 형이, 곳 상아탑씨라는 희보(喜報)를 전하여줌이 형를 다시만나 븨온 동기이엇소이다.[72]

황석우와의 교류 결과였을 수도, 아니면 그보다 먼저 교류가 있었던 최승구의 영향이었을 수도, 아니면 염상섭 자신의 내면적 고민이 응축되고 정리된 결과일 수도 있지만, 1920년대 초반 염상섭의 머릿속에는 개인의 자유를 표출하는 것, 혹은 그것을 획득하는 수단으로서의 예술의 개인성을 핵심으로 설정한 예술관과 노동운동을 통한 사회변혁의

71 한기형, 「초기 염상섭의 아나키즘 수용과 탈식민적 태도―잡지 『삼광』에 실린 염상섭 자료에 대하여」, 『한민족어문학연구』, 한민족어문학회, 2003; 이철호, 「1910년대 후반 도쿄 유학생의 문화 인식과 실천」, 『한국문학연구』 제35호, 동국대 한국문학연구소, 2008.12 참조.

72 霽月[염상섭], 「象牙塔兄끠」, 『삼광』 제2호, 1919.12, 40면.

지가 동거하고 있었다. 그 동거는 1920년대 초반 젊은 지식인들에게 매우 자연스러운 것이었다. 우리는 앞서, 오스기 사카에의 글을 통해서 인격적 자기완성이 '자유의지'의 기반이고, 노동자, 농민과 연대한 노동운동이 그것의 구체적인 실천방식이 되어야 한다는 논리를 확인한 바 있다. 1920년, 염상섭이 활동했던 주요 공간은 『폐허』와 조선노동공제회였다. 지금까지 한국문학사를 바라보던 주류 시각, '사상'과 '예술'에 대한 이분법적 시각에 의거하면 불연속적이고, 모순적인 그의 행보가 기실 당시의 시점에서 보면 적잖이 찾을 수 있는 젊은 지식인들의 행보였다.

우리가 이미 잘 알고 있는 염상섭의 1922년 글 「개성과 예술」과 1918년에 쓴 「현상윤씨의게 여(與)하야 '현시(現時) 조선청년과 가인불가인(可人不可人)의 표준'을 갱론함」을 비교하면 그 4년간 최소한 문학관에 관하여 염상섭에게 뚜렷한 변화는 없었으며, 그 일관성을 관통하는 핵심가치가 '개인'이라는 점을 알 수 있다.

> 대저 일국민의 취미성을 향상식힘이 그리 필요업다 할 수 잇슬가. 취미성의 비열은 곳 도덕적 타락을 유치함이 안인가? 더구나 내부적으로 충실한 실력을 양성하여야만 할 금일의 우리로는 이갓치 무의미한 듯하고 '불가인(不可人)'갓치 보이는 정신적 노력이 얼마나 필요한지 모르깃다.[73]

> 예술에는 작자의 개성, 다시 말하면 작자의 독이적(獨異的) 생명을 통하

73 霽月, 「玄相允氏의게 與하야 '現時 朝鮮青年과 可人不可人의 標準'을 更論함」, 『朝鮮青年』 제6호, 1918.4, 13면.

여 투시한 창조적 직관의 세계요, 그것을 투영한 것이 예술적 표현이라 하겠다. 그러함으로 개성의 표현, 개성의 약동에 내적 가치가 있다고 할 수 있고, 동시에 예술은 생명의 유로(流露)요, 생명의 활약이라고 할 수 있을 것이다. 이처럼 예술은 개성의 독창에 생명이 있는 것인 이상, 모조 모사에 예술적 가치가 없음은 명화를 석판에 복사한 것에 예술적 생명이 없음과 다른 것이 없는 것이다. 예술은 모방을 배척하고 독창을 요구하는지라, 거기에 하등의 범주나 규약과 제약이 없을 것은 물론이다. 생명의 향상 발전의 경지가 광대무야함과 같이 예술의 세계도 무변제(無邊際)요, 예술의 세계의 무변무애(無邊無礙)는 개성의 발전과 표현의 자유를 의미하는 것이다.[74]

이와 같은 문학관이 염상섭의 내면에 흐르던 시기의 복판, 1920년에 『폐허』는 창간되었고, 염상섭은 그 동인이 되었다. 또한 그런 생각의 끝에 한국 문학사에서 최초로 '개인'을 소설의 내부로 끌어들인 「만세전」이 생산되었던 것이다. 이는 매우 자연스러운 모습일 수밖에 없다. 우리는 그가 이미 『삼광』의 핵심 3인 중 한 사람이며, 『폐허』가 『삼광』과 밀접한 관련 속에 창간된 매체라는 것을 알고 있기 때문이다.

그런데 우리는 아직도 개인을 절대화하는 염상섭의 문학관이 어떤 방식으로 노동운동과 결합하는지 분명하게 이해하기 어렵다. 일테면 오스기 사카에의 발언을 통해서 염상섭의 조선노동공제회 활동을 이해해야 한다고 주장하기에는 그의 내면에 대한 궁금증이 너무 큰 여백으로 남을 수밖에 없기 때문이다. 1920년 발표되었으나, 1919년에 쓴 글

74 염상섭, 「個性과 藝術」, 『개벽』 제22호, 1922.3, 8면.

이라고 글의 말미에 밝히고 있는 「이중해방」에서는 당시 염상섭이 왜 노동단체 활동에 참여했는지를 이해할 수 있는 단초를 발견할 수 있다.

> 전쟁이 ᄭᅳᆺ낫다. 파리의 소위 미증유ᄒᆞ다는 세계개조의 회의도, 푸르락 불그락ᄒᆞ면서도 하여간 무사히 최후의 막이 나린 모양이다. (…중략…) 항여(巷閭)의 속중(俗衆)은 이것을 가라최 갈아ᄃᆡ, 세계는 개조되엿다. 인류는 영원ᄒᆞᆫ '유-토피아' 화단 아ᄅᆡ에 목침을 놉히귀고 잘수잇다고, ᄯᅥ든다. 그러나 나의 눈에는 장군의 흉간에 보지못ᄒᆞᆫ 훈장이, ᄯᅩ ᄒᆞᆫ개 매여 달닌 것 밧게 빗치지 안는다. (…중략…) 세속의 잡배는 이것을 가라최 갈아대, 사회는 개조되엿다 혹은 된다고 찬송ᄒᆞᆫ다. 그러나 나의 귀에는 탐욕과 인색(吝嗇)의 검은 소리가, 위선의 감언을 토ᄒᆞ는 것 밧게 들니지 안는다. 그 이상의 광경이 안이다. 세계개조, 사회의 개조 (…중략…) 진실로 인류를 위ᄒᆞ야 경하ᄒᆞᆯ 만ᄒᆞᆫ 천래의 복음이다. 그러나 '해방'을 전제로 ᄒᆞ지 안는 개조, '해방'을 의미치 아는 개조, 부분적, 비세계적 개조는 쓸데업다. ᄯᅩ다른 새로운 화근을 잉태ᄒᆞᆫ 개조인 ᄭᆞ닭이다. 나는 '해방'을 예상치 안코는 개조를 생각ᄒᆞᆯ 수 업다. '해방'의 갈구가 개조의 유일의 동기요, '해방'의 획득이 그 결과가 안일지경이면, 개조는 도로혀, 우리 민중을 도탄에 인도ᄒᆞᆷ에 지나지 안는다. 우리는 그 참담ᄒᆞᆫ 불행을, 유사이래로 계속ᄒᆞ여왓다. 사이비의 개조는 생각만 ᄒᆞ야도 소름이 씻친다. …… 내적해방과 외적해방, 영의 해방과 육의 해방, 정치생활의 해방과 경제생활의 해방, 이 양자이외에는 오인의 노력의 대상이 업다. 해방의 욕구는 인류의 본능이오, 권리요, ᄯᅩ한 공통ᄒᆞᆫ 노력이다. 이것을 통절히 자각ᄒᆞ고 열렬심각히 추구ᄒᆞᆷ으로써만이다 이것으로만 능히 진정ᄒᆞᆫ 개조를 기도ᄒᆞᆯ 수 잇다.[75]

제1차 세계대전이 끝난 후 새롭게 구축된 세계질서에 대해 그는 "장군의 흉간에 보지 못한 훈장이, 또 한 개 매여 달린 것"에 지나지 않는다며 냉소적인 시선을 보인다. 이는 제국주의적 세계질서에 항거했던 3·1운동의 실패를 누구보다 가슴 아프게 받아들였던[76] 염상섭의 입장에서 제1차 세계대전 후 새로운 세계질서가 승전국들의 제국주의적 욕망을 드러낸 것에 지나지 않는다는 인식을 표출한 것이다. 또한 이것은 실력양성론에 기초한 개조론이 "위선의 감언을 토하는" 허망한 논리였다는 것을 확인할 수 있는 상황이기도 했다.

이와 같은 상황에서 염상섭이 생각한 새로운 방식의 해방은 "내적 해방과 외적 해방", "정신적 해방과 물질적 해방", "정치생활의 해방과 경제생활의 해방"을 동시에 추구하는 것이었다. 우리는 이 지점에서 염상섭이 받아들인 아나키즘이 자신의 내면이 아니라 현실과 사회를 향해 표출되는 근거를 확인할 수 있다. 그가 노동단체 활동에 참여하는 이유 또한 이와 같은 맥락에서 이해할 수 있다. 그는 이를 노동자와 운동을 통해 해방의 "전진곡"[77]을 합창하는 일이라고 표현했다.

이와 같은 상황을 고려하면, 염상섭의 『폐허』 참여를 단지 『삼광』이나 황석우와의 관계만으로는 설명할 수 없다는 결론에 닿을 수 있다. 1920년, 세계질서가 밝은 방향으로 개조될지도 모른다는 희망, 또 그와 같은 개조 흐름 속에 일제강점에서 벗어날 수도 있을지 모른다는 희망, 또 그런 거대한 물결 속에 한사람의 개인으로서 자유를 구가할 수

75 염상섭, 「二重解放」, 『삼광』 제2호, 1920.4, 3~5면.

76 염상섭은 1919년 3월 19일 오사카 한국인 노동자대회에서 발표할 목적으로 「독립선언서」를 작성한 바 있다.

77 염상섭, 「勞動運動의 傾向과 勞動의 眞意」, 『동아일보』, 1920.4.20.

있을지도 모른다는 희망이 일시에 사라진 후, 염상섭이 취한 행동은 노동단체와 『폐허』에 참여하는 것이었다. 그러므로 이 두 결정은 매우 현실적이고 사회적인, 나아가 이념지향적인 행위였다.

4. 『폐허』와 『공제』

조선노동공제회는 지식인들과 노동자, 농민이 동참한 조직이었다. 대체로 하부 조직 활동은 농민이 주도했고, 지식인들의 역할은 강연회 연사로 활동하고 기관지 『공제』에 글을 기고하는 것에 집중되었다. 공제회는 1922년 말까지 6회에 걸쳐 경성에서 강연회를 열었는데, 여기에는 『신생활』 편집인 김명식과 『폐허』 동인 황석우와 염상섭, 또 당시 동인지 활동에 활발하게 참여했던 정태신 등이 강연자로 참가했다. 구체적으로 강연의 내용이 무엇이었는지를 전체적으로 확인할 수는 없으나 『동아일보』 기사에 보도된 것을 참조하면 1920년 5월 1일 종로 청년회 대강당에서 열린 제1회 강연에서는 상호부조론에 입각하여 노동의 신성성을 강조하고, 경제적 계급의 모순 등에 대한 내용이 강연되었던 것으로 보인다.[78] 『공제』 창간호뿐만 아니라, 제7호와 제8호까지도 크로포트킨의 저작이 번역 수록되었던 것을 보면, 적어도 『공제』 편집진에 대한 크로포트킨 사상의 영향력이 적지 않았음을 알 수 있다.[79]

78 『동아일보』, 1920.5.3.

79 조선노동공제회 관련 초기 연구자였던 권희영은 당시 『공제』의 편집진을 1기와 2기로 나누어 1기 편집진이었던 조성순, 김두희, 정태신, 남상협이 주도했던 초기에는 '노자협조주의'가 주류였던 데에 반해, 2기 조성순, 여환옥, 신백우, 이견익, 유진희가 주도했던

그런데 『공제』는 단순한 조선노동공제회의 기관지에 그치지 않았던 것으로 보인다. 『공제』 창간호에는 「축사」와 「권두사」를 비롯해서 총 50편에 달하는 글이 수록되어 있는데, 이중 약 20%가 문학·예술에 관한 글이다. 구체적으로 총 8편의 시와 3편의 수필, 번역소설 1편이 수록되었으며, 유진희가 '무아생(無我生)'이라는 필명으로 기고한 「노동자의 문명은 여사(如斯)하다」에서 한 장으로 분리 서술한 '노동자의 예술'이 그것인데, 나혜석이 〈조조(早朝)〉라는 제목의 그림을 수록하고 있는 것도 눈에 띄는 대목이다.[80]

『공제』 창간호에 글을 수록한 『폐허』 동인은 이혁로와 나경석이다. 여기에 조선노동공제회 강연회 연사로 참여한 황석우와 염상섭을 더하면 4명의 동인이 어떤 방식으로든 조선노동공제회와 관련을 맺고 있었다. 이런 사실을 근거로 『폐허』 동인들 중 상당수가 노동조합주의자였다는 결론을 도출하려는 것은 아니다. 문제는 당시 노동조합 결성을 통한 노동운동이 『폐허』 동인을 비롯한 지식인들에게 '어떤 의미였는가?'이고 또 공제에 시를 기고하는 일이 그들에게 '어떤 의미였는가?'일 것이다.

후기에는 사회주의적 경향이 강화되었다고 주장하면서, 1기 편집진 가운데 정태신만이 계급주의적 입장을 보인다고 분석한다(권희영, 「조선노동공제회와 '共濟'」, 『정신문화연구』 제51호, 한국학중앙연구원, 1993.6 참조). 이와 같은 분석은 일면 타당하지만, 아나키즘, 특히 아나코-생디칼리슴을 비롯한 사회주의 계열 지식인들의 영향력은 『공제』 창간부터 종간까지 지속적이었다는 것이 보다 정확하다고 하겠다. 특히 '상호부조론'에 입각한 노동관과 세계관은 『공제』의 주류를 형성하는 논리였다.

80 『공제』 창간호에 수록된 시와 소설의 제목과 작자는 다음과 같다. 괄호 안은 필자의 본명이다. 양명(정태신)의 시 「새생명」, 서춘의 시 「수양의 노래」, 양산의 한시 「공제」, 보성(이혁로)의 시 「그가 뉘냐」, 용석의 시 「사랑의 노래」, 가람(이병기)의 시 「수레 뒤에서」, 두남(나경석)의 수필 「들어안저서」, ㅎㄹ생(이혁로)의 시 「배암에 물린 참새」, 설루생의 번역소설 「남색안」.

그 의미를 가늠하기 위해 『공제』와 『폐허』에 각기 수록된 이혁로의 시를 비교해 본다. 먼저 『폐허』 창간호에 수록된 「네발자국 소래」이다. 좀 길지만 전문을 보자.

層層흔 巖石 屍體듯시 沈默하고
枯木이 슬피 섯는 쓧업는 曠野에
恐怖의 밤은 地平線 건너편에서

죽음의 使者갓튼
神秘의 가마귀 세넛 압세우고
검은 활기펴치며 나를 아느려 오네

파리한 가슴 흙에 半씀뭇치고
감은 눈에는 獨孤과 懺悔의 눈물 고이엿스니
눈 썸버기든 별 비갓치 써러지고
쑴처럼 희미한 먼 山들이
悲哀에 늣기며 갓가이 오네

멀니 들이는 混亂흔 音響
주린 獅子의 쫏는 砲吼도 갓고
地軸을 부시랴는
惡魔의 아우셩인가
地球의 心臟은 恐怖에 쒸노니

蒼穹이 떨고 갈나지랴ᄒᆞ며

神秘의 다든 門 열니여지며 엿보이니

無限ᄒᆞᆫ 幽遠에 ᄂᆡ가 落×되네

홰불들어 암흑을 갈느고 갓가이 와

彷徨하ᄂᆞᆫ ᄂᆡ魂을 빗최랴하며

ᄂᆡ 가슴에 깁히 긋친 무근 거문고

헛터진 줄 다시 골나 울이여주니

寂寞한 枯木에 生命의 불이 붓고

죽은듯한 沈思의 宮殿에

그윽한 共鳴의 鐘소ᄅᆡ 이러나네

네발자국 소ᄅᆡ 滿滿 갓가이 올

멈추엇던 별이 다시 步調 맛추어주나

파리ᄒᆞᆫ ᄂᆡ 魂에 감기엿던

무서운 結迫의 쇠사실이

最後의 심슬을 다ᄒᆞ니

고요이 자던 죽음의 거문 바다가

숫업ᄂᆞᆫ 입을 열매

××의 이슬 아아 ᄂᆡ 마음이

戰慄의 微動에 사려지랴 ᄒᆞ네

다음은 이혁로가 '보성'이라는 필명으로 『공제』 창간호에 수록한

「그가 뉘냐」와 'ㅎㄹ생'이라는 필명으로 수록한 「배암에 물린 참새」의 일부분이다.

> 神秘한 가슴에 幽遠한 물ㅅ결이
> 纖麗한 旋律에 춤추고
> 沈默한 검은 바위틈으로
> 흐르는 눈물새음에
> 내던진
> 孤獨한 그림자야
> 그가 뉘냐
> 아- 그가 뉘냐
>
> —「그가 뉘냐」 부분

> 冷酷운 自然은 無心하게
> 푸른 잠에 들냐할際
> 紅寶石가튼두어방울피가
> 殘虐者의 손에 빗나고
> 最後의 戰慄의 微動이
> 神秘한 沈默에 사라지네
>
> —「배암에 물린 참새」 부분

활용하고 있는 시어에서도 공통점을 찾을 수 있지만, 이른바 상징주의에 영향을 받은 시풍 자체가 두 매체에 수록한 세 편의 시 사이에서 공통적으로 드러나고 있다. 사실 『폐허』에 수록된 시들은 염상섭, 황석우, 이혁로의 시 사이에서 뚜렷한 차이를 발견하기는 어렵다. 그러나 뚜렷한 것은 이혁로의 시와 『공제』 창간호에 수록된 다른 시들 사이에는 눈에 띄는 차이가 보인다는 점이다. 『공제』 창간호에 수록된 다른 시들은 민요풍의 시들이 많으며, 한시가 수록되기도 하는 등 대체로 보수적인 형식을 취하고 있다.[81]

우리는 황석우, 염상섭, 이혁로, 나경석 등 『폐허』 동인이 단지 문인의 입장에서 『공제』에 시를 투고하거나 강연회 연사로 참석한 것이 아니라는 점을 확인했다. 그런데 그들이 『폐허』에 수록한 작품들의 시풍과 『공제』에 수록한 작품의 시풍에서 차이를 발견하기 어렵다는 것은 이들이 당시 매료되어 있었던 이른바 상징주의에 기울어진 문학적 글쓰기 방법과 아나코-생디칼리슴에 영향을 받은 이념 기반의 활동을 뚜렷하게 분리하지 않고 있었다는 점을 말해주는 것이다. 특히 그러한 분류가 어떤 의미인지는 모르겠으나 이른바 '비전문 문인'이라는 분류에 포함될 이혁로의 시 역시 황석우나 염상섭 등의 시와 마찬가지로 상징주의 풍의 시이고, 또 그것이 『폐허』와 『공제』에 수록한 시들 모두에 동일하게 드러난다는 것은 이러한 판단에 힘을 더해준다.[82]

81 『공제』에는 뜻밖에도 가람 이병기의 시가 수록되어 있다. 이병기가 노동운동에 관심이 있었다는 사실은 알려진 바가 없고, 또 『공제』에 시를 수록하고 있다는 점만으로 당시 이병기의 가치관을 가늠하는 것은 어려운 일이다. 「수레 뒤에서」라는 이병기의 시는 율격이 확인하게 드러나지만, 상대적으로 긴 산문시의 형태로 '가난한 농민과 소의 유대관계', '부자에 대한 적개심', '농촌의 처참한 가난' 등을 표현하고 있다. 정확한 필자가 누구인지 확인하지 못한 '용석'의 시 「사랑의 노래」 역시 3음보 율격이 뚜렷한 형식으로 '희망'에 목마른 시적 자아의 슬픔을 표현하고 있다(김선학, 『한국 현대문학사』, 동국대 출판부, 2001, 318면 참조. 이 책에서 저자는 『공제』에 수록된 이병기의 「수레 뒤에서」를 그가 발표한 첫 번째 시로 확인하고 있다).

82 시 자체만 놓고 본다면 이병기의 시가 더욱 사실적이며, 『공제』가 추구하는 노동조합주

우선 저자는 책의 제1장에서 주장했던 바를 다시 반복하고자 한다. 제1장에서 저자는 황석우가 지녔던 아나키즘과 상징주의에 대한 관심과 이에 따른 행동, 박헌영이 지녔던 사회주의와 영미 이미지즘에 대한 관심과 활동이 지금의 시점에서 보면 매우 혼란스럽고 이중적인 태도로 보이겠지만 당시에 그것은 작품의 창작방법과 이념이 하나의 진영논리로 구분되지 않은 채 받아들여졌을 것이라고 주장한 바 있다. 이는 당연한 것이다. 당시 젊은 지식인들에게 진영논리가 있었다면, 그것은 '낡고 오래된 것'과 '새롭고 혁신적인 것' 중 어느 것이냐 정도였다. 상징주의든 자연주의든 그것은 새롭고 혁신적인 것이었으므로 상대적으로 진보적인 지식인들에게 진보적이며 발전적인 것, 보편적인 것이었다. 더군다나 당시 젊은 지식인들은 3·1운동 실패의 좌절감[83]을 누구보다도 깊이 현장에서 겪은 사람들이 아닌가.

그렇다고 해서 『폐허』 동인들의 입장이 새롭고 혁신적인 것에 대한 치기어린 관심이라고 말할 수는 없다. 주지하다시피, 그들은 젊은 나이에 일본과 한국을 오가며 부지런히 지적 성장을 도모했던 인물들이고, 나아가 현실에서 자신들이 해야 할 일들을 찾고 실천에 옮겼던 인물들이다. 특히 대다수가 일본 유학을 경험했던 그들은 일본 아나키즘의 전성기와 마르크스주의의 태동기에 일본에 있었으며 실제로 아나키스트를 포함하여 적잖은 일본인 사회주의자들과 직접 교류했다. 특

의에 맞는 시이다.

83 사실 『폐허』가 되었든 아니면 다른 매체가 되었든, 어쩌면 조선노동공제회까지도 1920년대의 적극적인 언론운동과 문화운동은 3·1운동의 실패가 만들어 놓은 정치의 장에 핀 새로운 꽃들이었다. 『폐허』 동인들 중 한국에서든 일본에서든 3·1운동에 관련되지 않은 사람은 드물다. 이는 조선노동공제회도 마찬가지이다.

히 당시 일본인 아나키스트들은 한국인의 독립의지와 노동자 농민조합 결성 운동을 세계주의의 입장에서 옹호하고 실질적인 도움을 주었기 때문에 젊은 재일 한국인 지식인들에게 아나키즘에 대한 신뢰가 높았다.

이와 같은 상황 속에서 자신들의 입장과 당시 식민지 조선이 처한 상황을 객관화하고, 이를 다양한 방식으로 표출하려는 젊은 지식인들의 의욕은 높아졌다. 이런 의욕에 가장 큰 영향력을 행사한 것이 사상적으로는 아나코-생디칼리슴이었고, 문학적으로는 상징주의였다. 『폐허』와 『공제』에 당시 상징주의와 노동운동의 세계적 추세나 일본의 현황 등을 소개하는 글이 빠짐없이 수록된 이유도 이와 같은 맥락 위에서 이해해야 한다. 퇴폐적이고, 감상적이라는 냉소적 평가를 받았던 『폐허』에 수록된 염상섭의 「저수하(樗樹下)에서」는 이처럼 대상을 객관적으로 바라보고 분석하려는 그들의 입장이 상징적으로 서술되고 있다.

> "사(死)는 예술이다. 인간만사 사로써 해결한다. 세상의 모든 고통을 써나 종용(從用)히 사를 생각할 째 사의 예술을 안다."
>
> 이것은 결국 주관의 문제다. (…중략…) 사라는 사실을 객관화하여 일개의 관념을 작성하고 그 관념 속에서 미를 멱출(覓出)하야서 다시 자기 주관내에 예입(曳入)할 째, 사는 예술일 수가 있다 하겟다. 그러나 모든 사 그 자체가 예술이라고 생각할 수는 업다. 오직 관념에 의하여 형상화하야 그 속에 미와 생명이 유동할 째에만 예술일수가 잇다. (…중략…) 사의 형식이 예술적 표현을 구비할 째는 물론이려니와, 그러한 형식을 결(缺)하얏슬지라도, 사자 자신의 관념만 예술적 조건에 의하야 형성되얏스면, 역시 그 사는 예술이라

하랴 한다. (…중략…) 요컨대 이것은 엇의까지던지 사의 당사자는 주관을 존중하는 관찰이다. 그러나 예술에는 표현의 형식은 무시할수는 업다. 함으로 사를 예술적으로 화(化)하랴면 상당(相當)한 형식를 요한다.[84]

저자는 염상섭이 말하는 '상당한 형식'을 '자연주의'라고 생각한다. 앞서 백대진의 소설과 자연주의에 관해 논의한 바 있지만, 시에서는 상징주의, 소설에서는 자연주의라는 의식이 당시 『폐허』 동인 사이에 자리 잡고 있었던 것이 아닌가 한다. 어떤 동의가 있었을 리는 없고, 자연스러운 상호이해이거나, 아니면 그런 것을 꼼꼼하게 따질 필요성이 없었을 지도 모르겠다. 다소 무책임해 보이는 저자의 이런 추측은 결국 『폐허』 동인들의 동질감, 남궁벽이 말한 '갓튼 자'라는 인식의 근거를 상징주의나 자연주의라는 우리에게 익숙한 문학용어가 아닌, 보다 현실적이고 사상적인 차원에서 찾아야 할 것이라는 판단에서 비롯된 것이다.

5. 『폐허』와 『신생활』

『신생활』은 1922년 3월 11일 창간되어 1923년 1월 8일까지 총 16호를 발간했는데, 거의 매호 압수를 당할 만큼 당국과 마찰이 심했다. 『신생활』은 대체로 마르크스주의자들이 주도했던 매체라는 평가가 많은데, 이는 편집주간이었던 김명식이 마르크스주의자였고, 당시 매체

84 염상섭, 「저수하(樗樹下)에서」, 『폐허』 제2호, 65~66면.

의 주요 필진이 훗날 마르크스주의자가 되었다는 사실에 근거한 것이다. 그러나 『신생활』에 실린 글들을 일별해보면 아나키즘과 마르크스주의가 분화되지 않았던 1920년대 초반 한국 지식인들의 사상 경향과 특성을 느낄 수 있다. 실제로 주요 필진이었던 정백(鄭栢)의 경우 스티르너, 크로포트킨 등 아나키스트들의 글과 마르크스주의에 입각한 글을 번갈아 소개하고 있는데, 이는 당시 주요 필진들이 생디칼리슴에 입각한 아나키즘 운동과 마르크스주의에 입각한 노동해방운동을 경제투쟁이라는 차원에서 분명하게 구분하지 않았기 때문이었다.

『폐허』 동인들은 『신생활』에도 활발하게 글을 수록했다. 변영로는 창간호가 압수되는 바람에 사실상 창간호로 발간된 제2호에 「봄비」, 「추억만이」를 수록하는 등 매체발간 초기에 시를 활발하게 게재했고, 남궁벽의 유고시, 또 염상섭의 「만세전」이 『시대일보』에 연재되기 전에 「묘지」라는 제목으로 1922년 『신생활』 제7호와 제8호에 총 2회 연재되었다. 염상섭의 「묘지」가 『시대일보』로 지면을 옮긴 것은 『신생활』 폐간 때문이었다. 『폐허』 동인 대부분이 아나키즘과 어떤 방식으로든 연결되어 있었던 것은 사실이지만, 그들 중 마르크스주의자 진영으로 자신들의 사상을 전환시킨 인물은 이혁로가 유일하다.[85] 이는 이들 동인이 노동자 문제, 농민 문제, 자본주의의 모순에 대한 문제의식과 함께 마르크스주의와의 거리감도 적당한 선에서 유지하고 있었음을 보여준다. 이는 뒤에서 다룰 『백조』 동인들과 분명하게 구별되는 지점이다. 이는 무엇보다도 그들이 '자유'를 최종적인 삶의 목표로 설

85 황석우가 마르크스주의로 사상을 전환했다는 평가는 그가 생디칼리슴 계열의 아나키즘을 표방한 것을 부정확하게 해석한 것이다.

정하고 있었기 때문일 것이다. 훗날 CAPF가 해산된 뒤에 염상섭이 안타까움을 표했던 사실도 흥미로운데, 그만큼 그들의 사상적 경향이 개인적 자유와 탈계몽, 혹은 탈교조주의를 지향했다는 것을 알려준다.

제4장

『백조』와 아나키즘

1. 『백조』와 사상

'자유시', '상징주의', '낭만주의', '데카당스', '신경향파 문학의 모태', '퇴폐성', '센티멘탈' 등 다양한 수사가 『백조』 동인들을 설명하는 자리에 동원된다. 그 수사의 홍수 속에 정작 우리는 아직 『백조』 동인들을 잘 알지 못하고 있는 느낌이다. 『백조』 동인들 각자의 면모를 이해하고 규정하는 일, 혹은 『백조』 동인들 일부, 혹은 한사람의 내면 일부를 이해하는 데에는 성공하고 있지만, 정작 『백조』를 포괄적으로 설명하는 언어는 찾아내지 못하고 있는 것이다. 필요한 것은 지금 현재가 아니라, 1922년 언저리의 관점에서 『백조』가 무엇이었는지를 이해하는 것이다. 이를 위해서 이 절에서는 개인, 이념, 문화라는 세 개의 축을 상정하고 논의를 진행해 볼 것이다.

앞서 살펴본 1920년대 한국 젊은 지식인들이 처해 있었던 정치, 사회적 상황과 인적 네트워크, 아직 미분화된 상태로 그 영향력을 발휘해 가던 한국의 초기 사회주의, 상징주의와 자연주의로 대표되는 문학사상의 영향력 등은 『백조』의 등장을 추동시킨 다양한 요인들이다. 그러나 최근까지도 『백조』에 대한 평가와 이해는 1940년대 임화[86]와 백철[87]이 가했던 『백조』에 대한 평가에 비해 넓은 시야를 확보하지 못한 상태이다.[88]

이와 같은 상황에서 최근 『백조』의 창간 과정을 홍사용과 박종화 그리고 정백의 관계를 중심으로 추적하고 있는 정우택의 연구는 시사하는 바가 크다.

> 『문우』 이후 『백조』까지 약 1년 6개월 동안 박종화, 홍사용, 정백은 각자의 길을 모색해 왔다. (…중략…) 『백조』 발간 무렵인 1922년 1월 4~5일 자 일기에서 박종화는 "주의와 주장의 분규, 성격과 성격의 파탄, 아! 참으로 이것이 얼마나 ×한 것인가. 상극! 불과 물로써 일어나는 반역과 홍소(哄笑)! 이것이 그 진실에 나아가려는 환경 무도(舞蹈)의 광발(狂勃)의 율조(律調)이다"라며 불과 물처럼 상극이 된 둘의 관계에 대해 안타까운 심정을 표현하

86 임화, 「'백조'의 문학사적 의의」, 『춘추』, 1942.11.
87 백철, 앞의 책.
88 "1920년대 초의 시단에서 가장 특징적으로 드러나는 것은 퇴폐와 감상에 빠진 몇몇 시인들의 활동이 두드러진다는 점이다. 이들은 현실의 제 모순에 대한 합리적 이해와 극복의 전망 대신 극단적인 정서의 과잉 감상성을 보여줄 뿐 아니라 강한 현실도피적인 경향을 보여준다. 이를 일러 감상적 낭만주의라고 부르거니와 이 같은 경향은 『백조』를 중심으로 한 일군의 소부르주아 지식인들에 의해 주도된 1920년대 초기 시단의 한 모습이었다"(김재용 외, 『한국 근대 민족문학사』, 한길사, 1995, 355면 참조)와 같은 관점이 이를 대표한다.

고 있다. 박종화가 『백조』를 기획하면서 정백을 배려하여 『흑조』를 구상했다 하나, 사상적 문학적 경향의 간극으로 인해 세 사람이 같은 그룹으로 묶이기에는 현실적인 어려움이 있었다. 정백은 『서광』 시절부터 관계를 맺었던 이병조와 김명식, 신일용 등이 주도하는 신생활사에 합류하여, 1922년 3월 '평민문화의 건설'을 목적으로 『신생활』을 창간하였다. (…중략…) 박종화, 홍사용과 정백의 분리, 『백조』와 『신생활』의 분리는 개인적 차원을 넘어서는 중요한 의미를 갖는다. 즉 1919년 3·1운동으로 촉발된 청년들의 활동은 문학성과 정치성, 전문작가와 아마추어작가의 경계가 분명치 않은, 하나의 미분화된 열망과 욕망의 에너지였다. 그 열망과 욕망의 에너지가 『백조』 시기를 전후하여 분화되기 시작한 것이다. 세 사람의 예를 들어 좀 더 분명하게 말하면, 정치성이 『백조』의 문학성으로부터 스스로를 분리하여 생활의 정치성으로 응집되었다고 할 수 있다. (…중략…) 안정된 출판 자본을 바탕으로 문예와 사상, 출판과 매체를 결합하여 문화를 향상시키는 데 기여하고자 했던 이들 문학청년들의 '뜻'은 바야흐로 문예와 사상으로 분화되는 지점에 이르게 된 것이었다.[89]

이와 같은 분석은 보다 넓은 시야로 『백조』 동인들의 활동을 이해하는 단초를 제공하고 있다는 점에서 상당한 신뢰성을 지닌다. 그러나 『백조』와 『신생활』의 분리가 그들이 각각 완전히 다른 세계로 각자의 길을 떠난 것을 의미하지는 않는다. 『백조』는 어차피 문학 동인지라는 좀 특수한 성격을 지니고 있었기 때문에 동인들만의 폐쇄적인 특성을

89 정우택, 「한국 근대시 형성과정에서 '정치성'의 범주」, 『국제어문학회 학술대회 자료집』, 국제어문학회, 2009.10, 31면.

보이고 있었고, 또 그것이 특별한 의미를 지닌다고 보기도 어려울 것이다. 문제는 『신생활』인데, 『신생활』이 보다 현실적이고 사상적인, 혹은 정치적인 입장을 강하게 드러내는 매체였다는 점은 분명하지만, 그렇다고 해서 사회주의자들만의 폐쇄된 매체는 아니었다. 이는 변영로, 이광수, 노자영 등 『백조』 동인들이 창간 당시부터 폐간 무렵까지 지속해서 『신생활』에 작품을 수록하고 있다는 점만으로도 확인할 수 있는 점이다. 물론 이들이 『신생활』에 수록한 글들은 문학작품들이었는데, 마르크스주의에 현저하게 기울어져 있었든 그렇지 않든 간에 사회주의를 명백하게 표방하고 있었던 『신생활』에 글을 수록하고 있었다는 점은 『백조』 동인들과 『신생활』 편집진, 특히 정백과의 사이에 분명한 진영논리가 작용하지 않고 있었다는 점을 보여준다고 하겠다. 그렇다고 해서 『신생활』에 투고한 『백조』 동인의 시가 『백조』에 수록했던 작품들과 어떤 편차를 보이는 것도 아니었다. 『신생활』 제2호에 실린 변영로의 시 「추억만이」를 보자.

> 모든 '現實'은 永遠히
> 아이삐[藤]의 그늘로 가리워져라
> 그리하여 이슬갓흔 追憶만이
> 그의 슬픈 光榮 가운데서 昏絶케 하여라.
>
> 우리의 生은 다만 그윽하고 머-ㄴ
> 記憶과 記憶과의 連鎖인 것뿐이다
> 그리하야 '理論'과 '事實'의 홰불이

우리에게 빗초일 때, 우리는 움치러진다—

해빗에 내노은 올뱀(梟)이 모양으로!

그럼으로 幻像을 더 分明히 보려고
우리는 눈을 곱게 감는 것이 아니냐?
夕暮의 燦然한 光榮 가운대서는
우리는 敬虔하게 고개를 숙이지 안나냐?

아! 모든 '現實'은 永遠히—
보라빗 金빗의 얄븐 깁으로 가리워져라
그리하여 아렴풋한 追憶만이
모든 두려운 '現實'의 그늘에서
곱게 그윽하게 치맛자락을 쐴게하여라[90]

『신생활』에 수록된 이 시를 앞에 두고, 우리는 『백조』는 무엇이고, 『신생활』은 무엇이며, 이 두 매체의 관계는 무엇이었는지에 대해 몹시 혼란스러운 감정에 빠지게 된다. 『백조』의 주축이었던 홍사용이나 박종화와 입장이 달랐다고 알려지는 정백이 '로초(路草)'라는 필명으로 『신생활』에 수록했던 시를 살펴보면 적어도 『신생활』에 수록된 문학 작품들 간에는 두 개의 세계가 공존하고 있었음을 알 수 있다.

90 『신생활』 제2호, 1922.3, 35면.

暗黑을 깨트리고 닷는 별불을
행혀나 길이 보과저 웃둑서나
아아 이미 스러진뒤에 선 나의 애처로움

이 끌는 心臟에 별들을 싸서 담을것처럼
虛空을 치어다 보고
나는 定限업는 발길을 때어놋는다.

—「暗黑을 깨트리고」 부분[91]

우리 젊은 동무들아
우리 무쇠 팔뚝을 한데 묵그자
저 하늘을 찌저버려라
地球를 밟어 욱게자
해와 달을 싸다가 깨트려라

이럿케 캄캄한 세상에
이럿케 虐待만흔 세상에
光明은 누구를 爲해 잇는냐
征服을 밧는자의 머리둘곳은 어데냐

—「머리둘곳은어데?」 부분[92]

91 『신생활』 제6호, 1922.5, 118면.
92 『신생활』 제7호, 1922.6, 125면.

이 두 작품은 모두 비애를 드러내고 있지만, 특히 「머리둘곳은어데?」 같은 작품은 분명히 사회적 발언을 보여주고 있다. 『신생활』에 수록된 주요 필진의 시와 변영로의 시에는 이미 분명한 차이가 발생하고 있었다. 이런 상황은 왜 발생한 것일까? 물론 정백과 『백조』 동인들 간의 우정을 무시할 수는 없을 것이다. 그러나 그것만으로 모든 점을 이해할 수 있는 것이 아니다. 이런 공존이 의미하는 바는 무엇일까? 『신생활』이 '퇴폐적'이고 '감상적'인, 데카당스의 분위기에 관대했던 것일까? 아니면 표면적으로는 퇴폐적이고, 감상적인 경향의 작품들로부터 새로운 사회주의 문학의 맹아를 통찰해 낸 것일까? 아니면, 그와 같은 모든 사정을 헤아리지 않을 만큼 당시 젊은 지식인들 사이에는 동류의식이 흐르고 있었던 것일까? 『백조』와 사회주의 경향이 농후했던 『신생활』 사이에 흐르는 교류가 의미하는 것은 무엇일까?

2. 『백조』는 어디에서 왔는가?—개인과 공동체의 동시 발견

개별화되지 않는 인간은 한낱 추상적 개념에 지나지 않는다. 자기정체성은 타자와의 구별을 통해 개별화되지 않고서는 형성되기 어렵다. 개별화되지 않은 인간은 단지 인류의 구성원일 뿐이다. 그러나 그것만으로 인간을 설명할 수는 없다. 특히 지적인 삶을 추구한다는 것은 개별적 존재인 '나'를 넘어, 보다 보편적인 인간을 알고 싶다는 뜻이며, 또한 그런 인간의 보편성에 대한 인식을 바탕으로 나를 대상화하고, 분석한다는 뜻이기 때문이다. 이 개별성과 보편성의 융합이 지적인 자아가

세상과 맞서는 길이고, 스스로 자신의 삶에 소명을 부여하는 길이다.

1920년대 초반, 아나키즘과 상징주의, 자연주의 등으로 대표되는 새로운 사상과 지식, 예술론을 온 몸으로 받아들인 젊은 지식인들은 일제 강점 이후 한국사회 지식인들을 집단적으로 '한계지식인'으로 만들어버린 식민지 조선의 정치·사회적 환경에 노출된 사람들이었다. 물론 그들 탓이 아니었다. 자신의 의지와는 관계없이 그들은 그런 상황을 생태환경처럼 받아들여야 했다. 그들의 한 세대 위 선배였던 개화기 근대주의자들의 열등감 가득한 국가주의는 그들에게 아무런 감동도, 의미도 전해주지 못했다. 아나키즘과 상징주의는 그런 그들에게 '개인'을 발견하게 해 주었다. 그래서 그들이 근대사회에 던진 첫 번째 발언은 '나'는 '나'를 알았으며, 또 그것이 얼마나 가슴 벅찬 일인지도 알았다는 것이었다. 상징주의도, 낭만주의도, 자연주의도 다 그런 그들의 목소리를 담아냈던 '그릇'이었다. 그 '부서지기 쉬운 질그릇'[93]으로 그들은 무언가를 떠 마시고, 또 떠먹여주고 싶었던 것이다.

황석우가 「시화」에서 강조했던 '영률'은 개인이 태어나면서부터 본성적으로 자기 운명을 결정할 수 있는 능력과 권리를 지녔다는 생각, 인간은 자유롭다는 생각이 전제되지 않는다면 성립될 수 없는 개념이다. 그러나 이들은 자신들이 서 있는 현실이 인간에 의한 인간의 착취, 새로운 형태의 억압구조가 전개되는 현장이었다는 인식도 동시에 지니고 있었다. 이런 모순된 상황에서 그들은 기존의 폭력적 권위를 제한하고, 인간 각자에게 자유를 누릴 수 있는 능력을 부여하려는 순수한

93 황지우, 「시작(詩作) 메모」, 『겨울-나무로부터 봄-나무에로』, 민음사, 1985, 64면 참조.

목적으로 투쟁을 일으키고, 독려했다. 그들의 문학 활동과 정치적 활동은 이 두 개의 텍스트를 대하는 두 방식이었다. 그런데 이 두 방식 사이에는 근본적으로 긴장감이 형성될 수밖에 없는 조건이 있었다.

『백조』 동인들의 입장에서 생각해 보자. 아나코-생디칼리슴에 입각한 것이든 마르크스주의에 입각한 것이든 당시 사상운동과 언론운동을 주도했던 사회주의는 근본적으로 공동체주의였다. 공동체주의의 원칙은 관습을 만들고, 인간관계를 구조화할 수밖에 없다. 개인들이 스스로를 평등한 존재로 인식하고 공동체의 일원으로 인식하게 될 때 개인은 비특수화된 존재가 될 수밖에 없다. 그러므로 자주 공동체주의는 개인에게 정체성을 부여하는 교조적 특성을 보인다. 그렇다면 『백조』와 『신생활』로 대표되는 이 두 가치의 세계를 넘나든다는 것은 그런 질곡을 헤쳐 나가고 있었거나, 인정하지 않고 있었다는 것을 의미한다. 어느 쪽이었을까? 진영논리에 입각한 현시점에는 보이지 않았던 어떤 '면모'가 『백조』에 있었던 것일까?

3. '계몽'에서 '고백'으로 '민족'에서 '개인'으로

1920년에 발표된 이돈화의 글이다.

> 근래 — 세계를 통하야 참신한 흥미로써 인류의 자극을 여(與)하는 자는 문화라 운(云)한 신 숙어이니 세계의 신사조는 문화의 목표를 이상으로 하고 점차 — 그에 향하야 거름을 옮기게 되겟다. 그러면 문화라 함은 하(何)

를 지칭함인가. 오인은 차를 일언하야써 세계사조와 공히 동부동침(同浮同沉)함이 거의 우리 금일의 책임이라 할 수 잇다.[94]

1920년대 문화담론이 이른바 '개조론'과 연관되면서 상당한 영향력을 행사했다는 것은 이미 잘 알려진 사실이다. 그런데 이 문화론은 '민중'의 변화 혹은 '민중을 위한 문화'라는 보다 구체적인 실천 영역을 설정하고 있었다. 민중연극의 필요성을 강조하는 현철의 글은 이돈화가 관념적인 차원에서 제기했던 '문화'에 대해 구체성을 부여한다.

연극이 인류생활을 표현하는 것이기 때문에 모든 우리인류에게 부건(附件)되는 사회적 혹 개인적의 내부나 외부를 극으로 표시할 수가 잇는 것이며 그 효과로는 오락기관의 작용도 잇고 교화기관의 작용도 잇스며 그 전달의 효용은 피각(被覺)이 아니고 자각이며 강제가 아니고 자유이며 지적인 동시에 정적이고 소수가 아니고 다수인 것과 장시간이 아니고 단시간인 것과 재벌이나 문벌이 아니고 사민평등인 것과 식자계급이나 학자계급이나 무식자나 노동자나 하등의 차별이 업는 민중적인 특색이 잇는 것이다. 이러함으로 이 민중을 존중시하는 사회에서는 종교가는 민중극으로써 자기의 종지(宗旨)를 선전하랴고 하며 도덕가는 이것으로써 도덕을 전포(傳布)하랴고 하며 사회주의자는 이 민중극으로 그 주의를 주장하며 현시(現時) 로국(露國)은 그 국력으로써 연극을 장려하야 전국민중을 속성으로 다수로 교화하는 것은 모도 이러한 이유가 잇는 까닭이다. 우리의 이상요구를 실현하

94 백두산인(이돈화), 「文化主義와 人格上 平等」, 『개벽』 제6호, 1920.12, 10면.

> 게 하는 적당한 예술부문은 극장이다. 언제나 우리 민족 간에도 이러한 운동이 일어나서 허위 · 계급 · 빈부 · 혼돈 · 정리 · 시기를 벗어나 진실 · 평등 · 공제(共濟) · 상조(相助)의 진리를 차저 년년세세로 기천기만의 민중이 한가지 모듬에 참석하여 교화 · 쾌락 · 자극 · 울산(鬱散)을 구할 극장을 요구하게 될는지 우리는 "대학은 귀족적이요, 무대는 평민적이다. 우리 독일은 모든 계급적로부터 2만 이상의 배우가 민중을 위하여 노동함을 무엇보다도 자긍한다"는 '하아께만' 박사의 말을 이저서는 아니되겟다.[95]

이 주장은 특정한 이념이나 가치관을 강조하는 것이라기보다는 민중을 향한 문화가 필요하다는 점을 강조하는 것이다. 물론 이런 주장은 앞서 언급한 '개조론'의 영향을 받은 것이지만, 이전 시대에 있었던 국가주의에 입각한 계몽주의와는 다른 태도로 현실을 바라보고 '문화'라는 대안을 제시하고 있다는 점에서 1920년대의 성격을 형성하는 데에 적잖은 영향을 주었다. 현철이 왜 하필 연극을 강조하고 있는지 그 이유는 좀 불분명하다. 그러나 1910년대 후반 일본에서 이른바 '통속 연극 운동'의 영향력이 강했다는 사실을 상기하면, 그가 말하는 '민중'에 대한 이해도를 높일 수 있을지 모르겠다.

다이쇼 통치 시기였던 1910년대 중반 일본에서는 문화담론이 광범위하게 형성되었다. 당시 각기 문화담론은 다양한 모습을 띠고 있었는데, 그중 눈에 띄는 것은 노동자와 농민을 포함한 '민중예술'의 필요성을 제기하는 것이었다. 『와세다문학』 주요 멤버였으며, 일본 근대 미

95 현철, 「文化事業의 急先務로 民衆劇을 提唱하노라」, 『개벽』 제10호, 1921.4.1, 114면.

학론 수립에 큰 영향을 주었던 인물로 알려진 가네코 치쿠스이[金子筑水]의 글 「예술과 사회의 진보」 일부분을 보자.

> 그렇지만 우리들조차 일반사회와 마찬가지로 현재의 문단에 대하여 주문사항이 없는 것이 아니다. 문예가 정당한 의미에서 보다 특수화되고 보다 진보해감과 동시에 다른 한편에서는 널리 사회에 보급되어야 할 필요가 있다. 이러한 필요를 만족시키기 위해서는 단지 고급예술만이 아니라 널리 사회의 취미에 맞는 예술이나 문예가 있어야 한다. 널리 사회의 취미에 맞는 예술이란, 반드시 속되고 유치한 연예(연희, 예능)나 볼거리, 강담, 소설 등을 의미하는 것이 아니다. 취미로 보더라도 열등한 것이 아니라 가능한 한 기품 있고 다수에게 이해되기 쉬우면서 인간생활의 기본을 다룬 것, 그러한 종류의 포퓰러예술이나 문예를 원한다. 예를 들어 도쿠토미 로카 씨와 같은 작가가 우리 문단에 더 많았으면 한다. 혹은 단지 도시문학뿐만이 아니라 널리 농민이든 노동자든 모든 사회를 폭넓은 수완으로 표현해낼 예술이 필요하다.[96]

이 글을 통해서 그가 강조하는 '포퓰러예술'이 무엇인지 정확하게 이해하는 것은 어렵다. 그러나 이런 문제가 제기된 것이 '통속연극', '평범주의'가 유행하던 시기, 또 상대적으로 '데모크라시'가 강조되던 다이쇼시대였고, 이것이 '잠든 민중정신'을 일깨우는 것을 목표로 하고 있었다는 점을 감안하면, 문화적 계몽주의에서 크게 벗어난 것이라고 보

96 金子筑水, 「예술과 사회의 진보」, 『태양』 제19권 제2호, 1913.2(홍선영, 「1920년대 일본 문화주의의 조선 수용과 그 파장」, 『일어일문학』 제55집, 2005, 458면에서 재인용).

기는 힘들다. 그러므로 당시의 '문화주의' 역시 민족이라는 집단 관념과 먼 거리에 있는 것이 아니었다. 이런 특성이 1920년대 한국의 문화주의에 영향을 주었던 것이다.

실제로 당시 『개벽』을 중심으로 전개된 문화론에는 사회를 인간 신체와 같은 유기체로 이해하는 유기체론이 하나의 전제로 기능했다. 그래서 당시 한국에서 문화는 개인의 인격을 완성하는 것이 아니라 민족을 조형하는 역할을 부여받는다.[97]

그러나 우리가 지금까지 살펴본 바, 1920년대 초반 동인지활동을 주도했던 인물들, 그리고 노동자 계급의 경제투쟁을 선도했던 젊은 지식인들에게 이러한 논리는 수용되기 어려운 것이었다. 우선 그것은 그들이 그 무엇보다도 중요한 가치로 인식했던, '개인'이 배제된 문화론이었기 때문이다. 이와 같은 논리는 노동자 계급의 경제적 해방을 추구했던 아나코-생디칼리스트들이나 마르크스주의자들에게도 동의를 얻어내기 어려운 논리였다. 1920년대 초반 새로운 지식 흡수를 주도했던 두 그룹의 지식인들이 집중하고 있었던 '개인'과 '계급' 어느 쪽에도 설득력을 발휘하기 어려웠던 이런 문화론은 실제로 강한 비판의 대상이 되기도 했다.[98] 특히 개인의 감성과 자유를 절대화하면서도 노동자와 농민의 소외라는 근대적 사회모순에 동시에 관심을 기울였던 1920년

97 박현수, 「동일시와 차별화의 지식 체계, 문화 그리고 문학—1920년대 초기 문화론 연구」, 『상허학보』 제12집, 2004.2, 235~240면 참조.

98 1922년 6월에서 7월에 걸쳐 『신생활』 제6호에 수록된 신상우(申相雨)의 「春園의 民族改造論을 讀하고 그 一端을 論함」과 『신생활』 제7호에 수록된 신일용(申日鎔)의 「春園의 民族改造論을 評함」과 김제관(金霽觀)의 「社會問題와 그 中心思想」 역시 이와 같은 맥락에서 제기된 글들이다. 이에 관해서는 김현주의 논문 「1920년대 전반기 사회주의 문화담론의 수사학—사회주의는 사회비평을 어떻게 변화시켰는가?」, 『대동문화연구』 제64권, 2008, 24~33면 참조.

대 젊은 지식인들의 내면에 그와 같은 민족문화론은 낡고 저급한 것으로 이해되었을 것이다.

앞서도 언급했던 2·8독립선언의 중심 역할을 한 것으로 잘 알려진 염상섭은 도쿄조선기독교청년회의 기관지 『기독청년』 제6호(1918.4)에 「현상윤씨의게 여하야 '현시 조선청년과 가인불가인의 표준'을 갱론함」이라는 제목의 글을 게재한다. 반복되지만, 다시 한 번 같은 부분을 인용한다.

> 대저 일국민의 취미성을 향상식힘이 그리 필요업다 할 수 잇을가. 취미성의 비열은 곳 도덕적 타락을 유치함이 안인가? 더구나 내부적으로 충실한 실력을 양성하여야만 할 금일의 우리로는 이갓치 무의미한 듯하고 '불가인(不可人)'갓치 보이는 정신적 노력이 얼마나 필요한지 모르깃다.[99]

'제월(霽月)'이라는 필명으로 염상섭이 투고한 이 글은 현상윤의 글 「현시 조선청년과 가인불가인의 표준」에 대한 반론인데, '민족', 혹은 '국가'를 중심에 두는 사고방식에 대한 불편함을 표현하고 있다. 이 글을 통해서 염상섭이 강조하고 싶었던 것은 '미적 자율성'이라고 할 수 있다. 그런데 1920년 4월 『삼광』에 역시 '제월'라는 필명으로 수록한 「박래묘」에 이르면 염상섭의 이와 같은 주장이 결국 주체적인 자기인식과 관련이 있으며, 그 주체적인 자기인식이 사회진화론적 사고의 반대편에 있는 것이라는 점을 확인할 수 있다.[100] 이때 염상섭이 취하고

99 霽月, 「玄相允氏의게 與하야 '現時 朝鮮青年과 可人不可人의 標準'을 更論함」, 『朝鮮青年』 제6호, 1918.4, 13면.

있었던 입장은 염상섭에게 영향을 주었던 것으로 알려진 아나키스트 최승구로부터 받은 영향일 수도 있다.[101] 훗날 염상섭이 『폐허』 동인으로 참여하는 모습은 그가 그 뒤로도 여전히 집단의식에 복무하는 예술과 거리를 두고 있었다는 것을 알려준다.

노동자와 농민의 경제해방을 추구했던 아나코-생디칼리스트의 입장에서도 '민족문화'를 추구하는 계몽적 문화론은 냉소적 비판 대상이었다. 노동자들과 함께하며, 그들과의 연대를 모색했던 또 다른 『폐허』 동인 나경석[102]은 최승구에 대한 비판을 목적으로 쓴 글[103]에서 계몽적인 입장에서 추구되는 문화운동을 전면적으로 부정하는 입장을 드러낸다.

이들의 관점이 온당한 것이었을까? 사실 개조론에 입각한 민족문화

100 「박래묘」에서 염상섭은 나쓰메 소세키 우회적으로 비판하기도 하고 일본과 서구에서 온 것이면 무엇이든 받아들여야 한다는 천박한 콤플렉스가 한국의 주류문화가 되고 있다는 점을 냉소적으로 비판하기도 한다. 이 두 비판 대상은 결국 제국주의 논리에 대한 암묵적 동의와 몰주체적 흉내내기이다. 「박래묘」에 대한 분석과 1910년대 후반으로부터 1920년대 초 사이 염상섭과 아나키즘에 관한 논의는 한기형의 「초기 염상섭의 아나키즘 수용과 탈식민적 태도—잡지 『삼광』에 실린 염상섭 자료에 대하여」(『한민족어문학연구』, 한민족어문학회, 2003)가 있다. 이 연구에서 한기형은 1919년 이후 황석우와의 만남을 계기로 염상섭이 아나키즘, 특히 생디칼리슴에 급격하게 기울어졌다고 주장한다.

101 정우택, 「소월 최승구, 아나키즘, 『근대사조』」, 『한국 근대시인의 영혼과 형식』, 깊은샘, 2004 참조. 최승구와 염상섭 사이에 개인적 교류가 있었다는 점, 최승구가 '사회적 자아'와 '예술적 자아'의 일치를 이상적인 지식인의 모습으로 상정하고 있었다는 점, 또 최승구를 아나키스트로 이해하는 데에 크게 무리가 없다는 점이 이와 같은 진술을 가능하게 한다.

102 나경석은 유학중이던 1915년 1월 오사카에서 조직된 '대판조선인친목회' 총간사로 활동하면서 조선인 노동자의 조직 활동에 매진했다. 그는 재일교포들을 위하여 빈민굴에서 같이 생활하면서 사회운동에 참여했다.

103 이 당시 나경석이 최승구에게 보냈던 편지가 최승구에 의해서 1915년 2월 『학지광』에 수록되었다. 「低級의 生存欲」이라는 제목을 붙인 이 글에서 나경석은 "궁핍한 조선의 농민이 현실 상황을 극복할 수 있는 방법이 내셔널 스트라이크와 사보타즈밖에 없는 상황에서 누가 '브나로드' 하면서 깃발을 높이들 사람이 있겠소?"라며 계몽적 문화론의 소극성과 비현실성을 강도 높게 비판하고 있다.

운동은 그 열기에 찬 주장과 문화적 사상들에도 불구하고, 구체적인 문화 텍스트를 생산해내지 못했다. 개인의 상상력, 새롭거나 잡종적인 것에 대한 관대함이 곧 문화의 진보성을 이끌어낸다는 것은 예술가들의 치기어린 주장만은 아니다. 그러므로 『개벽』이 중심이 되었던 민족문화운동은 충고만 양산한 채, 소비자와 소통할만한 문화현상을 만들어내지 못하고 말았다.

다시 『백조』로 돌아가 보자. 『백조』는 대중에 대한 유통을 염두에 두지 않은 매체였다. 동인지를 통해 문학 활동을 전개했다는 것은 다수의 독자를 애초부터 상정하지 않았다는 뜻이다. 물론 당시 문학 독자층이 매우 얇았으리라는 것은 쉽게 상상할 수 있지만, 그와는 관계없이 일테면 「무정」과 같은 입장, 독자들에게 영향을 주고 싶다는 생각이 창작자에게 작용할 수도 있는 일이다. 『백조』 동인들의 문학 활동은 그에 비해서 '고백'의 욕구나 어쩌면 '과시'의 욕망이 더 강했던 것이다. 이처럼 그들이 시인으로서, 또 소설가로서 자신들의 의식과 관점을 절대화하여 자기 영역을 확보하겠다는 생각으로 작품을 발표했다는 것은 어쨌든 '개인'이라는 관념이 이들을 강하게 지배했다는 뜻이다. 그러므로 그들은 치기어린 것이었다는 평가를 받을 만큼 새로운 방식으로 문학을 영위했던 것이다. 이 과정에서 그들은 한국 근대사회에서는 최초로 개인에게로 귀결되는 새로운 형태의 '문화'를 형성시켰다.

문화는 단순한 반응이 아니라 가치의식이 간접화되어 표출된 사례들을 부르는 이름이다. '신화'와 '교훈담', 또 '우화'를 대표적인 생산물로 축적했던 전근대의 문화가 아니라, 혹은 국가와 민족을 강조하는 이념의 직접적 표출이었던 개화기 문화가 아니라, 개인 차원에서 발언되고, 개인 단위에서 반응을 보일 수 있는 문화의 출현을 우리는 『백조』를 통해서 목격할 수 있다. 물론 당시 많은 동인지들이 대부분 『백조』와 같은 위치에 있었다. 그 새로운 문화의 최종적인 집결지가 『백조』라고 규정할 때, 1920년대 초반 불과 2, 3년 사이에 의욕적으로 창간되었던 적잖은 동인지들과 『백조』의 의의를 보다 잘 이해할 수 있다. 상징주의, 낭만주의, 자유시 어떤 문학 용어를 당시 동인지들과 『백조』를 수사하는 말로 사용한다고 하더라도 그것은 결국 당시 동인지 문인들과 『백조』 동인들이 올라서려고 했던 '자유로운' 지점을 위한 지렛대 이상도 이하도 아니었다.

그들이 이러한 움직임을 버젓이 할 수 있었던 데에는 강한 지적 자부심이 핵심 자산으로 기능했다. 문제는 그와 같은 그들의 활동에 대한 공감대가 의외로 넓었다는 점이다. 『공제』, 『신생활』을 중심으로 살폈지만, 노동운동과 노동자의 경제해방을 주창했던 매체가 이들을 파트너로 인정하고, 그들이 각자의 동인지에서 발언하던 방식 그대로 자신들의 매체에서 발언하는 것을 요구하거나 수용했다는 것이 이를 반영한다. 적어도 1920년대 초반 계몽적인 문화운동과 일정한 거리를 두고 있었던 젊은 지식인들이 각자 자신들의 활동 분야를 분화해가고 있을 무렵, 사상 운동가들과 문인들이 서로를 하나의 활동가로 인정하고 글을 교환하고 있었다는 것은 당시 그들이 공유하고 있던 정서와 가치관이 있었다는 점을 보여준다. 저자는 이것이 1910년대 일본에서 경험했던 사회주의에 대한 다양한 경험, 특히 일본 아나코-생디칼리스트 그룹의 활동가와 문필가들과의 교류와 그 언저리에서 있었던 경험과 강하게 연관되어 있다고 판단한다. 『폐허』에 비해서는 그 색이 다분히 탈색되었으나 여전히 『백조』파 문인들은 아나키즘의 느슨한 영향력 아래 있었다. 반복적으로 살펴보았던 일본과 한국의 근대 아나키즘의 두 기둥, 개인과 자유가 그 영향력의 끈이었다.

그들의 활동을 지금 무엇이라고 분명하게 이해하기는 몹시 어렵다. 그런데 거기에는 무엇보다도 진영논리에 입각한 사고를 본능처럼 지니게 된 우리들의 경직된 인식능력이 작용하고 있기 때문이다.

제 4 부

농민주체문학의 성립과 아나키즘

제1장_한국 근대 농민의 탄생과 아나키즘
제2장_조선농민사의 농민운동
제3장_『조선농민』의 농민문학
제4장_『농민』의 농민주체문학

제1장

한국 근대 농민의 탄생과 아나키즘

1. 20세기 전환기 농민들의 정체성 인식—동학농민운동의 경우

동학농민운동이 발생하기 1년 전이었던 1893년 한 해 동안에만 55개 지역에서 65건의 봉기가 발생했다.[1] 이런 사실은 동학농민운동이 근대 농민운동의 기원이라기보다는 전근대 농민운동의 결정판이 아닐까하는 느낌을 갖게 한다. 내용적으로도 동학농민운동은 그 이후에 발생한 농민운동보다는 이전 농민봉기들과 더 가까워 보인다. 2차 봉기와 관련된 많은 자료들에서 민족주의 감정에 호소하는 수사들이 자주 발견되고, 1차 봉기와 집강소 시기 농민운동에도 반봉건 성격이 강하

1 김양식, 「고종조 민란 연구」, 이현희 외, 『한국사의 이해 1—근대현대』, 신서원, 1991, 671면.

게 드리워져 있다[2]는 어느 원로 학자의 판단도 있었는데, 실제 1차 봉기 과정에서도 토지개혁과 관련한 농민들의 경제적 계급의식이 드러나고 있는 것은 사실이다. 그러나 그들이 추구했던 토지개혁이 19세기 중반 이후 산발적으로 발생했던 수많은 농민봉기들이 주로 개혁 모델로 삼았던 정약용의 정전제를 추구하고 있었다는 점[3]도 눈여겨 볼 필요가 있다. 이는 19세기 중반 이후 발생한 농민봉기들과 동학농민운동이 근본적으로 동일한 목표를 설정하고 있었다는 뜻이 되기 때문이다. 사실 동학농민운동의 기치는 반서구제국주의와 반국가관료제, 반지주사상이 뚜렷하게 구분되지 않은 상태에서 복합적으로 분출되고 있었는데, 어쩌면 이 미분화되고, 복합적인 성격이 동학농민운동의 정체성 그 자체였다고 말할 수 있을 것이다.

이런 점은 동학농민전쟁 창의문에서 동학 지도자들이 강조하는 바를 통해서도 확인할 수 있다. 그들은 국가 관료들의 부패가 농민경제의 피폐와 사회 불안의 원인임을 강조했으며, 그에 따라 부패한 지방 관료들을 집중적으로 공격했다. 또한 그들은 사회개혁을 위해서 노예제 및 천민차별 철폐, 과부의 재가 허용, 능력에 따른 관리 등용 등을 요구했다.[4] 그러나 그것만으로 동학농민운동이 반봉건을 목표로 한 근대적인 운동이었다고 평가하기에는 애매한 점이 적지 않다. 특히 이들이 당시까지도 임금의 백성이라는 인식이 강했다는 점은 그들의 이른바 반봉건의식의 한계를 잘 보여준다.

2 신용하, 『東學과 甲午農民戰爭 硏究』, 일조각, 1993, 364・372면 참조.
3 정창렬, 「갑오농민전쟁연구」, 연세대 박사논문, 1991 참조.
4 鄭喬, 『大韓季年史』, 國史編纂委員會, 1960, 322~325면 참조.

> 우리는 비록 초야의 유민이지만 임금의 토지를 부쳐 먹고 임금의 옷을 입고 사니 어찌 국가의 존망을 보고만 있겠는가. 온 나라가 마음을 합하고 수많은 백성이 뜻을 모아 이제 의로운 깃발을 들어 보국안민으로써 사생을 맹세하노니, 오늘의 광경은 비록 놀라운 일이나 절대로 두려워하거나 움직이지 말고 각자 그 생업을 편안히 하여 다 함께 태평세월을 빌고 임금의 덕화를 누리게 되면 천만 다행이겠노라.[5]

인용한 창의문을 보면, 당시 농민들의 자기 정체성 인식이 아직 봉건적인 차원에 머물고 있었다는 것을 확인할 수 있다. 어찌 보면 순진해보이기까지 하는 이런 현실인식을 보고 있노라면 당시 농민운동을 근대적 계급의식에 기초한 저항운동으로보다는 민족주의 운동의 한 흐름으로 이해해왔던, 오래되고 보수적인 관점이 오히려 자연스럽다는 생각이 들기도 한다.

2. 1920년대 이후 농민의 정체성 인식

농학농민운동 전후와 비교해 보면, 1920년대 농민들의 자기 정체성 인식은 완연히 근대적인 모습을 보이고 있다.[6] 1920년대 이후 농민들

5 박준성, 「'제폭구민', '보국안민'의 깃발을 들다－1894년 농민전쟁의 '무장 창의문'과 '백산 격문'」, 『내일을 여는 역사』 제12권, 2003.6, 225면. 호남창의소에서 전봉준, 손화중, 김개남의 명의로 작성된 창의문을 재인용했다.

6 이와 관련하여 김동노는 동학농민전쟁을 비롯한 19세기 후반의 대규모 농민운동에 참여했던 농민들이 경제적 지배계급이 아닌 국가 및 국가 관료에 맞서 투쟁했음은 분명하고, 이를 통해 순수한 경제적 관계로서 지주와 소작인의 계급관계는 아직 충분히 발전되

의 정체성 인식에 관한 김동노의 연구는 이와 관련하여 중요한 시사점을 준다. 그는 1920년대 들어 농민들의 쟁의가 대부분 소작쟁의였다는 점에 주목하면서 다음과 같이 주장한다.

소작권 문제는 무엇보다 농민의 생존과 직결되어 있었다. 농업 이외의 영역에서 고용 기회가 거의 없는 전통적 농업경제에서 소작권의 몰수는 농민에게 가장 치명적인 생존의 위협이 될 수 있다. (…중략…) 이러한 사실들은 식민지 시기의 농민들이 생존을 위해 지주들의 착취에 대항하여 투쟁했음을 보여 주는데, 이는 그 이전 시기와 비교할 때 상당히 중요한 변화이다. 조선 후기의 농민들은 주로 국가나 국가의 관리에 맞서 싸웠던 반면 식민지 시기의 농민들은 식민 정부가 아닌 지주에 맞서 절박한 투쟁을 벌여 나갔다. 이 시기의 조선인 대부분이 일제에 맞서 싸웠을 것이라는 민족주의적 기대와는 달리, 이들은 민족의 정체성보다는 농민의 계급적 이해관계에 따라 행동하는 모습을 보여 주었던 것이다. 이와 같이 식민지 시기의 농민들은 소작쟁의를 통해 대부분 경제적 요구를 표출했는데, 여기에는 소작권 보장, 소작료 인하, 지세 및 수세의 전가 금지 등이 포함된다. 소작농들은 생존을 위한 경제적 요구조건을 넘어서 정치적 이데올로기의 거대한 대의명분을 내건 적이 별로 없었다. 그러나 이것이 곧 당시의 농민들이 민족 문제에 무관심한 채 경제적 이익만을 추구하는 이기주의적 성향을 지녔음을 의미하지는 않는다. 오히려 당시의 농민들이 그만큼 경제적으로 절박한 상황에

지 못했으며 농민들의 주된 정체성도 경제적 계급에의 소속감이 아니었던 것으로 이해할 수 있다고 분석하고 있다(김동노, 「일제시대 식민지 근대화와 농민운동의 전환」, 『한국사회학』 제41권 1호, 한국사회학회, 2007.2, 200면 참조).

처해 있었다고 보는 것이 적절할 것이다. 당시의 사회경제적 조건으로 인해 농민들은 스스로를 식민지화된 국가의 성원으로 인식하기 이전에 경제적 계급의 일원으로 행동했던 것이다.[7]

일제강점기라는 시대적 특성은 농민운동을 하나의 민족운동으로 바라보는 시각을 부지불식간에 강요한다. 그러나 민족주의라는 말이 함의하는 바는 너무 넓고, 불분명하다. 실제로 엘리트 민족주의자들의 민족주의와 농민들의 민족주의는 그들의 계급적 거리만큼이나 크다. 동학농민운동과 비교해서도 1920~30년대 농민들의 의식은 큰 차이를 보이는데, 그 큰 차이의 중심에는 경제관계에 기초한 계급의식이 자리고 있다. 물론 여기에는 20세기에 접어들면서 변화한 한국의 사상 흐름이 반영되었을 것이다. 그 사상 흐름은 다양해서, 사회개조론, 계몽적 민족주의, 마르크스주의와 아나키즘, 천도교, 기독교 등 당대 지식인들에게 영향을 주었던 모든 사상을 망라해서 거론할 수 있을 것이다. 제4부에서 다루려는 조선농민사 기관지 『조선농민』과 『농민』 소재 농민문학은 이러한 다양성과 복합성을 잘 보여준다. 저자가 판단하기로 아나키즘은 그 다양한 사상들 중 가장 뚜렷하고 강하게 『조선농민』과 『농민』에 영향을 주었으며, 문학작품에도 그 흔적이 잘 드러난다.

7 김동노, 「반농반노－일제시대 농민운동의 근대적 전환과 노동운동의 형성」, 『현상과인식』 제103호, 한국인문사회과학회, 2007.12, 17면.

3. 근대 농민운동의 특징

역사학계에서는 일반적으로 농민운동이 비교적 소강상태였던 1910년대와 1940년대, 다수의 소작쟁의가 발생했던 1920년대와 1930년대 초반, 그리고 적색농민조합운동이 나타났던 1930년대로 일제강점기 농민운동을 3분해 왔다. 1930년대에 나타난 적색농민조합운동이 상대적으로 급진적이고 사상지향성이 강했던 것이 사실이지만, 일제강점기 농민운동의 성격을 가장 잘 보여주는 것은 1920년대와 1930년대에 일어난 소작쟁의들이었다.

1920~30년대 소작쟁의에서 특히 눈여겨봐야 할 부분은 1920년대 초반 몇 해와 1930~31년을 제외한 전 시기에 걸쳐 소작권 문제가 쟁의의 주된 원인이었다는 점이다.[8] 시간이 흐를수록 소작쟁의의 주된 원인이 소작료 문제에서 소작권 문제로 변화했다는 점, 쟁의의 중심에 소작료가 아닌 소작권이 자리 잡기 시작했다는 점은 당시 쟁의의 강도가 점차 강해지는 방향으로 전개되었다는 점을 말해준다. 이에 따라 농민들과 지주계층의 갈등 역시 첨예화 할 수밖에 없었다. 농민들의 입장에서 볼 때 이와 같은 상황은 지주계급에 대한 반감을 격화시키는 조건이었다. 일제강점기 농민들이 경제투쟁 주류가 일제의 수탈에 맞선 행동이었으리라는 일반적인 예상이나 민족주의적인 입장에 기울어진 기대와 현실은 달랐던 것이다. 이는 다른 한편으로 당시 농민들이 어떠한 방식으로든 사회주의 사상에 노출될 가능성이 높았다는 점을

8 위의 책, 16면 참조.

알려주는 부분이기도 하다. 이런 사정은 실제 일제강점기 농민운동의 전개상황 속에서 분명하게 확인할 수 있다.

일제강점기 한국의 농업인구는 전 인구의 80%에 달했다.[9] 그러므로 당시 농민문제는 곧 민족문제였고, 농민해방과 민족해방은 동의어였다. 1920년대에는 이러한 현실 상황이 적잖은 사람들에게 이해되기 시작했고, 이에 따라 농민들의 현실이 가장 중요한 사회문제로 인식되기 시작했다. 그러므로 당시 농민운동은 가장 중요한 사회운동이자 민족운동일 수밖에 없었다. 실제로 조선노동공제회도 농민문제, 특히 소작농 문제에 적극적으로 개입했고, 때에 따라서는 소작쟁의를 주도하기도 했다.

이처럼 소작쟁의를 중심으로 전개된 한국 근대 농민운동은 1920년대 후반 일제의 본격적인 미곡수탈정책으로 제2차 산미증식계획이 실시되면서 점차 격화되었다. 이 과정에서 농민운동은 소작쟁의, 수리조합 반대운동,[10] 곡물검사제 반대운동, 삼림조합 반대운동, 조선농회 반대운동[11] 등 구체적인 행위목적이 다양하게 분화하면서 전개되어 나

9 인정식, 「조선사회의 기본적 분석」, 『삼천리』 제11권 제7호, 1939, 78면 참조.

10 일제가 한국농민의 지배와 수탈을 위해 설치한 수리조합에 대한 반대운동은 가히 '항쟁'이라 불릴 정도로 전국에서 거세게 일어났다. 수리조합을 통한 산미증산계획은 한국을 일제의 선진공업화를 위한 식량공급기지로 삼기 위한 식민농업 정책이었기 때문이다. 일제는 조선총독부, 조선토지개량주식회사, 동양척식주식회사 등을 통해 수리사업을 적극적으로 추진했다. 수리조합반대운동은 산미증식계획의 시행 초기부터 그것이 끝난 1934년까지 계속됐다(박수현, 「식민지시대 수리조합반대운동」, 『중앙사론』 제7집, 중앙사학회, 1991.12 참조).

11 조선농회는 일제가 조선농업을 수탈하기 위해 1926년 설립한 농촌단체이다. 일제는 수탈농정을 일선에서 담당할 각종 농업단체를 조직했는데, 1920년대에 접어들면서 지주제 및 수탈농정체제에 반대하는 농민운동이 조직화됨에 따라 이에 대처하기 위해 기존 농촌단체를 재편하고 정리하지 않을 수 없었다. 이에 따라 1926년 1월 일본농회법과 타이완 농회규칙을 바탕으로 '조선농회령'을 제정·공포해 각종 농촌단체를 대부분 흡수·병합하고, 그 중앙기관으로 조선농회를 설립했다. 조선농회 반대운동에 관해서는

갔다. 이는 농민운동에 참여하는 사람들 수가 증가하고, 정체성도 다양화되었다는 것을 뜻하는데, 실제로 1920년대 후반기 농민운동에는 소작농만이 아니라 자소작농은 물론 자작농까지도 동참했다. 이에 따라 운동조직도 1920년대 전반기에 소작조합이 중심에 있었던 것으로부터 벗어나 후반기에 이를수록 자소작농과 자작농까지 참여한 농민조합으로 확대·발전했다. 이러한 사정을 종합해 보면, 1920년대 초중반까지 주로 소작료 인하나 소작권 이동 반대 등 경제 권익투쟁을 중심으로 전개되었던 농민운동에 1920년대 중반 이후부터는 사상과 정치적 요소가 깊게 들어오기 시작했다는 점을 알 수 있다. 이런 변화가 다양한 사상가와 운동가들이 농민운동에 참여하게 되는 조건을 만들었던 것이다.

일제강점기 한국농민은 정도전과 조준으로부터 조선 후기 유형원에 이르기까지 줄기차게 사회개혁의 방편으로 제기되었던 전제개혁론의 전통을 기반으로, 사회주의 유입과 함께 활발해진 사회주의자들의 지도에 의해 고무되었다. 그러므로 일제강점기 농민운동은 조선시대 전제개혁론을 연원으로 동학농민운동과 사회주의를 거치면서 그 역사적 전통을 지니게 되었다고 볼 수 있다. 이와 같은 사정이 일제강점기에 다양한 성격의 농민조직을 발생시켰던 것이다. 결국, 일제강점기 농민운동은 점진적인 변화를 거치면서 경제투쟁과 사상투쟁을 결합시켜 나갔다.

김용달의 저서 『일제의 농업 정책과 조선 농회』(혜안, 2003)을 참조했다.

4. 아나키즘과 농민조합운동－조선노동공제회 진주지부의 경우

근대사회 이전까지 한국사회는 지역 사회의 의사 결정이 관료제와 토지기반의 경제력이 결합된 강한 신분질서의 위계 아래에서 이루어질 수밖에 없었다. 일제강점기에 들어서도 이러한 사정에는 큰 변화가 없었다. 정치권력을 갖고 있는 토호와 일제 관료들로부터 신흥 지주집단, 그리고 일제 침략과 함께 새로운 권력자로 부상한 일본인 거류민, 그리고 친일 부역 세력이 지역사회를 지배하는 구조가 고착되었던 것이다. 그런 점에서 1920년대 이후 다양한 농민조직이 창립되고, 그 중 대규모조직이 지역에 지부나 분회를 설치하는 방식은 농촌지역사회에 적잖은 변화를 불렀다. 이와 관련하여 조선노동공제회 진주지부 활동을 중심으로 농민단체가 만들어 낸 지역사회의 변화를 상세하게 살피고 있는 연구사례[12]는 주목할 만하다.

1922년 2월에 조선노동공제회 진주지부가 만들어지면서 진주의 농민운동과 노동운동은 활발해졌다.[13] 당시 조선노동공제회 진주지부 창립소식은 중앙지에 보도되기도 했는데,[14] 이 진주지부는 1922년 전국 최초의 소작인대회를 대규모로 여는 등 당시 한국사회에 뿌리깊이 박혀있는 지주와 소작인 간의 불평등한 관계를 타파하고 소작인들의 권리를 주장하는 활동을 이끌어 간 영향력 있는 조직이었다.

12 김중섭, 「사회운동의 시대－일제침략기 지역공동체의 역동성」, 『현상과인식』 제111호, 한국인문사회과학회, 2010.9.

13 정연심, 「1920년대 진주노동공제회의 조직과 농민운동의 발전」, 『부대사학』 제21권, 부산대 사학회, 1997 참조.

14 『동아일보』, 1922.3.1 참조.

진주지부는 인근 각 지역으로 활동 범위를 넓혀서 진주의 거의 모든 면에 출장소를 설치했으며, 사천의 곤명지회와 서포지회, 하동의 북천지회와 적량지회 등 인근 지역까지 지회를 설치하며 활동 범위를 확장해 갔다. 진주지회가 이처럼 활발하게 지역에서 활동할 수 있었던 것은 조선노동공제회 자체가 지주들의 토지를 경작하며 그들에 종속되어 살아가는 사회적 약자인 소작인을 조직의 중심으로 인식하고 있었으며, 이에 따라 그들의 권익을 증진하는 데에 조직의 목표가 있었기 때문이었다. 진주지회가 활발하게 활동을 전개하자 소작문제는 지역사회의 주요 관심 대상이 되었으며, 아울러 농민들은 현안 문제인 지세 등 소작 조건에 관하여 적극적으로 의사를 표명하며 집합행동에 참여하게 되었다.

또한 조선노동공제회 진주 지부는 다른 사회적 약자 집단인 노동자들의 권익을 보호하기 위한 활동으로까지 그 영역을 확대했다. 1921년 이미 이발업조합이 조직되었지만, 본격적인 노동운동은 진주지부의 하위 조직으로 양화직공조합, 지게꾼, 품팔이꾼 등을 위한 자유노동조합, 우마차를 끄는 노동자들을 위한 운수종업조합 등이 결성되면서 더욱 활성화되었다. 이러한 활동을 통해 노동자들이 각성할 수 있는 터를 닦고, 지역 사회가 그들에게 관심을 가질 수 있도록 하려는 것이었다.[15]

조선노동공제회 진주지부가 이처럼 조합주의적인 운동방식을 추구할 수 있었던 것은 조선노동공제회에 아나키스트들, 특히 아나코-생디칼리스트들의 영향력이 컸기 때문에 가능한 일이었다. 이와 같은 방식

15 김중섭, 앞의 글, 75~79면 참조, 김중섭은 이러한 움직임을 바탕으로 1920년대를 '사회운동의 시대'라고 규정하고 있다.

으로 인해 조선노동공제회는 볼셰비키들로부터 '개량주의'라는 힐난을 받기도 했지만, 그것은 타협이라기보다는 조선노동공제회에서 아나코-생디칼리스트들의 역할이 그만큼 중요했다는 뜻으로 읽을 수 있는 부분이다.

아나키스트들이 특히 농촌현장과 직접적인 관계를 모색하기 시작한 것은 1920년대 중반 이후이다. 볼셰비키와의 갈등에서 점차 열세에 처하게 된 아나키스트들은 전국 여러 곳에서 현장의 농민조직을 결성하고 구체적인 활동을 전개한다. 아나키스트 문인 이향이 주도했던 본능아연맹(本能兒聯盟)은 1927년 조직된 이후, 원산과 그 인근 지역에 소년단체, 노동단체, 청년단체를 조직했고 소비조합을 만들었다.[16] 1920년대 국내에서 조직된 대표적인 아나키즘 조직으로 시인 권구현이 참여했던 관서흑우회와 조선공산무정부주의자연맹은 조직의 목표가 아나키즘을 농민과 노동자에게 보급하는 것이었다.[17]

아나키스트들이 농민문제에 관심을 가지고, 현장에서 농민단체와 소비조합을 창립하면서 운동을 전개하는 것은 전형적인 활동방식이었다. 1920년대 후반 만주로 떠난 황석우가 만주에서 진행했던 만주 거주 조선인 농민들을 위한 활동도 그런 맥락에서 이해할 수 있을 것이다.

16 오장환, 『한국 아나키즘 운동사 연구』, 국학자료원, 2008, 68면.

17 최갑룡, 『어느 혁명가의 일생』, 이문출판사, 1995, 23~24면 참조. 평양 출신인 최갑룡은 부산에서 노동자 생활을 하던 중 이홍근을 만나 도쿄로 건너가 흑우회에 가입함으로써 아나키즘 운동에 투신한다. 그는 관서흑우회 결성에 중요한 역할을 했으며, 1920년대 후반 이후 아나코-생디칼리슴 계열의 중요한 활동가 중 한 사람이다.

제2장

조선농민사의 농민운동

1. 조선농민사의 창립 배경

미국사회의 모순에 대해서 독설을 서슴지 않는 다큐멘터리 감독 마이클 무어(Michael Moor)가 2009년 공개한 작품인 〈자본주의－러브스토리(Capitalism : A Love Story)〉에서는 산업용 로봇을 설계하고 제작하는 위스콘신 소재 이스무스공업사(Isthmus Engineering & Manufacturing Co-op)의 이상적인 회사 운영방식을 소개하고 있다. 이 회사는 전 사원이 회사의 지분을 공동소유하고 있어서 소유와 노동이 분리되지 않은 조직이다. 또 회사 경영 관련 중요 사항이나, 사내 문제들 역시 토론과 협의를 통해서 해결점을 찾는다. 급여 역시 공평하게 지급되며, 특정 개인에 대한 성과급 체계는 없다. 물론 이 조직 내에도 어떤 형태로든 갈등은 있을 수 있으며, 생산성이나 효율성 역시 객관적으로 어떤 수준인지 가늠하기 어렵다. 문제는 이와 같은 구조, 즉 조합을 중심으로 한 소규모 공동체주의가 결코 새로운 기획이 아니라는 것이다. 그것이 실현된 사례는 드물다고 하더라도, 이와 유사한 공동체주의는 오랫동안 인간의 가치관 한 쪽을 늘 차지하고 있었다. 1920~30년대 한국사회에서 이와 같은 공동체주의를 지속적으로 추구했던 곳이 바로 조선농민사(朝鮮農民社)였다.

조선농민사는 천도교 청년당과 볼셰비키 진영 간에 농민 획득 경쟁이 본격화되던 시기에 창립되었다. 1920년 3월에 설립된 천도교 청년당은 창립 초기에 당시 『개벽』을 매개로 전파되었던 이른바 '개조론'에 크게 영향 받고 있었으며, 그것을 표방하기도 했다. 천도교 청년당 설립 직후 조직을 주도했던 김기전(金起瀍)이 발표한 「농촌개선의 긴급동의」,[18] 「농촌개량에 관한 도안」,[19] 「농촌청년회의 설립을 촉함」[20] 등을 살펴보면 그의 글들이 대체로 농민의 인식개조, 교육의 중요성 강조 등 문화개조론에 입각해 있다는 것을 알 수 있다.

> 요약히 말하면 사람으로서 특히 우리로서의 할 일은 위선 알리만큼 알고 일편으로 실행하는 것의 두 가지 외에 더 업다 합니다. 알리기 위함에는 교육 특히 선전이며 행하기 위함에는 금력 즉 실력의 획득이외다. 알 것을 알지 못하면 그때에 잇서서는 위선 우리에게 뜨거운 자각이라도 생기엇스면

18 『개벽』 제5호, 1920.11.
19 『개벽』 제6호, 1920.12.
20 『개벽』 제7호, 1921.1.

―하는 것이 제일 안타까운 일이외다. 그러나 자각이 생기고 보면 모든 것이 실제하여야 할 것 뿐인데 금력이 무(無)하야 실행하지 못하는 그것은 더욱 (전자보다도) 안타까운 일이외다. 위선 농촌의 교육으로 말하야도 통상 교육 즉 강연회, 임시강습회를 개최하며 일면으로 호주회, 주부회와 여한 것을 설(設)함에는 별로 금전을 요할 것이 업스며 요한다 하야도 멋 푼이 못될 것인 바 그것은 하고저 하는 마음만 간절하면 곳 될 것이외다.[21]

천도교 청년당의 또 다른 핵심인물이자, 훗날 조선농민사 중앙이사장이 되는 이성환(李成煥)의 입장도 김기전과 크게 다를 바가 없었다. 소작 농촌의 개량을 주장하는 글[22]을 발표하기도 했지만 그 내용 역시 매우 소극적이다.

그런데 이에, 미리 말하야 둘 일이 잇다. 다름 아니라, 나는 정치학상의 지식도, 경험도 함께 가지지 못한 일농민이다. 그럼으로 제군이 하고 잇는 정치의 기축의 논평은 할 능력도 업거니와, 더욱 하고자도 아니한다. 다만 조선 한판에 일어서서 조선 강산을 삷혀 보며, 조선민족을 돌아다 볼 때에 직감적으로 미루어 오는 감상과, 표현적으로 나타나는 사실이 당국자와 어떠한 관계를 가지고 잇느냐? 또 이에 대하야 오인의 희망은 이러하다는 말 밧게는 아즉 더 붓을 놀리고자 아니한다.[23]

21 김기전, 「農村 改善에 關한 圖案」, 『개벽』 제6호, 1920. 12, 18면.
22 이성환, 「朝鮮의 農政問題 農村의 衰頹를 恬然視하는 當局, 小作法制定이 目下의 急務」, 『개벽』 제29호, 1922. 11.
23 위의 글, 16면.

이 글을 통해서 이성환이 강조하려고 했던 것은 '정치적 순수성'이었던 것으로 보인다. 사실 그는 농촌의 경제적 어려움을 극복하기 위해 부업이 필요하다는 등[24] 조선노동공제회가 추구했던 투쟁방식과는 차이가 분명한 태도를 표방하고 있다. 이처럼 천도교 청년당이 미온적인 입장을 보이자 이들에 대한 농민들의 신뢰도는 점차 옅어지기 시작한다. 동학의 후신이며, 농민들을 위한 농민들의 종교이자, 조직이었던 천도교의 연원과 배경을 감안하면, 이들의 소극적인 태도는 결코 환영받기 어려운 모습이었을 것이다. 결국 이런 상황은 천도교도가 아닌 농민들은 물론이고 천도교도인 농민들까지도 사회주의자들의 주장에 공감하고 천도교에서 이탈하는 상황을 만들었다.[25] 이른바 대중 획득 경쟁에서 열세에 놓이게 된 것이다. 그러자 위기감을 느낀 천도교 청년당은 1925년 8월 김기전, 이돈화, 박달성, 박래홍, 강우, 방정환 등 간부들이 모여 임시총회를 열고 농민의 계몽과 의식 각성을 위한 농민단체를 설립하기로 결의했다. 이 결정에 따라 1925년 10월 29일 천도교 측의 김기전, 이돈화, 이성환 등, 그리고 『동아일보』 촉탁 선우전, 변호사 이창휘, 『동아일보』 기자 박찬희, 『조선일보』 기자 김준연, 『시대일보』 기자 김현철 등을 발기인으로 조선농민사를 설립하게 된다.

24 이성환, 「우리 農家에 必要한 副業을 論함」, 『개벽』 제19호, 1911.1.
25 박지태, 「朝鮮農民社의 組織과 活動」, 『한국민족운동사연구』 19, 한국민족운동사학회, 1998; 조규태, 『천도교의 문화운동론과 문화운동』, 국학자료원, 2006 참조.

2. 조선농민사의 조직과 활동

조선농민사는 서울에 본부를 두고 지방에 지부와 사우회를 설치했다. 중앙에는 중앙주간 1인과 10여 명의 중앙이사를 두었는데, 창립총회에서 중앙이사장으로 이성환을 선출했고, 선우전, 이창휘, 박찬희, 김준연, 유광열, 김현철, 김기전, 조기간, 최두선, 이성환, 이돈화, 박사직, 김경태, 황영환이 중앙이사로 선임됐다. 1927년 8월 15일 중앙이사회를 열어 제1차 제도변경을 했는데, 그 중요 내용은 각 지방에 설립된 사우회에 조직체계를 갖추기 위해 군 단위로 사우회연합회를 조직하는 것이었다. 1928년 2월 14일에는 민주적 중앙집권제를 수립하기 위하여 제2차 제도변경을 통해 리(里)농민사를 기본으로 면(面)농민사, 군(郡)농민사, 전조선농민사로 조직을 계열화하고, 전조선농민사 대표대회, 중앙이사회, 전군(郡)농민사 대표대회, 전군이사회, 전면(面)농민사 대표대회, 전면 이사회, 전리(里)농민사원대회, 전리이사회를 두었다.

조선농민사의 기관지 『조선농민』과 『농민』을 살펴보면, 이 조직이 천도교도를 기반으로 이루어진 조직이 아니라는 점을 쉽게 알 수 있다. 조선농민사 출범 초기 『조선농민』과 여타 매체에 기고된 일반 농민들의 출범 축하 기고문에서 조선농민사와 천도교의 관련성에 대해 언급하는 경우를 찾아보기는 어렵다. 이들 기고문들에서는 조선농민사를 천도교와 관련된 기관이 아니라, 단지 희망을 걸만한 농민조직으로 인식하는 농민들의 인식을 읽을 수 있다. 그러나 앞서 확인한 바처럼 중앙조직은 분명히 천도교 청년당 측이 다수를 점하고 있었던 것은 분명한 사실이다.

조선농민사는 '조선농민의 교양과 훈련'을 목적으로 하고, 이를 달성하기 위하여 기관지이자 월간잡지인 『조선농민』을 발간했다. 『조선농민』은 1925년 12월 11일 창간호 1만 부를 발간했고, 1927년에는 발간 부수가 18,000부에 이르렀다.

조선농민사는 농민들이 당면해 있는 문제를 해결하거나, 이익을 도모하기 위하여 1926년 10월부터 비상설적으로 알선부 사업을 운영[26]하기도 했지만, 초기 조선농민사의 성격을 보다 분명하게 드러내는 사업은 야학, 강연회, 귀농운동 등과 같은 계몽운동이었다. 이 시기 『조선농민』에는 「농민독본(農民讀本)」, 「농민과학강좌(農民科學講座)」, 「위생강좌(衛生講座)」, 「상식문답(常識問答)」 등이 연재되었던 것 역시 같은 맥락에서 이해할 수 있다.

조선농민사가 농민대중의 당면이익과 생활향상 등 경제운동을 전개하기 위하여 1926년 10월에 설치한 알선부는 1930년 4월 천도교 청년당이 조선농민사를 장악하면서부터 사업을 확대하기 시작했다. 조선농민사 간부들은 지식계발과 교양운동, 생활향상과 경제운동, 사세확장과 전적(全的) 운동 등 3개 부문의 실행 강목을 발표했다. ① 생산품과 소비품을 알선하여 중간이익을 농민에게 취득케 할 것, ② 중앙알선부 사업은 수수료를 요구하지 않고 희생적으로 취급할 것, ③ 소작인에게 무리한 행동을 하는 지주를 철저 응징할 것, ④ 궁(窮)농민의 참상을 조사하여 당면의 대응책을 강구할 것"[27] 등이 행동강령이었는데, 이를 통해서 조선농민사가 일종의 생산·소비 공동체를 지향하고 있었다는 점을 알 수 있다. 1931년 4월 6일부터 7일까지 열린 조선농민사 제4회

26 서범석, 『한국농민시 연구』, 고려원, 1991, 91면 참조.
27 한국민족운동사연구회 편, 『한국민족운동과 종교』, 국학자료원, 1998, 295~297면 참조.

전국대표자대회에서는 종래의 알선부를 경제부로 바꾸고, 경제부의 지도 아래 경제기관을 만들기로 결의했다. 다음날인 4월 8일 조선농민사 제1회 중앙위원회에서는 이 경제기관의 명칭을 농민공생조합(農民共生組合)으로 결정했다.[28]

이 농민공생조합은 계몽적인 단체였던 조선농민사에 대안적이고, 계급주의적인 성격을 부여하는 데에 결정적인 역할을 했다. 『조선농민』과 『농민』을 찬찬히 들여다보면, 이 공생조합이 농민들의 주체적 자기인식과 결합되는 방식을 확인할 수 있는데, 아나키즘 운동에 결합되어 있던 천도교도들이 조선농민사에 부여했던 큰 의미가 대체로 이 공생조합에서 비롯되고 있다.[29] 그만큼 농민공생조합운동은 농민의

28 농민공생조합(農民共生組合)에 관해서는 조성운의 논문(「日帝下 朝鮮農民共生組合의 組織과 活動」, 『동학연구』 제13호, 한국동학학회, 2003.3)을 참고했다.

29 농민공생조합의 규모는 1931년 4월 113개소에서 1932년 6월에는 조합 수 181개 조합원 수 27,962명으로, 1933년 9월 당시에는 조합 수 180여 개 조합원 5만여 명으로 점차 확대되었고, 조합 총자금은 30여만 원에 이르렀다. 이처럼 지방의 농민공생조합의 규모가 확대되자 1931년 가을부터는 농민공생조합 연합회가 조직되었다. 1931년 8월 평안도, 황해도의 농민공생조합의 대표들은 이 지역의 조합수가 50여 개에 달하자 조합 간에 업무연계와 통일을 위해 관서지역 농민공생조합연합을 설립하기로 협의하고, 8월 10일 평양의 천도교당에서 농민공생조합관서연합(農民共生組合關西聯合)창립총회를 개최한 것이다. 그리고 1931년 1월부터 업무를 시작했는데, 관서연합은 평남에 6구, 평북에 5구, 황해도에 1구를 설치하고 구역대표를 선정하여 연합과 개별조합의 중계업무를 담당하도록 했다. 나아가 1932년 12월 21일 평안도 지역의 공생조합에서는 평양지부 주최로 평안도농민공생조합운동자협의회(平安道農民共生組合運動者協議會)를 조직하여 이론 통일, 경영정책, 상호연락 등에 대한 협의를 진행했다. 지방 조합의 연합회 구성에 부응하여 1932년 2월 중앙의 조선농민사 공생조합도 조선농민사공생조합중앙연맹으로 발전했다. 조선농민사공생조합중앙연맹은 농민공생조합지방연합을 통하여 개별 조합과 유기적인 연락을 취했다. 하지만 조선농민사공생조합중앙연맹은 연합적인 성격이 짙어 결집력이 약했으므로, 1932년 12월 26일 조선농민사 임시대회 후에 열린 농민공생조합 제1회 총회에서는 중앙기관을 확충하기로 결의했다. 그리고 1933년 8월 정관을 개정하여 조선농민사공생조합중앙연맹을 농민공생조합중앙회(農民共生組合中央會)로 변경했다. 농민공생조합중앙회는 "① 농촌의 조합경제수립을 기함, ② 농민생활의 경제적 이익과 협동을 기함"을 강령으로 했다. 그리고 "① 농촌일용품을 공동 구입하여 배부 또는 판매하는 소비부 사업, ② 농업창고 및 생산공장을 경영을 통한 생산물의 위탁 혹은 공동판

경제적 이익을 획득하기 위한 실천적이고 자주적인 운동이었다는 것이다. 이들의 농민공생조합운동이 추구한 것은 분명히 '자립적 경제운동', '자주적 협동조합운동'이었다.

농민공생조합 운동은 1930년대 중반 조선농민사에서 '농민공동경작운동'을 전개하는 데에 밑거름으로 작용하기도 했다.[30] 이와 같은 상황은 조선농민사가 최초 창립 시점에는 엘리트 지식인들이 주도하는 계몽단체에서 점차 농민중심의 경제투쟁 단체로 그 성격이 변화되었다는 점을 알려준다. 실제로 공생조합에 대해서는 당국의 압박이 거셨는데, 소비공동체를 넘어 생필품 생산까지 영역을 확대하려는 공생조합의 입장이 자본가와 지주들에게는 위협적인 것으로 보였을 가능성이 크기 때문이었을 것이다.

조선농민사의 활동은 1933년 말부터 어려움에 직면했다. 조선농민사는 제호를 바꿔 발간한 기관지 『농민』의 독자를 확보하기에 곤란을 겪어 재정궁핍에 직면하자, 1933년 12월 『농민』을 폐간하고 사보(社報)

매, ③ 조합원의 농자융통(農資融通) 및 저축 편의를 도모하는 신용부 사업, ④ 중요한 농구 및 기타의 시설을 설치하여 일반조합원의 편의를 돕는 이용부 사업, ⑤ 의원 · 목욕탕 · 이발소 등을 설치하여 일반조합원들의 편의를 돕는 위생부 사업" 등을 주요사업으로 하고 있었다.

30 조선농민사는 농민공동경작운동을 전개하기 위하여 1933년 무렵부터 공작계(共作契)를 설립했다. 공작계의 실시도 평안도 지방에서 활발했다. 공작계의 운영을 알기 위하여 조선농민사 덕천군사(德川郡社)에서 작성한 농민사공동경작계 정관의 대강을 살펴보면 다음과 같다. 공작계는 조선농민사의 사원이어야 가입이 가능하고, 본 계는 공생조합에 가입하여야 했다. 본 계는 ○○리동 농민사 공동경작계라 칭하며 ○○리동 농민사에 거주하는 사원으로서 조직하고, ○○리동사(里洞社) 경제부 사업으로 사와 사원의 경제적 이익을 도모하며 군농민사 공생조합에 가입했다. 본 계의 출자는 종자, 비료, 경지, 인부를 원칙으로 하며 필요한 경우에는 금전으로 상환했다. 본 계 수익의 반분은 출자액에 따라 반환했다. 그렇지만 순이익의 반분은 이동농민사의 기본금으로 제공하게 되어 있던 점으로 보아, 공동경작운동은 농민의 경제적 이익을 제공하는 것과 아울러 조선농민사의 사업비를 조달하려는 목적도 갖고 있었다.

성격의 『농민순보(農民旬報)』를 발간했다. 또한 중앙지도부의 친일화로 조선농민사의 지방조직은 급격히 해체되어 1935년 1월경에는 3곳의 군농민사 알선부와 3개의 농민상회(農民商會), 2개의 소비조합만이 활동하고 있을 정도였다. 이 같이 지방농민사가 몰락하자 조선농민사는 1936년 4월 자본금 3만 원 정도의 주식회사를 설립하고, "① 자작농을 창정하여 총독부관유지를 연고자에게 불하하는 토지사업, ② 농촌 수요품 판매와 생산품 판매 알선, ③ 도서·잡지의 발행" 등을 실시하려고 했다. 그러나 자본금 모집이 여의치 않아 이 사업은 실패로 돌아가고, 결국 1936년 4월경 해체되고 말았다.

그동안 개량주의적 농민단체라는 관점에서 큰 의미를 부여받지 못했던 조선농민사는 당시 그 어떤 노동단체나 농민단체도 지니지 못했던 강한 조직력을 갖추고, 농민운동으로서, 지역운동, 대안적 경제운동으로 장기간 지속된 조직이었다. 조선농민사가 얼마나 농민중심적인 조직이었는가는 조직이 해체된 계기가 중앙지도부의 친일화에 있다는 점을 통해서도 확인할 수 있다. 다소 복잡하고, 일관되지 않은 흐름이 조직 내부에 다양하게 흐르고 있었던 조선농민사의 실체는 그 기관지 『조선농민』과 『농민』을 통해서 흥미롭게 살펴볼 수 있다.

3. 조선농민사의 중농주의

조선농민사의 기관지는 1925년 12월부터 1933년 12월까지 약 8년간 꾸준하게 발간되었다. 기본적으로 『조선농민』과 『농민』은 조선농민사의 기관지였지만, 실질적으로는 일반 농민들을 위한 문화교양지로 기능하는 것을 목표로 했던 것으로 보인다. 그러나 사실 『조선농민』과 『농민』은 오로지 농민계급의 이해와 지향을 대변하고자 했다는 점에서 다분히 전문화된 매체였다.

지금까지도 적잖은 연구자들이 조선농민사와 그 기관지 『조선농민』과 『농민』의 사상적 배경을 개량주의로 평가하고 있는데, 이는 조선농민사의 농민운동이 민족주의 운동의 일환이었고, 그들이 추구한 운동 방향이 계몽에 있었다고 판단했기 때문이었다. 그러나 『조선농민』과 『농민』을 통해서 확인할 수 있는 조선농민사의 목표는 농민의 입장에 선다는 것, 그리고 그것을 농민조직의 문제와 연결시킨다는 것이었다. 이 같은 입장은 이미 그 내부에 강한 계급의식이 자리하고 있음을 방증한다. 이와 같이 계급의식을 전제하지 않은 상태에서 진행하는 『조선농민』과 『농민』에 대한 논의는 사실 표피만 살피는 것일 수밖에 없다. 실제로 『조선농민』과 『농민』의 권두사들만 분석해 보아도 민족의 현실을 개탄하는 내용부터 지주계급에 대해 격렬한 반감을 노골적으로 드러내는 글까지 다양한 시각이 내부에 존재하고 있었다는 것을 알 수 있다.

그동안 한국 근대문학계에서 조선농민사를 개량주의에 입각한 조직으로 규정하고 그 기관지 『조선농민』과 『농민』를 반사회주의와 계몽을 표방하는 매체로 쉽게 이해해 왔던 것은 조선농민사를 대표하는 몇몇 인물들의 사상적 경향을 통해서 『조선농민』과 『농민』의 성격을 이해하려고 했기 때문이었다. 여기에 천도교에 대한 이해가 부족했던 것, 역사학계에서 이루어진 성과를 문학 연구에서 무비판적으로 수용한 것 역시 『조선농민』과 『농민』 소재 문학 연구가 올바른 방향을 잃어버린 중요한 이유로 꼽을 수 있을 것이다. 실제로 『조선농민』과 『농민』에 수록된 글들을 중심으로 『조선농민』과 『농민』 혹은 조선농민사의 성격이 비교적 다양한 층위를 가지고 있다는 견해를 제시하는 논의는 문학연구를 제외하고는 거의 없었지만, 그 문학연구마저도 기존의 역사학계에서 텍스트를 배제한 채 도출시킨 민족개량주의라는 개념을 『조선농민』과 『농민』를 지배하는 어떤 이념적 실체로 전제한 상태에서 진행된 부정확한 내용이 많았다. 물론 몇몇 개별연구자들은 『조선농민』과 『농민』 소재 문학작품 연구를 통해 이 매체를 단순하게 평가하는 것을 경계하는 입장을 드러내거나, 개별 작가와 작품들 사이에 존재하는 복합성을 확인하고 있다. 그러나 그 다양한 사상과 의식을 끝까지 추적하여 한국의 근대 농민문학의 기원과 전개과정을 밝히는 데까지 나아가지는 못하고 있다.

『조선농민』과 『농민』 필진에는 이성환, 이돈화, 방정환 등 조선농민사의 중요 인사이자 명망 높은 문필가로부터 이광수, 김억 등과 같은 문인들도 있었지만, 이름 없는 지역 농민사원들의 참여도 활발했고, 매체의 성장과 함께하면서 어느덧 매체의 중요 필진으로 자리 잡는 사례도 있었다. 이런 사례는 『조선농민』과 『농민』에 글을 투고했던 일반 농민사원들이 단지 독자라는 소극적이고 수동적인 입장에 갇혀 매체에 관심을 기울인 것이 아니라는 사실을 알려준다. 시간이 갈수록 『조선농민』과 『농민』에는 농민 필자들이 투고한 글의 비중이 높아졌으며, 그들이 투고하는 글 종류도 논설이나 강좌부터 문학작품에 이르기까지 다양했다.

앞서 살핀 것처럼 천도교 청년당이 조선농민사를 주도한 것은 사실이지만, 실제 농민사원 대부분은 천도교도가 아니었다. 그러므로 『조선농민』과 『농민』은 늘 천도교가 아니라, 농민들의 현실 문제를 매체의 중심내용으로 삼았다. 『조선농민』과 『농민』에 수록된 논설들, 생활정보와 농민운동 정보들, 직업 작가와 농민작가의 시와 소설, 수필 등의 문학작품들은 모두 농민의 현실과 농민의 정서를 드러내고 있거나, 그것을 염두에 두고 있다. 『조선농민』과 『농민』은 이러한 농민중심의 현실관을 '중농주의'라는 용어로 설명하고 있는데, 이는 당시 다른 매체에서는 거의 사용하지 않았던 자생적 이념이자, 용어였다. 그렇다면 『조선농민』과 『농민』에서는 무엇을 두고 중농주의라고 불렀던 것일까?

'중농주의'라는 용어는 『조선농민』과 『농민』에서 그들이 스스로 사용하고 있는 것이었다. 특히 1933년에 발간된 『농민』(제4권 7호)에서 중점적으로 거론되었던 개념이기도 하다. 물론 이것이 어떤 사전적 개념으로 조선농민사원들이나 기관지의 필진들에게 영향을 주었던 것은 아니다. 그러나 사회의 중심에 농민이 자리 잡아야 한다는 점, 그리고 농민들이야말로 농민문제 해결의 주체라는 점에 대해서 근본적으로 동의하고 있다는 면에서 중농주의라는 개념의 실체는 충분히 인정할 수 있다.

실제로 『농민』(제4권 7호)에 함께 실린 이극로(李克魯)의 「조선경제수립에는 중공? 중상? 중농?－천년고토를 고수함에 의의가 잇다」와 함상훈(咸尙勳)의 「조선경제수립에는 중공? 중상? 중농?－공업진흥이 필연적 당로(當路)」, 이긍종(李肯鍾)의 「조선경제수립에는 중공? 중상? 중농?－농업은 조선의 초석」 등의 글에서 이와 같은 점을 확인할 수 있으며, 편집진에서도 중농주의를 "중농주의는 개인의 자유를 구속하고 자유

활동를 장애하는 정부의 인위적이오 구속적인 법제 특히 당시의 봉건 제도를 최대증오의 적으로 간주하야 말하되 정부는 개인의 생명, 재산, 자유를 보호함에 끈칠것이오 무리한 간섭으로서 개인의 자유의지와 자유활동을 속박할 것은 아니라"라고 정의하고 있다. 이것은 분명 그들의 지향적 이념이었다.[31]

앞서도 밝힌 바 있지만, 조선농민사의 실체를 이해하기 위해서는 경영 일선에 있었던 인물들의 사회활동을 기준으로 조선농민사의 성격을 규정하고, 그 규정을 바탕으로 조선농민사의 기관지 『조선농민』과 『농민』의 성격을 규명했던 기존의 연구 방식으로부터 벗어나는 일이 우선 필요하다. 『조선농민』과 『농민』은 조선농민사 최고 경영진의 의사와 간섭으로부터 상대적으로 자율적인 매체였기 때문이다. 이는 조선농민사라는 조직 자체가 상향식 농민조직이었다는 점을 감안하면, 지극히 자연스러운 현상이었다.

1920~30년대 한국의 산업인구 비율을 감안하면 1920~30년대 농민운동과 현재의 시민운동, 또 지방자치제 하의 풀뿌리 민주주의 운동은 그 목표와 기반이 크게 다르지 않다. 조직을 대표하는 몇몇 명망가의 사회적 활동과 사상적 경향을 조직 전체의 경향과 특성으로 연결하는 분석은 사실과 거리가 멀뿐만 아니라, 조직원들의 자율적 인식능력을 도외시한 태도일 것이다. 특히 앞서 살펴본 조선농민사의 조직과 농민사원들의 태도는 이 단체가 단순히 계몽운동을 위한 명망가들의

31 이들이 주창했던 중농주의는 비슷한 시기 일본에서 도시적 모더니즘의 대립개념으로 제기되었던 시미즈 토모에[清水友江]의 농본주의나 중일전쟁의 와중에 제기되는 국방의 근거로서의 중농주의, 그리고 1930년대 중반 국내에서 뚜렷한 흐름을 형성했던 개량주의적 농촌계몽운동과도 구별되는 자생적 이념이었다.

결사체가 아니었다는 점을 보여주고 있다.

조선농민사가 창립되었을 즈음 『동아일보』에 실렸던 농민의 글 두 편은 조선농민사가 농민 대중으로부터의 필요에 부응하는 과정에서 성립된 조직이라는 것을 느낄 수 있게 해 준다.

> 이제 새사람들로 조선농민사를 조직하야 "모든 힘을 농촌으로" 하는 우렁찬 부르지즘으로 고고(呱呱)의 첫소리를 내이게 되니 참으로 무엇이라 형언할 수 업시 반갑다.[32]

> 나는 시골 사는 한 무지한(無知漢)이다. 낫이면 새벽부터 저녁까지 밧갈고 기슴매고 나무하는 농부들과 함께께 지금 파멸하여가는 농촌의 모든 난문제를 해결하려고 애쓰고 힘쓰면 잘살 수 잇는 것이라는 것이 나의 파지(把持)한 신조이요 한 철학이엿다. 그러나 현실은 차에 반하야 우리 농촌의 살림살이는 나날이 파멸을 가하야 아모리 하여도 살 수 업는 지경에 빠지게 된다! (…중략…) 거이일(去二日) 본보지상에서 조선농민사의 조직을 보앗다. 아! 장쾌하다. 조선농민사! 이것이 장차 조선사회의 동량이 될 것이 안인가?[33]

단천(端川)에 거주하는 익명의 농민, 그리고 지주에 대한 반감과 계급주의적 인식을 가지고 있는 무명의 농촌운동가 양승환, 이 두 기고자들이 드러내고 있는 조선농민사에 대한 기대는 그들이 농민이자 농민운동가이기 때문에 지니게 된 것이었다. 현 시점에서 조선농민사 중앙집

32 「農民의 첫소리를 듯고, 朝鮮農民社의 組織에 對해(自由鍾)」, 『동아일보』, 1925.10.9.
33 梁承煥, 「朝鮮農民社의 組織을 듯고(自由鍾)」, 「동아일보」, 1925.10.11.

행부에 대한 각 지부의 영향력이 어떠했는지, 또 그 각 지부들에 미친 일반 농민들의 영향력이 어떠했는지를 명확하게 확인하는 것은 그리 쉽지 않은 일이다. 그러나 『조선농민』과 『농민』을 통해서 우리는 당시 농민사원들이 적극적으로 매체에 반응하거나 참여하고 있으며, 그 과정에서 『조선농민』과 『농민』이 다양한 농민들의 생각에 영향받고 있었다는 점을 알 수 있다. 사상적으로 보자면 온건한 계몽주의로부터 아나키즘까지 매우 넓은 분포를 보이는 『조선농민』과 『농민』 소재 글들은 오로지 농민과 농촌사회를 향하고 있다는 점에서 아무런 문제없이 매체에 공존하고 있었다.

『조선농민』과 『농민』이 보여주는 이 포괄성은 관점에 따라 '잡다함'으로 취급될 수도 있을 것이다. 그러나 저자는 이 '잡다함'을 그들의 말을 빌려 '중농주의'라고 이해하려고 한다. 현재 관점에서는 잡다해 보일지 모르는 이 매체의 불명확한 농민중심주의, 중농주의를 누구나 납득할 수 있는 말과 논리로 설명해야 하는 과제가 이제 우리들에게 주어져 있다.

4. 농민주체문학론의 전개

황석우는 1923년에 발표한 글 「신년 문단에 바람」[34]에서 "농민문학을 일으키라!"라는 선언이자 요구를 피력하고 있다. 이것이 한국문학계에 처음으로 '농민문학'이라는 용어가 등장한 장면이다.[35] 당시 농민들

34 『동아일보』, 1923.1.1.
35 최원식, 「농민문학을 위하여」, 백낙청 · 염무웅 편, 『한국문학의 현단계』 III, 창작과비평

이 일제와 지주들이 자행했던 이중착취 구조에 노출되어 있었다는 점을 감안하면, 농민문학의 필요성을 제기한 시점이 다소 뒤늦어 보인다.

1925년에는 당시 조선농민사 중앙이사장이었던 이성환이 『조선문단』에 「신년문단을 향하여 농민문학을 일으키라」[36]라는 제목의 글을 게재하기도 했다. 이 글에서 이성환은 "문예는 그때 그 사람의 살림이다. 그러면 조선의 문예는 오늘날 조선 사람의 살림의 반영이라야 될 것이 아닌가? 즉 조선사람 전체의 9할을 가진 일천사백만 대중인 '농민생활'의 반영이 아니면 아무것도 아니라는 것으로 잘 알 일이라 한다"[37]라며 다분히 격양된 목소리로 농민문학의 필요성을 역설하고 있다.

그러나 농민문학에 관해 다양한 논의가 일어난 것은 거의 1920년대 말경에 이르러서였다. 프로문학 대중화논쟁과 연결되어, 대중화의 대상이 누구인가를 논의하는 과정에서 농민문학의 필요성과 그 방법이 본격적으로 논의되기 시작한 것이다. 그러나 잘 알려진 바처럼 김기진을 중심으로 전개되었던 대중화론은 CAPF의 목적의식성과 거리가 있는 것으로 치부되어 논외의 대상이 되었다. 이런 상황에서 농민문학의 필요성이, 지속적인 실천과 모색을 통해 제기된 곳은 현장의 농민들과 밀착되어 있었던 조선농민사의 『조선농민』과 『농민』 지면이었다.

1929년 봄에 발간된 『조선농민』 5권 2호(1929.3)는 '조선농민문예운동' 특집호로 꾸며졌다. 여기서 김기진과 이성환, 김도현 등은 농민문학 건설의 당위성과 그 방법을 제안하고 있다. 김기진은 농민문예를

사, 1984, 49면.

36 『조선문단』, 1925.1.

37 신경림 편, 『농민문학론』, 온누리, 1983, 354면.

도구로 농민의 계급적 정체성을 명확하게 밝히며 실천적인 창작방법을 고민한 흔적을 보여준다.

일. 우리들의 농민문예는 농민으로 하야금 봉건적 또는 소시민적 의식과 취미로부터 떠나서 서로 단결하고 나아가게 하는 기구가 되어야 한다. 이것이 우리의 농민문예의 전정신이다.

이. 농민들의 거의 전부는 무식한 사람이니 우리들의 글은 그들이 귀로 듯게만 하고서도 용이히 이해할 수 잇는 글이어야 한다.

삼. 소설에 잇서는 제재를 농민의 생활상에서 취할 것이며 혹은 농민이외의 즉 지주 또는 자본가 내지 소시민계급의 생활상에서 취한다 할지라도 그것은 반듯이 농민의 생활과의 대조로써만 취할 것이다.

사. 동시에 소설가는 세미한 심리묘사나 성격묘사를 버리고 뚜렷뚜렷하게 사건과 인물의 경우와 거기서 생기는 갈등과 인정의 유로(流露)와 사회비판 등을 보이어주기에 전력을 다할 것이다. 그리고 인물과 경우와 사건과의 진행과 결말은 객관적 현실적 실재적 구체적이어야 하며 따라서 전체의 필법도 사실적이어야 한다. 다만 군대군대 가다가 감정의 격동의 정도에 따라서 추상적 공상적 주관적 묘사를 석는 것은 무방하다.

오. 시에 잇서서는 그 의도와 내용은 소설에 대하여 말한바와 갓흐며 그 양식만은 재래의 민요조를 취하야 그들의 입에 친한맛을 주고 쉽게 정들게 하여야 한다. 서사시의 형식조타.

육. 모든 문장은 낭독에 편하고 듯기에 편하도록 되어야 한다.[38]

이성환은 '흙의 힘과 이상'을 강조하면서 반도시적 대립의식을 표출하는데, 이는 반문명과 반근대의식의 연장선상에 있는 인식으로 보인다.

김도현은 "농촌의 생명과 농민 그들의 생활을 향상시키는 갑잇는 작품"이란 설명으로 농민문예에 의미를 부여한다. 또한 이 호의 「농민문예운동에 대한 제가(諸家)의 의견」에는 방정환과 이정섭, 윤백남, 최독견 등이 참여하여 농민문학의 대중화와 필요성을 역설한다.

『농민』으로 전환된 후에는 조선농민사와 같은 기관에서 농민문학건설 운동을 일으켜야 한다는 주장이 지속적으로 제기된다. 마치 농민문학을 건설해야 한다는 것을 일대 사명으로 삼은 듯한 모습을 보이고 있는 것이다. 매체의 특성을 감안하면 이는 지극히 당연한 방향이었을 것이다. 특히 『농민』에서는 농민문학의 주체가 농민들 자신이어야 한다는 주장을 담은 글들을 다수 찾을 수 있다. 이는 그동안 조선농민사에서 꾸준하게 진행했던 경제운동과 교양운동이 일정한 성과를 거두었고, 이를 바탕으로 문학 역시 농민이 문학의 독자라는 하나의 대상에 머물 것이 아니라, 창작주체가 되어야 하며, 충분히 가능하다는 자신감을 표현하는 것일 수도 있다. 그러나 더 근본적으로는 농민의 현실과 생각, 그리고 감정을 누구보다도 잘 이해하고, 표현할 수 있는 주체는 결국 농민일 수밖에 없다는 판단이 이런 농민주체문학론의 기반이었다. 이는 농민의 정서와 생활을 반영한 진정한 농민문학을 실현하기 위한 대안으로 제시된 것이기도 했다. 백민(白民)이 "순수 농민작가로서 농민의 입장에서 지어진 작품"[39]을 농민문학이라고 규정하면서, 농

38 김기진, 「農民文藝에 對한 草稿」, 『조선농민』 제5권 2호, 1929.3, 3면.
39 白民, 「농민문학을 일으키자」, 『농민』 제3권 8호, 1932.8, 2~4면. 그는 농민문학을 "(一)

민문학은 "우리들의 현재와 같은 참혹한 처지에서 새로운 생활을 전개하려는데 한 X기(器)를 장만하는 의미"에서 건설되어야 한다는 의견을 주장하는 장면은 이런 농민주체문학론자들의 입장을 소박하고 진솔하게 드러낸 사례라고 할 것이다.

한빛과 임현극(임연), 허문일 같은 인물이 제시한 문학론을, 앞서 『조선농민』의 '조선농민문예운동' 특집호과 비교해 보면, 짧은 기간 동안 이들이 얼마나 정확하게 현실을 진단하고, 이를 기반으로 구체적인 농민문학론을 구축하고 있었는지 확인할 수 있다. 농민문학과 농민문학운동에 대한 조선농민사의 농민중심적 입장은 한국 근대 농민문학의 기원 문제, 농민문학의 개념과 창작주체, 창작방법, 장르, 대중화방법, 농민문학운동 등에 대한 기존의 근대 농민문학 연구에 새로운 활력을 제공할 수 있는 요소이다. 이에 대한 연구가 우리의 근대문학에서 중요한 위치를 차지하고 있는 농민문학을 재구성하고 종국에는 근대문학사를 새롭게 구축하는 논의의 장을 제공할 수 있을 것이라는 뜻이다.

農民의 立場에서 지어지는 文學일 것. (二) 農民의 生活現實을 재료로 한 文學일 것. (三) 農民들이 닑을만한 平易한 文學일 것. (四) 農民의 元氣를 振作시키는 文學일 것"으로 규정한다. 앞서 지적한 농민문학의 조건과 같은 입장을 보이고 있는 것이다.

제3장

『조선농민』의 농민문학

1. 『조선농민』, 1925년

『조선농민』 창간호에는 「창간사」와 「편집후기」를 포함하여 총 15편의 글이 수록되어 있다. 글은 대부분 지식인 엘리트들의 '논설'과 '강좌', '독본' 등이다. 임영빈(任英彬)의 소설 「조리 돌리는 사람」은 창간호에 수록된 유일한 문학작품이었다. 필자들 면면뿐만 아니라, 실제 글 내용면에서도 개량주의라는 평가를 받는 것이 당연할 만한 것들이 많았다. 이와 같은 내용은 점차 보다 강한 어조로 소작문제와 지주에 대한 반감을 드러내는 방향으로 변화하기 시작하는데, 그것을 명료하게 보여주는 것이 바로 문예 분야였다. 특히 문예 분야에서 변화가 두드러진 데에는 다양한 원인이 있었을 것이다. 이중 농민 출신 투고자의 시와 소설 등이 문예 지면을 점유하는 비율이 높아진 것은 가장 중요한 변화 요인이었다. 물론 이런 변화는 점진적으로 이루어졌는데, 『조선농민』 발간 초기와 『농민』으로 제호를 변경하기 전인 1929년 무렵 문예면을 비교해보면 그 변화를 매우 뚜렷하게 확인할 수 있다.

『조선농민』 창간호에 수록된 소설 「조리 돌리는 사람」은 일흔이 넘은 노인으로부터 작중 화자가 그 노인의 청년시절 고향에서 목격했던 옛 이야기를 듣는 형식을 취하고 있다. 전국 장터를 돌아다니면서 돈을 벌어 어느 정도 재력을 지니게 된 홀아비 김사달은 뒤늦게 아들을 얻는다. 그러나 김사달은 아이가 세 살이 되던 해에 상처하고, 동네 주막에서 일하던 황주집이라는 여인과 재혼을 하게 된다. 황주집은 본래 무당의 손녀였는데, 스스로도 용한 점쟁이가 되어 돈을 벌고 싶은 욕망에 사로잡힌 인물이다. 어느 날 남편 김사달이 돈을 벌기 위해 장기간 전국을 도는 장사를 떠나게 되자 황주집은 어린 아이를 굶겨 죽인다. 황주집이 그런 행동을 하게 된 데에는 용한 점쟁이가 되겠다는 자신의 욕망이 작용했다.

> 태주라고도 하고 샛천이라고도 하는 것은 말할 줄 아는 어린 아희를 굶겨 죽여서 만드는 것이다. 말할 줄 아는 어린 아희를 독속이나 혹 다른 데라도 아희가 도망하야 나오지 못할데다가 가도고서 몃칠을 굼기다가 밥을 가지고 가서 일홈을 불으면서 밥을 줄 듯이 들이민다. 그러나 밥은 주지 안코 그 아희의 손이 달락말락하게 그릇을 들고 놀리기만 한다. 그 아희는 감질이 올라서 죽으랴고 하면서 붓들랴고 애를 쓴다. 그러케 하다가 그 아희가 필경 손을 벌인채 애가 말라서 굶어죽으면 그 아희의 왼손가락을 쏙잘라서 비

단 주머니에 너허둔다. 그 아희의 온 정력이 말금 왼손에 모혓다고 하야서 왼손가락을 잘라 두는 것이다.[40]

이렇게 만든 태주를 지니고 있으면 남의 미래를 볼 수 있는 힘이 생긴다는 것인데, 결국 황주집의 악행은 동네 주민들에게 발각되고, 결국 황주집은 이곳저곳에서 조리돌림 당하는 신세가 되었다는 이야기이다.

임영빈[41]이 이 작품에서 의도한 것이 무엇인지는 분명치 않다. 다른 논설들과는 달리 한자를 전혀 사용하지 않고 있으며, 우리가 농촌에서 흔히 들을 수 있는 수준의 이야기를 창간호에 게재했다는 것은 창간호에 수록된 다른 논설들의 진지성에 비추어 좀 이질적으로 보인다. 그는 『조선농민』 제2권 1호와 2호에 연달아 「구박」이라는 제목으로 소설을 게재하기도 했는데, 이 역시 「조리 돌리는 사람」과 큰 차이를 보이지 않는 작품이다.[42] 이 두 작품을 연결해보면, 대략 미신의 패악을 말하고 싶었던 것이 아닌가 하는 추측이 드는데, 그렇다면 창간호에 수록된 각종 '강좌'와 '독본'의 연장선상에서 작성된 작품이 아닌가 한다.

40 임영빈, 「조리 돌리는 사람」, 『조선농민』 창간호, 55면.

41 이 작품의 작가 임영빈(任英彬)은 1923년 「난륜(亂倫)」을 『조선문단(朝鮮文壇)』에 발표하여 문단에 등장했고, 1980년대에 『문학사상』의 편집인이기도 했던 인물이다. 그는 황해도 금산(金山) 출생인데, 그래서인지 작품의 배경도 황해도 신천과 배천(白川)이다. 그는 1929년 미국 유학을 떠나는데, 자신의 유학생활을 「미국통신」이라는 제목으로 『조선농민』에 수록하고 있다.

42 임영빈의 「구박」은 착한 며느리를 극단적으로 구박하는 시어머니와 그런 상황에 무기력한 며느리와 아들, 그리고 시아버지가 만드는 가정 상황을 그리고 있다. 구박 끝에 집에서 쫓겨난 며느리가 시외숙 집에 머무는 사이, 시어머니의 구박이 무당의 예언에서 비롯되었다는 것을 전달해 주는 소설이다. 이 작품에서도 임영빈은 한자를 전혀 사용하지 않고 있다.

사실 이와 같은 목소리를 내고 있는 소설은 또 있다. 『조선농민』 제2권 3호에 수록된 방정환의 「귀신 먹는 사람」이 그것이다. 작가 스스로 '동화'라고 규정한 작품이지만, 임영빈의 작품들에 비해서 훨씬 성숙한 면모를 보이는 작품이다. 이 작품은 산꿩을 잡을 요량으로 누군가 쳐 놓은 그물에 잡힌 꿩을 가져가면서 대신 자신이 가져온 생선을 넣어 두었던 성칠이의 행동을 알지 못하고, 난데없이 산에 생선이 출몰한 상황을 두려워하던 마을 주민들과 그 문제의 생선을 당집을 태운 불에 구워 먹으면서 비이성적인 미신에 대한 두려움을 비웃는 성칠의 행동을 대비하는 내용이다. 작품 말미에 성칠이 마을 사람들에게 일갈하는 내용은 인상적이다.

> 성칠이는 "내가 이러케 신령님을 먹어바렷으닛가 인제 아모 일도 업습니다. 아모렴여 마십시오. 그리고 우선 오늘부터는 비가 그칠 것이니 그리 아십시오. 나는 아무곳에 사는 리성칠이라고 귀신 잡아먹기로 유명한 사람이 올시다" 하고 픽 우섯습니다.[43]

사실 도깨비나 미신을 퇴치하자는 내용은 다양한 방식으로 초기 『조선농민』에 수록된다. 임영빈과 방정환[44]의 작품도 그런 연장선상에서 해석될 수 있을 것이다. 이런 온건함은 초기 『조선농민』에 투고된 농

43 방정환, 「귀신 먹는 사람」, 『조선농민』 제2권 3호, 51면.
44 「귀신 먹는 사람」에 대한 논의와는 별개로 소파 방정환은 사회주의와 깊은 관련을 맺고 있다. 지금까지 방정환의 이념에 대한 논의는 좌우 양 진영에서 각자 자신들의 입장만을 강조하는 논의구조를 생산했는데, 이런 와중에 방정환의 전체상을 객관적으로 조명하는 일을 제대로 진척되지 않았다. 방정환과 사회주의의 관계에 대한 연구는 염희경의 「소파 방정환과 사회주의」(『아침햇살』, 2000. 봄)를 참고할 수 있다.

민들의 작품에서도 찾아진다. 『조선농민』이 농민들의 참여를 독려하고자 시행한 '농촌단문(農村短文)' 현상모집에 선정된 작품들은 매우 소박한 자신의 감상과 농촌의 풍경을 다소 낭만적인 차원에서 그리는 것들이 많았다. 『조선농민』 제2권 2호에 수록된 백추(白萩)의 「닭치든 자미」는 애지중지 닭을 치다가 한 마리가 죽자 다른 닭도 곧 죽었다는 이야기이고, 강영균(姜英均)의 「변천(變遷)」은 변치 않는 농촌 풍경과 아이들의 모습을 묘사하고 있다. 서봉택(徐鳳澤)의 「신년설경(新年雪景)」 역시 눈 내린 마을 모습을 묘사하는 단순한 메모 수준의 글이다.

농민 투고 시의 경향도 이와 별반 다르지 않다. 2권 4호에 취공(翠空)이라는 필자가 투고한 시 「실제(失題)」를 보자.

봄이 오면은 잔숨도 만쿠요
것잡을수업는 연한 幻想조차
어린가슴을 못견되게도
가뷔엽게건듸림니다
"시약시야! 봄依裝떨치여라"구
맘우에 봄편지는 벌서왓건마는
그러나 나는 쓋업시 안타가워요
봄노리의차림이 못되엿길내[45]

어쩌면 이런 시풍은 당시 한국 기성문단의 시 경향에 영향받은 것일

45 翠空, 「失題」, 『조선농민』 제2권 4호, 24면.

지도 모른다. 그러나 이것을 농민시라고 말하기는 어려울 것이다. 『조선농민』 2권 10호에 단천 농민 김하송(金河頌)이 가난한 농민들의 현실을 담은 시[46]를 투고한 경우도 있지만, 대체로 이 무렵 『조선농민』에 수록된 기성 작가들의 작품이나 농민들의 투고 작품은 계몽과 낭만성이 주를 이루고 있었다.

2. 문학농민의 시 두 편, 1927년

그러나 이런 흐름은 점차 농민들의 노동을 예찬하고, 투쟁의지를 강조하는 쪽으로 전환된다. 1927년 6월에 발간된 『조선농민』 제3권 6호에 수록된 두 편의 시는 그와 같은 변화를 잘 보여준다. 그 시 두 편을 살펴보자.

> 山에 사는 여호도 굴이 잇담니다
> 나는 새도 집이 잇담이다.
> 그러나 그러나 싸우에 백성
> 그이들은 집업는 者이람니다.
> (…중략…)
> 그러나 집업는 그대들이여!
> 주먹을 들어 싸흠터에 나가는 그날에는 그대들의 몸과 함께 이싸우에

46 金河頌, 「農夫歌」, 『조선농민』 제2권 10호, 31면.

새날의 빛이 길이 빗날 것을 알지어다.

—「그들은 집업는 者」 부분 47

이 작품은 이전에 『조선농민』에 실렸던 시들과는 차이를 보인다. '싸흠터'가 무엇을 의미하는지 좀 애매하기는 하지만, 어떤 방식으로든 농민들의 행동을 강조하고 있다는 점에서 단순한 '계몽'과는 차이를 보이기 때문이다. 같은 면에 수록된 시 「쌈」은 여러 점에서 주목을 요하는 작품이다.

더운 기운이 플내와 흙내와

서로 어울너저 올나오는 밧에서

김을 매는 우리들을 보라.

우리의 십뻘건 이마와밋 왼전신에 구슬갓치 궁그는 쌈을보라

그대들은 이것을 보는가

이상한방울에 쌈은…

어두운밤에 금강선갓치 빗나며

47 龍興江人, 「그들은 집업는 者」, 『조선농민』 제3권 6호, 22면. 이 시를 쓴 사람이 누구인지 정확한 정보를 확인하지 못한 것은 안타까운 일이다. 다만 '龍興江人'이라는 필명으로 그가 쓴 글은 두 편이 확인되는데, 「博士準備하는 숨은 明星, 文學博士・醫學博士 等」(『삼천리』 제7권 11호, 1935.12)과 「歐州에서 活躍하는 人物들－白衣人材들의 빗나는 자최를 차저」(『삼천리』 제8권 2호, 1936.2)이 그것이다. 이 두 글의 내용이 해외에서 활동하고 있는 한국인 엘리트들을 소개하는 것이라는 점으로 미루어 그가 농민이었다고 볼 수는 없을 것 같다.

황금보다도 갑어치가 잇는 것이다.

어리석은 哲學者야 科學者야 또는 主義者야 오! 그대들은 무엇을 求함인요

그것은…

오즉 우리의 땀한방울만 못할 것이다.[48]

지식인에 대한 반감과 농민의 노동을 예찬하는 내용이 동거하고 있는 이 작품의 작자는 김수영이다. 시 내용을 보면 그가 농민이 아닐까 하는 생각이 드는데, 1939년 평강경찰서에서 작성한 「경제통제에 관한 취체조치상황보고」에서 그는 '폭리취체령(暴利取締令) 위반'을 했으며, 주소가 '철원군(鐵原郡) 어운면(御雲面) 월정리(月井里)'인 것으로 나타나 있다.[49] 이 시는 『조선농민』이 창간된 이래 지속적으로 현상모집을 해왔던 농민들의 짧은 글들과는 확연하게 다른 분위기를 보인다.

사실 농민투고자가 『조선농민』에 글을 수록하는 데에는 일정한 한계가 있을 수밖에 없다. 대체로 엘리트 지식인들이 거의 독점적으로 지면을 장악하고 있었던, '논설'과 '강좌'에 농민들이 글을 수록하는 것은 어려운 일이었다. 수동적인 입장에서 농민사의 지부 소식을 전하거나, 일종의 독후감이나 건의사항을 전달하는 것에서 벗어나 당시 대표적인 농민대중 매체였던 『조선농민』에 자신의 생각을 글로 수록하기에 문학만한 형식도 없었을 것이다. 당시 『조선농민』 편집진도 이와 같은 상황을 분명하게 이해하고 있었다. 창간호부터 농민들의 짧은 글

48 金壽泳, 「땀」, 『조선농민』 3권 6호, 22면.

49 출처 : 국사편찬위원회 한국사데이터베이스, http://db.history.go.kr

들을 현상 모집했던 것이 이를 반영하는 것이었다. 그런데, 『조선농민』이 창간된 지 약 3년의 시간이 흐르면서부터 특히 이 문예면을 통해서 농민들이 자신의 목소리를 분명하게 내기 시작한다. 김수영의 시 「쌈」은 이러한 상황을 상징적으로 보여주는 작품이다. 그런 의미에서 이 시에는 『조선농민』에서 농민출신 시 작가가 농민의 정체성을 가지고, 계급적 이해관계를 드러낸 첫 장면이라고 그 의의를 부여할 수 있을 것이다. 이와 같은 경향은 『조선농민』이 그 생명을 다 할 무렵인 1929년에 이르면 더욱 분명해 진다.

3. 농민소설 세 편, 1929년

1929년에 발간된 『조선농민』 제5권 2호에서는 '농민문예'를 특집으로 다루고 있다. 이 '농민문예특집'에 글을 수록한 필진은 김기진, 이성환, 방정환, 최독견 등인데, 계몽주의적인 입장의 글들과 계급주의적인 입장의 글들이 뚜렷한 일관성 없이 함께 혼재되어 있다.

팔봉 김기진은 「농민문예에 대한 초안」이라는 제목의 글[50]에서 당연히 계급의식에 입각한 농민문학을 강조하고 있다. 이 특집에 방정환은 「각설이때式으로」라는 제목으로 글을 수록했는데, 그가 이 글에서 강조하고 있는 것은 농민문학은 농민들의 방식으로 만들어져야 한다는 점이었다. 그의 주장은 농민문학의 최종적인 귀착지점이 농민들이

50 八峯, 「農民文藝에 對한 草稿」, 『조선농민』 제5권 2호, 1929.3, 2~3면.

므로, 우선 그들의 취미에 맞는 글 형식이 필요할 것이 아니겠느냐는 것이다. 독자의 입장과 이해를 늘 고려해야 하는 동화작가의 목소리라는 점에서 그의 주장은 귀를 기울이게 한다. 그러나 무엇보다도 그는 매우 현실적이고 소박한 입장에서 그런 주장을 '조심스럽게' 하고 있는 것으로 보인다.

> 근래 신간서적 중에 문예에 관한 서적이 만히 발행된다 하여도 이삼천 부를 지나치기 어려운 것이 사실인데 각금 인쇄소에를 가보면 일흠조차 모르던 그야말로 무명서점에서 고대소설 옥루몽 금태자전가튼 것을 한번에 수만 부식 인쇄해가는 것을 보고는 놀나지 안흘수 업습니다. (…중략…) 만히 팔니는 것만을 바라고 뒷거름 처가서 그들의 저급한 취미에 아첨하라는 것이 아니라 우선 그들의 손목을 잡고 그리고 그들과 가치 함께 나아가기 시작해야겟스니 아모리 저급한데에 잇드래도 그들을 차저가야할 것이 아니겟슴닛가[51]

소박하지만, 농민문예 문제를 농민들의 입장에서 논의하려는 이 특집호의 애초 의도에 정확하게 부합하는 글이다. 그러나 사실 농민문예의 새로운 흐름, 농민주체문학의 형성은 1929년 무렵 『조선농민』 문예란에서 보다 분명하게 그 모습을 드러내고 있었다. 같은 해 발간된 『조선농민』 제5권 4호를 통해 발표된 '농민소설 현상모집'에 당선된 3편의 소설은 1925년 창간 초기에 수록되었던 임영빈의 소설과는 분명한 차

51 방정환, 「각설이時式으로」, 『조선농민』 제5권 2호, 1929.3, 9면.

이를 보이고 있다.

현상문예를 통해 당선된 작품은 3편이다. 최인준(崔仁俊)의 「대간선(大幹線)」이 2등 당선, 강향은(姜香隱)의 「돈과 죄」가 3등 당선, 허문일(許文日)의 「짓밟힌 솟」이 선외가작으로 선정되었다. 이 세 작품을 하나하나 살펴보자.

최인준[52]의 「대간선」 주인공 춘삼은 본시 황해도 재령에서 소작하며 지냈는데, 수해로 말미암아 소작료를 지탱하기도 어려운 처지에 놓였다. 그런 막막한 상황에 돌파구가 된 것은 간도에 동양척식주식회사가 새로 개간한 농토로 이민하는 것이었다. 그러나 이민한 지역에서의 삶도 암담하기는 마찬가지였다. 개간지에 새로 마련한 집값을 지불하는 일로부터 동양척식회사에 수탈당하기는 고향에서와 마찬가지였다. 그러나 작가는 이 문제를 '민족'문제로 바라보고 있지는 않다.

> 춘삼이는 래일 모레, 그리고 수만흔 압날에 기한(飢寒)에 사로잡혀서 허우적거릴 자긔와 자긔어머니의 장래를 그려보았다. 오! 그것은 반드시 몸부림칠만치 저주할 '주림'의 역경(逆境)이리라. 그리고 이 주림의 역경을 넘어가지 안으면 안될 것을 깨달았을 때 춘삼이는 또다시 몸서리를 치지 안흘수 업섯다. (…중략…) 우리는 안이 우리 아버지와 한아버지 그이전부터 대대

52 최인준(崔仁俊)은 1912년 평양에서 출생한 것으로 알려진다. 소학교 시절을 진남포 삼숭학교(三崇學校)에서 보내고, 평양 광성고등보통학교(光成高等普通學校)를 거쳐 서울의 보성고등보통학교(普成高等普通學校) 4년까지 재학 중 동맹휴학사건에 연루되어 중퇴했다. 1934년 『동아일보』에 단편 「황소」가 당선된 이후부터 본격적인 작품 활동을 시작했는데, 주로 농촌현실과 젊은이들의 암담한 운명, 유산자와 무산자의 갈등을 다룬 작품들이 많았다. 공식적인 연보에 따르면, 그가 「대간선」을 발표할 당시 나이는 17~18세에 불과했다.

로 빈한하지 안핫는가? 우리들의 조상이 대대손손으로 오즉 하나의 유산은 '주림'이 아니엇든가?[53]

작품의 현재 시점에서 문제는 인공수로인 '대간선'에 물이 부족하여 논에 물을 댈 수 없다는 사실이었다. 암담함을 느끼던 춘삼은 친구 대선으로부터 뜻밖에도 윗마을(上村)에서는 관계자에게 뇌물을 전하고 물을 대서 쓰고 있다는 소식을 듣는다. 그날 밤 춘삼은 친구 대선과 함께 윗마을로 갔다. 그곳에서 춘삼은 춘삼의 마을 쪽으로 내려가는 수로를 흙으로 막고 자신 마을 쪽으로 물을 보내고 있는 윗마을 사람들과 이를 바라보고 있던 수로감시원을 발견한다. 춘삼은 그길로 수로감시원을 죽이고, 윗마을 사람들에게 집단구타를 당하여 죽음을 맞는다.

이 작품이 말하려는 바가 무엇인지 불분명한 것은 사실이다. 그러나 이 작품은 기성작가가 농민들을 독자로 상정하여 쓴 농민소설이 아니라, 10대 후반 농촌 출신 젊은이의 작품이다. 농촌의 현실을 '미신문제'를 중심으로 그리는 것과 '논에 댈 물 문제'를 중심으로 그리는 것 사이에는 매우 큰 격차가 놓여있다. 어쩌면 이것은 몇 년 후 미국으로 유학을 떠나게 되는 작가 임영빈과 이후로도 계속 농촌의 비극적인 현실을 그리게 될 최인훈의 차이일지도 모른다.

강향은[54]의 「돈과 죄」는 몹시 흥미로운 이야기 구조를 보여준다. 작품의 화자인 '나'는 부산 어느 술집에서 여자 한 사람을 두고, 두 남자가

53 崔仁俊, 「大幹線」, 『조선농민』 제5권 4호, 1929.5, 41면.

54 안타깝게도 강향은에 대한 정보는 찾기 어려웠다. 아마도 필명이 아닐까 싶은데, 이에 대한 정보는 추가로 확인할 일이다.

다투는 모습을 목격한다. 싸움의 내용은 100원의 몸값을 지불하고 산 술집 여자를 그 남편이 100원을 주고 되사려고 하자, 술집 주인이 200원을 요구하는 내용이었다. '나'는 남편으로부터 상황의 자초지종을 듣는다.

남편인 정광주(鄭光柱)는 예천에서 소작농 생활을 하던 인물이다. 유난히 어려운 춘궁기를 견디지 못해 고민 중이던 그는 이웃집 김 서방이 그의 사촌 소개로 일본 오사카로 일자리를 찾아 가려고 한다는 말에 자신도 동행하는 계획을 세운다. 아내는 눈물로 반대하지만, 암담한 현실에서 벗어날 길이 없었던 그는 아내의 안위를 마을 야학교사인 최 선생에게 부탁하고 김 서방과 함께 부산에 도착한다. 그러나 그들은 여행권이 없으면 도항이 불가하다는 누군가의 말을 듣고, 그에게 여행권 수령을 부탁하게 된다. 각각 5원의 수수료를 요구하는 그에게 김 서방은 5원을 주었지만, 정광주는 돈이 없어 일단 숙소로 돌아온다. 그 거간꾼이 사기꾼이었던 것은 물론이다. 돈 없이 부산 여각에서 무전숙식을 하던 정광주는 숙박비를 떼어먹고 도주하다가 거리에서 수상한 행보를 의심한 순사에게 연행되어 죄 없이 10일 구류를 살게 되었다. 구류에서 풀려나 고향에 돌아왔으나 그는 뜻밖에도 야학 최 선생으로부터 『부산일보』 2면에 자신이 5인조 권총강도로 보도가 되었으며, 그것을 보고 아내가 부산으로 떠났다는 사실을 알게 된다. 다시 아내를 찾아 부산에 온 정광주는 우여곡절 끝에 술집에 팔려온 아내를 만나게 된 것이다.

'나'는 다시 아내에게 술집에 팔려온 사연을 듣게 된다. 아내는 남편을 찾아 부산에 왔으나 막막하던 중에 일본에서 막 나온 고향마을 이웃 윤원길을 만난다. 이에 사정을 털어놓자 윤원길은 그녀를 술집에 팔아

넘긴 것이다. 이 상황에서 소설은 약간의 반전을 만들어 낸다. 이야기를 다 들은 '나'는 술집주인에게 기꺼이 아내의 몸값을 지불한 것이다. 사실 그는 모종의 임무를 가지고 만주에서 온 인물이었는데, 그 공작금으로 그 아내의 몸값을 지불한 것이다.

> "당신이 누구심닛가? 네-이 케도"
>
> 나의 옷깃을 잡고 무럿지만은 북쪽에서 소리업시 내쌍에 더러온 내가 뉘라고할리 만무햇지요. 내가 지금 경찰의 손에 잡혀 철창속에 잇스면서도 잠들기 전에는 그때 그일이 이갓치도 닛치지를 안코 련상됩니다. 그때 그부부는 지금엔 어늬촌 어늬논바닥에서 광이들고 호미들고 흙과 싸우는지?[55]

행복한 이야기이다. 다소 낭만적이지만, 농민의 삶이 지닌 윤리성을 드러내는 작품이다. 이런 이야기 구조는 결국 농민운동, 농민으로서의 삶이 지닌 가치를 고양시킨다는 점에서 농민들의 노동과 땀을 예찬하는 모습과 연결된다.

허문일의 소설 「짓 밟힌 쏫」은 가난에 못 이겨 남의 집에 딸을 보내버린 김 서방이 그의 딸 간난이가 결국 남편의 폭행에 사망했다는 것을 밝혀내는 이야기이다. 역시 가난한 농민들의 삶을 그리고 있다.

이 세 작품은 어떤 과도기적 형태를 보여준다. 앞서 이미 언급했지만, 이와 같은 문학세계는 『조선농민』 창간 초기에는 전혀 찾을 수 없는 세계이다. 그와 같은 변화는 물론 한국문학계 전반의 변화와도 깊

55 姜香隱, 「돈과 죄」, 『조선농민』 제5권 4호, 1929.5, 56면.

은 관련이 있을 것이다. 그러나 중요한 것은 이러한 변화가 기성작가들이 아닌 농민 출신 작가들에 의해 주도되고 있었다는 점이다. 1929년 무렵 농민 출신의 무명작가들의 작품과 예전부터 『조선농민』에 작품을 수록하던 기성 작가들의 문학세계 사이에는 분명한 차이가 나타나고 있다. 『조선농민』은 조선농민사 내부의 알력다툼으로 인해 1930년 그 제호를 『농민』으로 바꾸게 되고, 그 필진도 상당수가 바뀌게 되는데, 문예란은 상대적으로 더 많은 지면을 할애 받게 된다. 그리고 그 자리에 농민출신 문인들의 작품이 다수 수록되기 시작한다.

소설로 보았을 때 앞서 세 작품도 아직 농촌의 피폐한 현실을 보여주는 차원에 그치고 있다는 사실을 우리는 확인할 수 있었다. 그러나 이런 현상은 일종의 과도기적 현상이었다. 1930년대 『농민』에서 우리는 보다 확대된 농민주의의 실체를 어느 정도 확인할 수 있는 작품들을 만나게 된다.

제4장

『농민』의 농민주체문학

1. 임연

창립 초기부터 조선농민사를 주도했던 이성환이 배제되고, 박사직이 이사장을 맡게 되면서 『조선농민』은 제호를 『농민』으로 변경했다.[56] 제호가 변경된 이후부터 문예란에 지면이 더 많이 할애됐고, 그에 따라 발표 작품 편수도 눈에 띄게 증가했다. 지주에 대한 반감과 저항의식이 뚜렷한 작품들 수가 점차 늘었다는 점 역시 주목해야 할 부분

56 『농민』 첫 호인 1930년 5월호 「농민사(農民辭)」에는 제호 전환 이유가 다음과 같이 설명된다. "조선농민사 긔관지(機關紙)가 조선농민(朝鮮農民)인 것은 세상이 다 아는 바이나 금후부터 농민(農民)으로 변명(變名)을 하게 되어스니 편즙 겸 발행인인(編輯兼發行人) 전간부 리성환(李晟煥)으로부터 종내(終乃) 명의인게(名義引繼)를 하여주지 안흔 짜닭이다", 「농민사(農民辭)」, 『농민』 1930.5, 1면.

이다. 그런데 이와 같은 변화는 문예란에 국한된 것이 아니었다. 각호의 얼굴이랄 수 있는 권두사들만 해도 농민들의 저항과 지주계층에 대한 반감을 유발시키는 것들이 적지 않았다. 이런 변화를 주도했던 인물은 임연(林然)과 허문일이었다. 이 두 인물은 각기 다른 배경을 지니고 있었으나, 계급의식에 입각한 문학작품을 『농민』에 여러 편 수록했으며, '논설'과 '강좌'를 기고하는 등 실질적으로 『농민』 문예란을 이끌었던 인물들이다.[57]

임연[58]은 당시로서는 엘리트 교육을 받은 인물이었다. 자료가 부족하기 때문에 그가 어떤 가치관과 사상에 배경을 두고 농민들이 처한 현

57 『조선농민』과 『농민』 소재 농민시 연구에 선구적인 역할을 했던 서범석은 임연과 허문일을 '농민파 시인'이라고 명명하고 있다(서범석, 『문학과 사회비평』, 박이정, 1995, 30~32면 참조).

58 1909년 경기도 여주군에서 출생한 임연(林然)의 본명은 임린(林麟)이었다. 임연으로 개명했지만 현극(玄極), 해창(海彰), 연인(然人), 일수연인(一水然人), 시은(市隱), 궁을현인(弓乙玄人), 소우(蔬雨) 등 상당히 많은 필명을 사용했다. 그는 1935년 1월1일 『조선일보』 신춘문예 '新詩' 부문에 「노숙자(露宿者)」로 당선된 시인이다. 1909년 4월 1일에 여주에서 출생하여 어릴 때 한학(漢學)을 수업했고, 여주공립보통학교(지금의 여주초등학교)를 졸업했다. 18세 때인 1926년 3월에 제일고보(第一高普)를 졸업했고, 1929년 3월에는 일본대학(日本大學) 정치과와 종교과를 졸업했다. 1929년 5월부터 12월까지 서도를 연구했으며, 그해 11월부터 이듬해인 1930년 3월까지 『조선일보』 여주지국을 경영하며 같은 신문의 기자를 역임했다. 22세인 1930년 6월부터 다음해 4월까지 조선농민사 조사출판부원으로 『농민』을 편집했고, 1931년 4월부터 1932년 3월까지 조선농민사 중앙이사를 역임했다. 1932년 6월에는 여주청년회 서무부장, 1934년 2월부터 12월까지 농민주보사 편집차장 겸 학예부장을 지냈으며 현재는 계간 문학잡지 『계절문학(季節文學)』 발간을 준비했다. 신춘문예에 당선되기 이전부터 이미 시를 비롯한 많은 글들을 『신인간』, 『조선시단』, 『농민』, 『무명탄』, 『농민순보』, 『조선중앙일보』 등에 발표하고 있었으며, 농민주보사에서 발행하는 『농민순보』의 편집국장을 역임하기도 했던 그는 천도교도였다. 한 가지 특기할 일은 임연이 『조선일보』 신춘문예에 당선되던 1935년에 『동아일보』 신춘문예 신시부문 당선자인 이혜숙(李蕙淑) 시인이 그의 부인이라는 사실이다. 부부가 같은 해에 나란히 양대 일간지 신춘문예 시부문에 당선된 부부문인이었던 것이다. 이혜숙은 『농민』에도 여러 편의 시를 수록한 바 있다. 현재 확인된 자료만 보더라도 그는 114편의 시와 14편의 수필 그리고 소설 3편, 희곡 2편이라는 적지 않은 문학작품과 문학론 등 40편 가량의 논설류의 글을 남기고 있다(서범석, 「임연의 시문학과 천도교」, 『국어국문학』 제136집, 국어국문학회, 2004.5, 444~445면).

실을 비판하는 글과 작품을 발표했는지를 정확하게 이해하기가 쉽지 않다. 다만 분명한 것은 천도교가 그를 이해하는 가장 중요한 열쇠라는 점이다. 그의 부친은 동학시대 대두목으로 활동하던 임순호(林淳灝)였다. 그러므로 그는 뿌리 깊은 천도교 가풍 속에서 성장했을 것이다. 임순호는 단지 신자에 머문 것이 아니라, 우금치 전투에 참전하고, 이로 인해서 얼마간 도피생활을 했던 인물이었다.[59] 이후로도 임순호는 여주지역에서 해월신사를 지원하고, 관리하는 일에 큰 역할을 수행했는데, 이런 부친의 영향은 실패한 동학농민항쟁에 대한 아픔과 동학과 천도교가 공히 추구했던 지상천국의 꿈을 동시에 그의 내면에 채워주었을 가능성이 크다고 하겠다.

『농민』에 글을 투고할 당시 임연의 나이는 불과 20대 초반에 불과했다. 그는 단지 문필가로서 『농민』에 글을 투고했던 것은 아니었다. 종로경찰서장이 경성지방법원에 보낸 정보 보고서에 의하면 조선농민사가 천도교 청년당 중심의 조직으로 전환된 이후 주로 소작문제를 둘러싼 집회가 1930년 12월부터 1931년 4월까지 약 4개월간 8건이 있었는데, 그 집회에 임연은 빠지지 않고 참석하고 있다.[60]

임연은 『농민』에 시와 소설뿐만 아니라, 「권두사」를 포함해서 다양한 글들을 게재했는데, 그 글들과 문학 작품에는 일관되게 저항적인 면모가 새겨져 있다. 『농민』에 참여하여 문예란을 주도하기 직전에 그는

59 성주현, 「천도교 예술론을 제창한 임린과 이혜숙」, 『신인간』, 2004.5 참조.
60 물론 이런 집회를 임연이 이끌었다는 뜻은 아니다. 이는 뒤에 다시 검토할 문제이지만, 조선농민사의 변화와 『농민』 문예란의 특성은 어느 정도 연관이 있을 수밖에 없다. 특히 천도교 청년당이 조선농민사를 주도하면서 생긴 1930년대 초반의 변화를 이끌었던 것은 중앙이사장 박달성이었을 것이다.

황석우가 주도하던 『조선시단』에 「시의 예술상 지위」을 발표했는데, 이 글에서 우리는 당시 그가 계급의식과 문학을 강하게 관련시키고 있다는 사실을 확인할 수 있다.

> 여기에도 물론 일리는 잇다 그러나 예술의 기원을 그럿케 평범하게 생각하는 것은 오류이다 예술의 기원은 그 이전을 잡어야 한다. 즉 푸로 예술가의 말하는 노동설에 의해야 한다. (…중략…) 즉 시는 그 시대의 전적 표현이며 시대를 짓는 혁명아라는 것이다. 시가 타락하면 그 기능은 말할 것도 업지만! 금일에 잇서서 무산자의 시는 오즉 그들의 생활내용인 동시에 겸하야 현대사조 즉 시대의 전적 표현이다. 겸하야 금일이란 이날을 개척하는 영웅일 것이다.[61]

이와 같은 임연의 문학관을 두고 천도교 계열 문학을 연구해온 한 연구자는 다음과 같이 평가·분석한다.

> 임연의 시론은 한 마디로 프롤레타리아 예술로서의 계급의식을 드러내고 있는 것이며, 그래서 시가 무산자의 생활과 시대적 현실을 표현할 것을 주장하고 있는 것이다. 그러나 임연이 카프 쪽에 가담했다는 사실은 아직 밝혀져 있지 않다. 동학사상에서 출발한 민족적 현실주의와 당시의 사회주의문학사상의 자연스러운 접점이 임연의 문학론이라고 하겠다.[62]

61 林麟, 「詩의 藝術上 地位」, 『朝鮮詩壇』, 1929.4, 22면.
62 서범석, 앞의 글, 451면.

이러한 분석 역시 당시 한국사회에서 노동자와 농민의 해방을 목표하는 문학은 곧 볼셰비즘에 입각한 문학이라는 관념에 영향받은 것이다. 1929년이면 이른바 '아나-보르 논쟁'이 이미 끝나고, 아나키스트 진영과 볼세비키 진영의 대립이 점차 날카로워지던 때였다. 그런 시절에 대표적인 한국 근대 아나키스트 문인 황석우가 주도하던 『조선시단』에 글을 발표한 임연을 마르크스주의자로 평가하는 것은 무리이다. 그런 점에서 마르크스주의자가 아닌 계급주의자인 임연을 아나키즘과 관련지어 이해하는 것은 충분히 가능한 일이다.

그렇다면 임연이 『농민』에 발표했던 작품들은 그의 문학론과 어떻게 연계되었는지 살펴볼 필요가 있다. 우선 1930년 여름부터 가을까지 그가 발표한 시를 살펴보자.

> 쌍파기에 일하기에 손발이 다다러도
> 벗기굼기 먹듯하네 집도뒤간 갓다네
> 삼월이라 꼿날건만 춘궁을 못니기여
> 보리뿌리 캐다가 죽을쑤어 먹는다네
> 아카시야 닙싸다 국을쓰려 먹는다네
> 사흘두고 잡은우렁 파러야 단돈두냥
> 좁쌀두되 파러야 하로양식 겨우되네
> 배곱흐니 무슨짓은 못하랴 짓다하네

—「시골안악네 노래」 부분[63]

63 『농민』 제1권 4호, 1930.8, 31면.

농촌의 처참한 현실을 농민가 형식에 맞추어 노래한 것이다. 시는 농민들의 현실이 극단적인 지경에까지 몰려 있다는 것을 보여주고 있다. 이 시를 발표한 바로 다음 달 역시 『농민』에 발표한 시를 한 편 더 보자.

> 일만한다네 밤낫일해도
> 살수업다네 어이핞가나
> 우리한뭉치 쌈어서하세
> 살길이라네 핞것싸호세
> 배부를때는 언제오려나
> 우슬세월아 어서오너라
>
> —「일꾼의 노래」[64]

「시골안악네 노래」에서 드러난 처참한 농촌현실은 '싸움'을 필요로 한다. 그렇다면 누구를 향한 싸움을 말하는 것일까? 임연은 당시의 처참한 농촌현실이 어디에서 온다고 생각하고 있었던 것일까? 「시골안악네 노래」를 발표한 1930년 8월 그는 같은 지면에 「정조(貞操)」라는 제목의 소설을 한 편 발표한다. 이 작품을 통해서 우리는 임연이 상정하고 있었던 싸움의 대상을 확인할 수 있다.

작품의 주인공인 가난한 농촌청년 만선은 같은 마을에 살고 있는 옥분을 사랑하고 있다. 그 사랑은 일방적인 것이 아니어서, 옥분 역시 자

64 『농민』 제1권 5호, 1930.9, 38면.

신에게 농을 붙이는 만선을 그리 싫어하는 눈치가 아니다. 옥분의 아비는 소작농이었는데, 어느 날 그의 아내를 통해서 동네 부자인 최 참봉이 옥분을 아내로 삼고 싶다는 전갈을 보내온 것을 알게 되었다. 나이가 오십이 넘기는 했으되, 돈 꽤나 있는 사위를 맞는 것도 괜찮으리라는 판단에 옥분 아비는 그 제안을 긍정적으로 생각한다. 이튿날 최 참봉 집에 잠깐 보냈던 옥분이 최 참봉에게 겁탈을 당하는 일이 벌어진다. 최 참봉은 애초에 옥분을 노리개로 생각했을 뿐 아내로 들일 생각은 없었던 것이다. 이에 처참한 옥분의 모습을 확인한 옥분의 아비와 만선은 최 참봉을 찾아가 그를 살해하고 돌아온다.

그런데 이 끔찍한 상황을 묘사하는 작가 임연의 목소리는 비장하고, 비애감에 가득 찬 것이 아니라, 희망찬 모습이다.

> 산 세시간쯤뒤— 갓흔길로 서로 흥분된 말을 주고바드며 유유히 도라오는 두 사나히가 잇섯다. 한사람은 피부든 낫을 한사람은 피무든 작댁이를 들엇섯다. 그들의 옷도 피에 붉엇다. 그리고 맘도 물논 만선이와 옥분애비엿다. 먼곳에서 닭이 운다. 해는 다시 뜬다. 마을 뒤동산에 웃득 슨 두 사나히 돌연 하하하하 비창하고도 통쾌한 우슴을 웃는다.[65]

이 작품은 임연이 자신의 시에서 말한 '싸움'의 대상이 누구인지 분명하게 보여준다. 그런 점에서 같은 해인 1930년 11월 『농민』 문예란에 춘향가에서 이몽룡이 변학도 앞에서 읊었던 유명한 한시 「원성고」

65 林然, 「貞操」, 『농민』 제1권 4호, 1930.8, 36면.

를 번역하여 수록[66]한 의도도 충분히 이해할 수 있다. 이런 기조는 1932년에 발표한 시에까지 계속 이어진다.

벼단터는 소리도 힘이없구려!
보기좋아 배부른 벼섬이건만
묵거놓자 남들이 다저갓구려!
남은 것은 말숙한 벼짚덤이만.

—「가을은 왓스나」[67]

임연이 농민가 형식의 시를 지속적으로 발표하고 있었던 점 역시 자신이 농민작가라는 정체성에 충실하고자 했던 것으로 이해할 수 있을 것이다. 1933년 1월 그가 발표한 「농민문학의 신규정」이라는 문학론을 보자.

첫재 농민적이라야 한다. 모든 점으로 농민에 영합되는 것이라야 한다. 둘재 사회적이래야 한다. 소설로 치면 심경소설을 써나서 사회소설을 쓰란 것이다. 재료를 사회의 일부에서 취하란 말이 아니다. 사회의 움직이는 방법 즉 활물(活物)로서의 사회적 전 양태를 파악하란 말이다. 셋재 집단적이라야 한다. 이 역시 집단의 외면적 묘사를 의미하는 것이 아니오 집단의 동향 등 그 내면을 철저히 파악해야 한다는 것이다. 그리고 그 안에 집단적 정신이 흘너야한다. 개인주의나 영웅숭배주의의 기분이 잇서서는 안된다.[68]

66 『농민』 제1권 7호, 1930.11, 44면.
67 『농민』 제3권 10호, 1932.11, 43면.

이때 그가 사회성과 집단성에 앞서 제시한 '농민에 영합되는 것'이라는 농민성에 대한 정의는 농민중심성이라는 내용과 농민적인 문학이라는 형식을 두루 포함한 것이었다. 엘리트 교육을 이수하고, 1920년대 후반 약 4년간 일본 유학을 경험했던 그가, 당시 일본과 한국에 영향을 준 서구 문학의 형식과 내용에 무지했을 리는 없다. 변함없이 농민가 형식의 시를 고집했던 것은 천도교도로서, 또 우금치 전투에 참전했던 동학 지도자 출신자의 아들로서 자기 정체성을 농민에 결합시킨 결과였을 것이다.

그가 작성한 「권두사」에는 임연의 생각이 압축적으로 드러나 있다.

> 반항은 최선의 타협! 위대한 타협! 절대의 타협! 타협은 구구한 변명! 안가(安價)의 사악! 위선자의 간계다![69]

이는 자기 자신에 대한 다짐이자 『농민』 독자들에게 보내는 메시지였다.

2. 허문일

평북 태천군 출신 허문일은 『조선농민』과 『농민』 전체를 포괄해서 가장 강렬한 인상을 남긴 시인이자, 소설가였다. 1927년 『조선농민』에

68 『농민』 제4권 1호, 1933.1, 51면.
69 「권두사—反抗과 妥協」, 『농민』 제1권 4호, 1930.8, 1면.

「롱속에 작은새」를 발표하면서 문학 활동을 시작한 그는 천도교도이고 농민출신의 작가였다.[70] 삼봉, 허일, 허우 등의 필명을 사용했던 그는 1930년 충남 예산에서 창간된 아나키스트들의 문예지 『문예광』에 참여한 인물이다.[71]

허문일 문학에 대한 연구는 지금까지 간간이 이루어졌다. 기존 연구들은 허문일의 문학을 개량주의적인 것으로 평가하는 것[72]과 현실주의적인 문학으로 평가하는 것,[73] 민족주의 계열의 농민시로 평가하는 것,[74] 대중적이고 계몽적인 농민문학으로 평가하는 것,[75] 아나키즘과

70 허문일의 삶에 대한 자세한 정보를 얻는 것을 현재로서는 매우 힘들다. 다만 성주연이 천도교 기관지인 『신인간』에 「수운주의 예술론의 이론과 허문일」이라는 제목의 짧은 글을 통해서 허문일의 삶을 보여준 바 있다(2004.7). 이외에도 몇몇 신문매체를 통해서 그가 조선농민사 태천군지부에서 조직부장을 지냈다는 사실이나(『중앙일보』, 1932.3.24), 평양에서 대중예술사를 창립하고 기관지 『대중예술』을 발간했다는 사실(『중외일보』, 1929.10.19 · 11.22)이 확인되었다.

71 김택호, 「아나키즘 문예지 『文藝狂』 연구」, 『한국현대문학연구』 제17호, 한국현대문학회, 2005.6 참조.

72 류양선, 「'조선농민사'의 농민문학론과 농민소설」, 『관악어문학』 제13집, 서울대 국어국문학과, 1988. 류양선은 이 글에서 조선농민사가 민족개량주의적인 입장에 서 있었던 천도교 청년당의 영향 아래 있었다고 정의하면서 허문일의 문학이 "사회주의 측과 민족개량주의 측의 이념적 대립 내지는 농민 획득 경쟁관계의 반영"이라고 언급했다. 아마도 류양선은 허문일의 문학작품 속에서 간간이 드러나는 마르크스주의에 대한 노골적인 반감을 민족개량주의로 판단하고 있었던 것으로 보인다. 이와 같은 견해는 허문일의 문학을 일종의 반공주의 텍스트로 규정하는 것인데 이것은 실제 허문일의 문학이 추구하고 있었던 바와는 상당한 거리가 있다. 이는 『조선농민』과 『농민』이 전적으로 민족개량주의를 유통시키는 매개체였다는 판단을 전제로 진행된 연구였기 때문에 도출된 결과였을 것이다.

73 서범석, 「허문일의 농민문학 연구」, 『국제어문』 제30집, 국제어문학회, 2004.4. 이 연구는 보다 본격적이고 총체적으로 허문일의 문학을 검토하고 있다는 점에서 그 의의가 크다. 서범석은 「허문일의 농민문학 연구」에서 허문일을 '농민이 쓴 농민시'의 대표주자로 평가하면서 시, 소설, 문학론, 희곡, 아동문학 등 그가 남긴 모든 장르의 작품들의 통합적으로 고찰했다. 특히 그는 허문일의 문학을 단순히 민족개량주의적 태도로 규정했던 것에 대해서 의구심을 드러낸다. 그는 "현실주의적 지향성"이라는 용어를 사용하면서 허문일 문학이 지니고 있는 현실비판적인 태도를 설명하려고 했는데 이는 단지 허문일만의 문제가 아니라 『조선농민』과 『농민』지에 수록된 많은 작품들을 설명하는 용어로 활용되기도 했다.

의 관련성을 규명하는 것[76] 등으로 구별할 수 있는데, 연구 성과가 많지 않았음에도 매우 다양한 각도에서 연구가 진행되었다는 것을 알 수 있다.

최서해와 같은 경우가 있기는 하지만, 사실 한국 문학에서 농민 출신 작가와 시인은 많지 않다. 허문일은 『조선농민』과 『농민』이라는 한정된 매체를 중심으로 활동했고, 그 외의 매체에서는 그 흔적을 찾기가 쉽지 않은 인물이어서 그동안 상대적으로 주목받지 못한 인물이었다. 그러나 앞서 살펴본 바와 같이 지식인 엘리트들의 계몽적인 목소리가 지배하고 있던 초기 『조선농민』 문예란의 현상모집을 통해 문학 활동을 시작하여, 1930년대 『농민』으로 그 제호가 바뀐 이후에는 임연과 함께 문예란을 주도했던 인물이라는 점에서 보다 심층적인 연구가 필요한 문인이다. '문학농민'이라는 표현이 있다면 이는 허문일과 같은 인물을 두고 쓸 수 있는 말일 것이다.

74 오세영, 「일제하 한국의 농민문학론과 농민시 연구」, 『성곡논총』 제22집, 성곡학술문화재단, 1991. 오세영은 허문일을 민족파 계열 농민문학론자, 독자농민시인의 한 사람으로 분류했다.

75 박경수, 「한국 근대 농민시의 전개과정과 현실표상 연구」, 『한국문학논총』 제14집, 한국문학회, 1993. 박경수는 농민문학 형성의 전체적 성격에 유의하면서 조선농민사의 농민시를 고찰하고 있다. 그는 농민현실에 밀착된 비판정신의 활력과 농민대중의 정서에 한층 접근하는 문학적 대중성을 나름대로 확보하고 있다는 점에서 조선농민사 농민시의 문학적 의의를 찾고 있다. 그의 논문에서 허문일은 계몽적 농민시와 비판적 농민시를 쓴 인물로 분류되었다.

76 김택호, 「허문일의 농민소설 연구」, 『국제어문』 제33집, 국제어문학회, 2005.4. 이 논문에서 필자는 허문일 문학의 현실비판적 요소가 바로 아나키즘에 입각한 것이라고 주장했다. 실제로 아나키스트로서 허문일의 활동을 실증적으로 보여주고 있다는 점은 논문의 작은 성과라고 할 수 있다. 그러나 이 연구는 농민작가의 한 사람인 허문일이 과연 아나키즘에 입각해서 당대 농민들의 현실에 대해서 문제를 제기하고 있는 것인지 아니면 당대 농민들이 처해있는 현실에 대한 타개책으로 아나키즘을 수용하고 있는지에 대한 명확한 해명이 불분명하다는 한계를 보여준다.

사정이 이렇다 보니, 그의 문학은 농민으로서의 주체의식을 강조하는 내용, 또 가난한 농민들 입장에서 지주에 대한 반감을 표출하는 내용이 주조를 이루고 있다. 농민, 특히 빈농이나 소작농의 입장에서 자기각성을 통해서 주체의식을 갖는 데에는 계급의식이 게재될 수밖에 없을 것이다. 1930년 즈음 식민지 조선의 농민들은 일제와 지주들의 이중적 수탈에 노출되어 있었다는 것은 익히 알려진 사실인데, 앞서 살펴보았던 근대 한국 농민운동의 흐름을 상기해 본다면, 당시 농민봉기와 농민 운동의 핵심과제였던 소작권 문제를 몸소 겪고 있었을 허문일의 입장에서 농민의 주체성과 지주에 대한 반감을 드러내는 것은 지극히 당연한 일이었다. 소의 신세와 농민의 신세를 등치시키고 있는 그의 시 한 편을 보자.

> 이몸은 무삼팔자 소가되어서
> 코께우고 꾸러미를 씨운바되어
> 싫다좋다 말한마듸 하지못하고
> 끄는대로 끌러단니며 고생을하나
> (…중략…)
> 가을에는 온갓곡식 실어들이며
> 죽을힘을 다들여서 방아찌어도
> 먹을만한 알곡식은 맛도못보고
> 빼빼마른 짚줄거리 먹고사는가
>
> —「소의 통곡」[77]

이와 같은 형식과 어조는 이미 임연의 시에서도 보았던 것이다. 결국 농민의 주체의식 각성은 자신들이 처해있는 현실을 보다 객관적으로 조망할 때 가능한 것이고, 그런 점에서 허문일이 이 시를 통해서 얻으려고 했던 농민의 감정이 무엇이었는지는 자명하다고 할 것이다. 이와 같은 감정이 분노로 전환되는 것은 당연한 다음 단계일 것이다.

내가심은 비벼를 썬놈이 먹겟니?
그놈을 썩여서 논에 거름을내여라!
네가싼 고처를 어썬년이 입갯니?
그년의 몸둥이를 쏑밧헤 무더라!

—「惡魔의 獨白」 전문[78]

농민의 심정을 악마가 대변해 준다는 뜻일지, 아니면 농민의 분노를 보다 우회적으로 드러내기 위한 것인지, 시인이 「악마의 독백」이라는 제목을 붙인 이유를 정확하게 알기는 어렵다. 다만 형식으로 미루어 시인은 이 작품이 읽는 시가 아니라, 노래 가사이기를 바랐을 것이고, 그런 점에서 보다 익살스럽거나 인상적인 방식으로 농민들의 현실을 드러내려고 했을 것이라는 추측은 가능하다.

허문일은 시뿐만 아니라, 강좌 형태의 농민시론인 「농민시작법」을 『농민』에 발표하기도 했다. 그 글에서 우리는 시나 소설을 통해 간접화된 목소리가 아닌 허문일의 육성을 확인할 수 있다.

77 『농민』 제3권 7호, 1932.8, 59면.
78 『농민』 제1권 8호, 1930.12, 40면.

> 농민시란 것은 막연한 입장에서 막연한 행활을 그린 것이 아니라 정확한 농민의 입장에서 농민의식을 가지고 그들 자신의 생활을 그려가야 하는 거이외다. 그리고 또 한 가지 내용에 잇어 주목해야 할 것은 다만 그러한 내용을 무비판적으로 그려낼 것이 아니라 오늘날의 농촌사정에 대하야 일정한 비판을 가하며 그 비판 밑에서 현재 농민은 어떠한 참담한 생활을 하고 잇는가 그리고 그 생활에서 벗어나랴면 어떻게 해야 하겟는가를 감정적으로 지시하며 진작시키는 내용이 아니면 안됩니다. 농민시라는 것은 과거의 소위 전원시란 것과 닮아서 다만 표면에서 보이는 대로 무비판하게 평화스러운 전원미를 그려갈 것이 아니라 좀 더 깊은 생활내용에 들어가서 심각한 생활을 그려가야 참된 농민시가 될 것이외다 (…중략…) 그것은 일반 도시 뿌르조아문학의 말초신경질적의 표현이 아니고 가장 건강미가 잇고 향토미가 충실한 그것이 아니면 아니될 것이외다[79]

허문일은 농민시를 전원시와 분리하고 있으며, 부르주아 문학과도 분리하고 있다. '평화로운 생활'이 아니라 '심각한 생활'을 그리되 '건강미'와 '향토미'가 있어야 한다는 그의 주장은 농민가풍의 형식과 깊은 관련이 있을 것이며, 소와 악마라는 대상물을 통해 주제를 형상화하는 방법과도 관련이 있을 것이다. 이것이 곧 허문일식의 향토성과 건강성, 곧 농민성이 발현된 것일지 모를 일이다. 이런 방식이 지니는 농민성이 김억으로 하여금 답시를 쓰게 한 원인이었다면,[80] 당시로서는 농민

79 許日[허문일], 「農民詩作法(게속)」, 『농민』 제4권 8호, 1933.8, 53~54면.

80 흥미롭게도 김억은 허문일의 「소의 통곡」에 대한 답시를 『농민』에 게재한 바 있다. 아마도 소를 통해서 농민들의 현실을 드러내려고 한 허문일의 의도와 농민가 형식이, 그 무렵 농민가 형식으로 시를 발표하고 있었던 김억에게 깊은 인상을 주었던 것이 아닐까 한

성을 드러내는 건강한 방식으로 허문일의 시가 평가받은 것이라고 할 수 있다. 이와 같은 간접성과 풍자성은 다른 시에도 자주 드러나는 허문일 시의 특성이었다. 이와 같은 풍자성은 쉽게 해학과 만날 가능성을 내포하고 있는데, 실제 그의 시에서 풍자와 해학이 드러나는 경우는 드물지 않다.

> 잘도 두들긴다.
> 성난우박이
> 속살은 썩은재목 그대로두고
> 껍데기만 번쩍번쩍하는 양철집웅을
> 시언스럽게도 내려갈긴다
> 오! 염통속에는 케케묵은 습성을 그대로두고
> 껍데기만 박래품투겁을 씨운자의
> 이마빼기를 두둘겨부실 우박은없느냐.
>
> —「우박은없느냐」 부분[81]

지식인에 대한 풍자일지, 지주에 대한 풍자일지, 아니면 천박한 자본주의에 대한 풍자일지 모르나 이 시를 관통하는 것은 풍자와 익살, 즉 해학이다.

다. '三峰氏 詩作「소의 痛哭」을 읽고'라는 부제를 붙인 김억의 시 「소는 운다」 일부분을 옮겨본다. "짐싫고 고개고개 허덕이는양// 목숨이 원수라고 이놈의파리 // 야속타 이내살을 쏘고또쏘네 // 한갓되이 꼬리뿐 虛空을 칠제", 金岸曙, 「소는 운다」, 『농민』 제3권 8호, 54면.

81 『농민』 제4권 2호, 1933.2, 48면.

고무신 생겻다고 집석이 천대말게
한아버지 한머니가 신으시든 유물일세
떨어진 집신짝이라고 함부로야 내버릴가
밥쌀떡쌀 길너내인 볏집으로 삼앗다네

집석이 버서노코 경제화 사신든놈
논팔고 밧팔으니 경제화가 걱정활세

—「신타령」 부분[82]

아리랑 아리랑 아라리요
아리랑 고개로 逃亡을한다
물길으며 신기조튼 뫼투리집신
고무신 바람에 逃亡을한다
암으렴 그럿치 그럿코말고
신장사 金僉知는 밥굶어죽엇소
아리랑 아리랑 아라리요
아리랑 고개로 逃亡을한다

—「新아리랑」 부분[83]

이런 일관된 문학적 태도가 곧 허문일 농민시의 건강성이라고 해도 좋을 것이다. 경쾌한 노래인 허문일의 시는, 그러나 답답한 농민의 처

82 『농민』 제1권 5호, 1930.9.
83 『조선농민』 제5권 5호, 1929.8.

지를 읊조리거나 심각하게 농민들의 분노와 궐기를 유도하는 차원을 넘어 산업자본에 침탈당하는 농민들의 신세를 오래되고 익숙한 농민가 장단에 맞추어 부르는 노래이다. 허문일은 「농민시작법」을 시작하면서 "시를 그런 특수 계급의 손에서 우리들의 손으로 빼앗아오자 이렇게 단단히 결심해야겠습니다"[84]라고 말한 바 있는데, 이런 방식이 혹 농민들의 손으로 시를 빼앗아오는 방법이었을지 모르겠다. 그러나 이처럼 건강한 농민성이 반영된 문학이 그의 소설에서는 다른 모습을 보인다. 물론 시에서 발휘된 솜씨가 소설에 그대로 반영되라는 법은 없을 것이다.

그가 소설에서 보여주고 있는 것은 첫째, 지주에 대한 반감이고, 둘째, 이상촌 건설의지이다. 평범한 소작농이, 지주의 횡포로 인해서 경제적 파탄을 맞고, 결국 걸인이 되어 유리걸식하게 된 상황에서 과거에 농민이었던 그 걸인을 대하는 지주의 매몰찬 모습을 보여주고 있는 소설 「걸인」은 지주를 사회적, 경제적 차원에서가 아니라, 인간적인 차원에서 적대시하고 있다. 그는 이 작품을 통해서 지주의 이기심을 보여주는 데에 최선을 다하고 있다.

> "아이고 망측해라! 빌엉뱅이 신세에 가추가추 먹으랴고 하네! 김치쪽도 소곰도 없네! 얼른가! 전에도 자네같은 비렁뱅이를 대문깐에서 밥을 먹으라고 햇드니 남의 개밥을 빼앗아 먹고 가데!" 이 말을 들은 걸인은 일골이 시뻙어케 상긔가 되드니 입술을 실룩실룩하며 온몸을 부르르 떤다.[85]

84 許日[허문일], 「農民詩作法」, 『농민』 제4권 7호, 1933.7, 46면.
85 『농민』 제3권 3호, 1932.3, 52면.

「소작인의 딸」[86]에서도 지주는 탐욕에 눈이 먼 비윤리적인 존재로 그려진다. 태천 지방 지주인 김향수는 매우 부도덕한 인물이다. 작품의 주인공인 소작농 박 서방과 그의 어린 딸 옥녀를 두고 김향수와 그의 손자 김부영의 성적 욕망이 교차되고, 이에 상처받은 소작농과 그의 어린 딸 옥녀에 대한 연민이 화자의 목소리를 통해 전달되는 이 작품은 소작농의 현실을 다룰 때 자주 자용되는 겁탈 모티브가 사용하고 있으며, 그 전달방식 역시 대체로 평범하다.

어느 날 박 서방의 집에서 하루를 묵게 된 김부영은 늦은 밤 옥녀를 겁탈하고, 그녀의 가슴에 돈을 찔러 넣고 간다. 옥녀는 모멸감과 분노를 느꼈으나, 소작인의 딸이라는 현실 때문에 겁탈당한 사실을 부모에게 털어놓지 못한다. 그런데 이후에 김향수는 이와 같은 사실을 알지 못한 채 박 서방 집안에 경제적인 혜택을 주고 옥녀를 자신의 첩실로 들여 성욕을 채운다. 이런 지주들의 탐욕은 무엇보다도 타인에 대한 이해와 배려가 삭제된 이기심에서 비롯된 것이다. 그러므로 허문일 소설에서 가장 중요한 요소인 이상촌 모티프는 지주들의 이기심 반대편에 있는 헌신과 이타심이 현실화된 모습이다.[87]

농민들의 협력을 통해 자기완결적인 공동체사회를 건설하는 것은 아나키스트들의 전형적인 사유방식이다. 허문일은 인간이 자본에 대

86 『농민』 제4권 2·3호, 1933.2·3.

87 허문일의 문학의 이상촌 건설모티프는 간혹 그가 개량주의자라는 결론으로 연결되기도 했다. 일테면 다음과 같은 평가를 사례로 들 수 있다. "허문일의 「자주촌」은 조선농민사의 민족개량주의적 농촌운동을 가장 충실히 대변한 소설이다. (…중략…) 그러나 이러한 주제들은 일민이라는 주인공의 영웅화로 인해 공허한 교훈주의로 떨어지고, 그것은 결국 민족개량주의 소설에서 흔히 볼 수 있는 근거 없는 낙관주의로 이어지는 것이다." 류양선, 앞의 글, 98~99면.

한 탐욕 같은 요소로 인해 스스로가 주체가 되지 못한 채 현실을 살아가고, 이로 인해 현실 역시 점차 모순 가득한 모습으로 변화했다고 생각했다. 그러므로 이러한 현실을 개혁하는 것 역시 탐욕의 굴레에서 벗어난 인간이 새로운 세계관을 확립하는 것으로부터 시작되어야 한다. 문제는 그러한 변화가 가져올 희망찬 미래를 제시하여, 변화에 동참하는 동력을 만들 수 있는 방법일 텐데, 허문일의 「자주촌(自主村)」은 이와 같은 문제의식에 대한 나름대로의 대답이라고 할 수 있다. 이 작품에는 민중에 대한 작가의 신뢰가 자리 잡고 있다. 그리고 그것은 다시 작품 속에서 가난한 농민들에 의한 이상촌 건설 모티프로 연결되어 있다.[88]

「자주촌」에 나타난 이상촌 건설 모티프는 1930년대 이후 조선농민사의 중요 농민운동 사업이었던 공동경작운동을 문학적으로 형상화한 것이다. 1930년을 지나면서 조선농민사의 농민운동은 변화를 보인다. 계몽운동 중심에서 조직운동과 생활운동 중심으로 그 운동 방식이 변화한 것이다. 그 중에서도 특히 공동경작운동은 서북지방을 중심으로 널리 실시되고 있었다.[89] 물론 문제는 그 공동경작운동의 성격일 것이다. 허문일의 소설 「자주촌」은 그 내용을 비교적 상세하게 묘사하고 있다.

> 농민사원과 청년회원의 공동경작한 벼농사는 더할나위없이 잘되엿다.
>
> 농민사원들의 공동경작한 벼를 판 돈으로는 동농민공생조합을 맨들고 청

88 김택호, 「허문일의 농민소설 연구」, 『국제어문』 제33집, 국제어문학회, 2005.4, 218~219면.
89 조동걸, 「임시정부 수립을 위한 1917년의 「대동단결의 선언」」, 『한국학논총』 제9집, 국민대 한국학연구소, 1987, 180면.

년회원이 공동경작한 벼를 팔아서는 농민학원에 보태쓰기로 하엿다. (…중략…) 그뒤 오 년이 지냇다. 해마다 공동경작의 성적이 좋앗고 또는 공생조합을 경영한 성적도 량호해서 이제는 농민사원들에게 농량(農糧)과 비료와 농구를 살 자금을 극히 헐한리식으로 대출(貸出)할 만한 미천이 되엿다. 그래서 농민사원들은 차츰차츰 지주에게 젓든 빗을 갚아버리게 되엿다.[90]

조선농민사에서 1929년에 실시한 사세(社勢)조사에 의하면 조선농민사의 사원들의 구성은 총 조사대상인 435명 가운데 소작농과 자작 겸 소작농이 375명에 이를 정도이고 자작농 수(17명)보다 화전민 수(32명)가 더 많을 정도였다.[91] 이들을 중심으로 전개되었던 하나의 생활운동이었던 공동경작운동은 이른바 개량주의자들이 문학작품들에서 그려냈던 농촌계몽활동과는 성격이 다를 수밖에 없다. 허문일이 「자주촌」을 통해 그려내고 있는 1930년대 농촌사회의 현실은 단지 근면을 통해서 해결될 수 없는 구조적인 문제를 안고 있었다. 이 같은 문제 상황에 대처하기 위해 농민들은 역시 보다 구조적인 차원에서 대책을 마련한다. 이 작품에서 공동경작은 부당한 자본의 침탈을 막아보겠다는 공생조합, 그리고 현재의 농민들과 미래의 농민들을 교육하는 농민학교의 밑거름이 되고 있다. 그러므로 이들이 운영하는 농민학교는 독지가가 설립한 사립학교와는 다르다. 그러므로 허문일 소설과 우리가 잘 알고 있는 1930년대 농촌소설은 구분되어야 할 것이다.

90 「自主村」, 『농민』 제4권 8호, 1933.8, 56~57면.
91 『조선농민』 제6권 1호, 1930.1, 45~46면.

3. 조선농민사와 아나키즘

『조선농민』의 내용은 농민 중심적이고, 탈계몽적인 방향으로 점차 변화했으며, 이런 변화 양상은 『농민』으로 제호가 변경된 이후 보다 뚜렷해졌다. 문예면에서는 임연과 허문일 같은 인물들이 이와 같은 변화를 주도했지만, 논설을 비롯한 여타의 기고문들의 변화는 특정인물이 주도했다고 보기는 어려워 보인다. 특정 인물이 이러한 변화를 주도한 흔적이 잘 보이지 않는다는 점은 『농민』에 조선농민사 지부의 목소리가 반영된 비율이 높아졌다는 것을 말해준다. 『농민』에 기고된 글들이 대체로 그들이 중농주의라고 부른 농민중심주의, 경제투쟁의 방안으로 제시된 조합결성, 지주와 자본가에 대한 반감을 강조하는 내용이었다는 점이 이를 뒷받침하는데, 결국 조선농민사가 와해되는 핵심 사유가 지도부 엘리트 그룹과 일반 농민사원들의 생각과 입장의 괴리에 있었다는 사실을 떠올린다면, 『농민』의 저변에 흐르던 정서가 조선농민사 지부를 지도하던 중간 지도자층의 목소리였거나, 그들이 현장에서 직접 부딪쳤던 농민대중의 목소리였으리라는 생각을 더욱 강화하게 만든다.[92]

조선농민사와 아나키즘이 상시적으로 상호 제휴를 했다거나, 사상

92 조선농민사 사원을 천도교도와 동일시할 수는 없다. 중요 직책을 맡고 있는 사람들은 천도교도가 많았으나 일반 사원들은 천도교도가 아닌 사람들의 비중이 더 높았다. 또한 천도교도라고 해서 그들의 성향이나 종교관이 동일한 것도 아니었다. 이는 천도교를 어떻게 해석하느냐에 달린 문제였는데, 경전을 해석하는 등 동학의 전통에 기울어진 신자도 있었으나, 천도교를 아나키즘, 형평사상 등과 동일시하는 신자도 있었다. 물론 이것은 천도교가 지닌 특수성이라고 할 수는 없다. 이는 가톨릭, 개신교, 불교, 유교 등 종교가 근대화되는 과정에서 일반적으로 볼 수 있는 장면이었다.

적 교류가 있었다고 판단하기는 어렵다. 그러나 책의 제1부에서 살펴본 바처럼 천도교와 아나키즘은 쉽게 상호 교감이 발생할 수 있는 세계관을 공유하고 있다. 대단히 중요한 사건은 아니었으나 천도교 조직과 아나키스트들이 연대를 이루는 경우도 있었다. 1930년 함경도 단천에서는 아나키스트 대중조직이었던 신흥청년연맹(新興青年聯盟)과 천도교 계열인 단천농민연맹(端川農民聯盟)이 연합했다. 오장환은 이들의 연대가 일제의 탄압이 강화되자 이에 대응하기 위한 것[93]이었다고 판단하고 있다. 그러나 이들이 일제 당국에 체포되는 계기는 마르크스주의자들과의 갈등이었다.[94] 사실 일제강점기 천도교와 마르크스주의 간의 갈등은 지속적으로 발생했다. 이런 상황은 『조선농민』과 『농민』 지면을 통해서도 쉽게 발견할 수 있다. 갈등이 발생한 원인을 두 차원에서 설명할 수 있다.

첫째, 인간관과 세계관에서 차이점이 많았다는 점이다. 1920년대 이후 천도교계의 문화운동과 매체발간에 영향력이 강했던 박달성의 글 일부분을 보자.

> 나는 무천설(無天說)에 동의하노라 그러한 별 개체의 산신령은 없다 하기에 주저치 아니하도다. 직(直)히 우주의 총 정신을 오인이 강명(强名)하여 천이라 할지언정 별 형체의 천이 별 처에 어임(御臨)이라 함은 미진화시대의 인

93 오장환, 『한국 아나키즘 운동사 연구』, 국학자료원, 2006, 197면 참조.

94 『동아일보』, 1931.1.9 · 1931.1.13일 자와 『조선일보』, 1931.1.6 · 1931.1.13일 자 참조. 이준식의 연구에서도 이 사건을 다루고 있다. 그는 이 사건이 단천지역에서 아나키스트의 대중적 영향력이 축소되는 계기가 되었다고 분석한다(『농촌사회변동과 농민운동—일제침략기 함경남도의 경우』, 민영사, 1993, 180면).

생에게 존사(尊事)의 풍(風)을 도(導)하는 시적(時的) 수속담(手續談)에 불과 하다 하노라. 갱언(更言)하면 천은 인의 조칭(造稱)이라 함이 적절하도다.[95]

박달성에게 진리[天]는 자신의 내부에 있으면서 자신에 의해서 생각되는 것이다. 그는 우주 밖의 초자연적인 존재를 인정하지 않았고, 그것을 인간의 경험과 인식 내부에 있는 것으로 규정했다. 따라서 박달성이 인정하는 것은 인간의 경험과 인식뿐이며, 그가 말하는 실체로서의 신은 초월자가 아니라 자족적, 독립적으로 실재하는 단 하나의 존재인 '인간'이고 인간의 경험과 인식의 총체이다. 이렇게 해서 '신은 곧 인간[人乃天]'이 되는 것이다. 이와 같은 세계관은 천도교가 마르크스주의와 근본적으로 다른 세계관의 기반 위에 구축된 것이라는 점을 알려준다.[96]

둘째, 대중 획득 과정에서 마르크스주의자 진영과 천도교 진영이 경쟁관계에 있었다는 점이다. 앞서 논의한 허문일의 소설 「자주촌」에서는 마르크스주의자들의 교조성과 여기에서 비롯된 그들의 몰주체성을 노골적으로 힐난하는 내용을 찾을 수 있다.

95 박달성(ㄷㅅ생), 「人의 本源에 遡함」, 『天道教會月報』 제113호, 1920.1, 32면.

96 이는 천도교와 아나키즘의 유사성을 다시 한 번 환기시키는 부분이다. 아나키스트들은 근대 계몽주의 이후의 역사를 인간과 세계의 단절의 역사로 인식한다. 계몽주의 이후 인간은 인식의 주체로서의 자아와 인식의 대상으로서의 세계를 분리하고, 이 분리에 기초하여 세계를 이해하고, 지배하려고 노력해왔다. 이러한 과정 속에서 세계의 모순이 발생하고 확대되었다면, 이를 바로잡으려는 아나키스트들의 노력은 세계의 질서에 부합하는 인간사회의 구조를 구축하려는 것으로 정의될 수 있다. 사유재산제도와 거대중앙조직에 대한 아나키스트들의 거부감은 모순된 현대사회의 핵심이 여기에 있다는 그들의 판단에서 비롯된다. 아나키스트들이 볼셰비즘을 적대시하는 태도는 이런 맥락 위에 있다. 그들은 경제적으로는 자본주의를 정치적으로는 볼셰비즘을 비롯한 모든 대의제도를 부정했다.

나는 바로 얼마 전까지 지나간 세상의 모든 종교를 믿는 사람들과 륜리, 도덕에 중독된 사람들을 비웃으면서도 나 스스로가 맑쓰와 레-닌에게 중독된 줄을 몰라섯습니다. 그러든 것이 이제에 와서야 비로소 나의 정신이 맑쓰 학설에 중독된 것을 깨닷고 모든 것을 맑쓰 레닌의 말대로만 하랴든 것이 잘못인 줄을 알았서요. (…중략…) 천도교야말로 새로히 건설될 조선문화의 요령이오 새싹이며 세상을 개벽할 힘떵어리야요.[97]

이외에도 『조선농민』과 『농민』에서 마르크스주의자들을 허위의식에 가득 찬 사람들로 규정하는 태도를 찾는 것은 어려운 일이 아니다. 마르크스주의자들은 1920년대 이후 자신들의 영향력을 확대하기 위하여 농촌지역에 대중조직, 청년조직을 건설하는 일에 큰 공을 들였다. 아나키스트들과 마찬가지로 천도교 진영 역시 이와 같은 상황에 상대적으로 수세적이었다. 단천의 경우에서 볼 수 있었던 천도교 진영과 아나키스트 조직의 연대는 이러한 두 차원에서의 상호소통가능성이 기초가 되었을 것이다.

천도교와 아나키즘이 공유하고 있었던 세계관과 인간관, 그리고 마르크스주의 진영과의 대중 획득 경쟁과정에서 겪고 있었던 유사한 환경은 조선농민사 활동가들과 아나키스트들이 친밀한 관계를 형성하는 데에 중요한 기반이 되었다. 앞서 살펴보았던 허문일의 경우가 그 사례라고 할 수 있는데, 아나키즘과 관련이 깊은 김억, 방정환[98]과 같은

97 허문일, 「自主村」, 『농민』, 1933.7, 55면.

98 방정환과 사회주의의 관계에 대해서는 염희경의 연구(「소파 방정환과 사회주의」, 『아침햇살』, 2000 봄)에서 자상하게 검토되고 있다. 염희경은 이 글에서 천도교도인 방정환이 인내천을 절대평등 사상으로 이해하고 있는 점을 구명하고 있다.

인물, 박달(朴達)처럼 후일 사회주의 진영의 항일유격활동에 적극적으로 가담한 인물도 『농민』에 글을 게재하고 있다.[99] 그러나 이는 1930년 전후의 일이고, 그 이전 『개벽』이 발간되던 시기부터 천도교도와 사회주의자들의 교류는 자연스러웠다. 그 대표적인 사례가 이극로의 경우이다.

앞서 이극로의 글 「朝鮮經濟樹立에는 重工? 重商? 重農?—千年古土를 固守함에 意義가 잇다」(『농민』 제4권 7호)에 관해 언급한 바 있는데, 그가 『농민』에 글을 수록했던 것은 천도교도였기 때문이었다. 최근 재조명되고 있는 바와 같이 이극로는 한글학자로서 조선어학회를 이끌었던 인물이고, 실제 조선어학회사건으로 인해 공판에 넘겨진 12명 가운데 가장 중형인 징역 6년을 선고받고 복역 중에 해방을 맞은 인물이다. 그의 사상과 삶에 가장 큰 영향을 준 인물은 신채호[100]와 김두봉[101]이었다. 이극로를 중도우파사상가로 평가하는 견해도 많은데, 이는 그가

99 1910년생인 박달은 1930년대 후반부터 고향인 함경북도 지역을 중심으로 사회주의에 기초한 항일조직에 가입하거나 스스로 조직을 결성하면서 기관지를 발간하고, 책자를 발간하는 선전활동을 벌였다. 그는 더 나아가 항일유격대에 무기와 군사정보를 제공하고, 주재소 습격, 친일주구 살해 등의 활동을 벌였다. 1937년 5월에는 중국공산당에 입당했고, 6월 항일유격대가 보천보를 습격할 때 일본군의 주둔상태와 군사기밀을 탐지했으며, 통신선 절단 및 보급물자 운송 등의 활동을 통해 적극 협력했다. 『농민』과 관련하여 흥미로운 점은 그가 『농민』에 글을 기고했던 1932년 4월경에 갑산군 운흥면에서 야학을 운영하며 프롤레타리아 문화운동을 통해 대중의식화 작업에 종사하고 있었다는 기록이다(강만길, 성대경 편, 『한국사회주의운동 인명사전』, 창작과비평사, 1996, 185면). 1932년 4월호에 그는 「地主와 小作人」이라는 글을 게재하는데(1면), 이 글에서는 '단결만이 지주에 맞서는 소작인의 유일한 길'이라는 점을 강조하고 있다. 당시 『농민』이 취하고 있었던 마르크스주의에 대한 반감이 매우 노골적이었고, 반복적이었다는 점을 감안하면, 당시 박달이 종사하고 있었다는 프롤레타리아 문화운동이 마르크스주의에 기초한 것이었는지 확인이 되어야 할 필요가 있겠다.

100 고영근 · 김하수 · 박용규 · 서민정 · 이상억 · 이종룡 · 조남호 · 조준희 · 차민기, 『이극로의 우리말글 연구와 민족운동』, 선인, 2010 참조.

101 박용규, 『북으로 간 한글운동가』, 차송, 2005 참조.

마르크스주의자가 아니었기 때문일 것이다. 그러나 그는 해방정국에서 아나키스트들의 정파 조직을 이끌었다.[102]

다시 『농민』으로 돌아가 보자. 제호가 변경된 첫 호 첫 면에 수록된 「농민사(農民辭)」는 당시 『농민』의 입장을 상징적으로 보여준다.

> 긔득권자(既得權者)가 자긔의 지위(地位)를 보전키 위하야 새로운 과정이 지어지는 것을 배척하는 것은 봉건시대로부터 끼쳐진 버릇이다. 이것은 력사가 증명하는 바인데 전간부 몟 분자가 대세(大勢)에 의지하야 지어지는 력사적 과정을 부인하고 몰락하는 것도 필연한 일이다.[103]

실제로 『농민』 지면에는 지주들에 대한 반감과 그 대안으로서 농민조합결성 경과와 계획 등이 빈번하게 수록된다. 이는 조선농민사의 목표가 농민들의 교양과 자조능력을 배양한다는 계몽적인 것으로부터 점차 조합결성을 핵심과제로 설정하는 쪽으로 이동하고 있다는 점을 잘 보여준다. 이런 의식의 기반은 강한 계급의식에서 비롯된 것일 수

102 1946년 조선건민회(朝鮮健民會) 발회식에 관한 기사가 신문에 실린 바 있다. 이 기사에서는 발회식 초청장 발송자가 이극로였다고 전하고 있다(「朝鮮健民會 發會式 十六日 硏武館에서」, 『동아일보』, 1946.6.16). 그런데 한국학진흥사업단에서 진행하는 현대한국구술사연구사업에 참여하고 있는 명지대 국제한국학연구소팀이 2010년 3월 27일 진행한 인터뷰에서 아나키스트 단주 유림이 주도했던 해방공간의 아나키스트 정당 독립노농당 활동가 출신 정인식 선생은 당시 아나키스트 청년 단체였던 노동청년연맹 결성대회 때 축사를 한 단체가 조선건민회였는데, 그 단체는 이극로가 주도했고, 아나키스트들과 매우 우호적인 관계를 유지하고 있는 단체였다고 증언하고 있다(『세대로 본 역동의 한국 정당정치사 : 산업화・민주화 세대의 증언—정인식 구술녹취문』 참조). 이 인터뷰 자료는 현재 일반에 공개되고 있지는 않으나, 저자가 이 사업에 참여하고 있고, 연구 참여자가 연구 목적으로 활용하는 것이 내부적으로 허가된 바 있어 활용했다. 당시 인터뷰는 한국 근대 아나키즘 연구자 이호룡이 진행했다.

103 「농민사(農民辭)」, 『농민』 제1권 1호, 1930.5, 1면.

밖에 없다. 1931년 5월에 발간된 『농민』의 어느 「권두사」는 강한 어조로 생활권 획득을 위한 투쟁을 독려하고 있다.

> 농민은 경작지를 일코 노동자는 작업장을 일코 소상민은 상권을 일코 수공업은 생산권을 일엇다. 의하야 실업공수(失業供水)는 날노 ××하고 민중의 부안은 그 극에 달하니 왈 실업 왈 부안은 민중의 생활권 상실을 직역한 말이다. (…중략…) 인간의 생활 자유! 의지도 자유이요 인위(仁爲)도 자유이다. 인간이 우주만유를 생활자료로 하며 칠팔십 년 시간을 응용함에 잇서 구속줄 자 뉘잇스며 방해할 자 뉘 잇는고! (…중략…) 무산대중은 생활권의 의의를 인식하는가? 못하는가? 수부빈차(受孵貧借)치 못하는 생활권인줄 아는가? 모르는가? 인간의 투쟁은 생활권투쟁 이외에 쏘 무엇이 잇는가? 일천칠백만 조선농민은 조선농민사 기치 하에 모혀 힘잇게 강하게 싸우자! 생활권 획득싸지[104]

농민의 단결을 촉구하는 이 권두사는 박달이 이듬해 『농민』에 수록한 「지주와 소작인」에서 말하고 있는 단결과 다른 것이 아니다. 그것의 구체적인 방안으로 제출된 것이 지역별 농민조합이었다.[105]

허문일과 임연을 중심으로 살펴봤지만, 『조선농민』과 『농민』에 수록된 농민문학 작품들은 다양한 분위기와 내용을 담고 있다. 『농민』으로

104 「卷頭辭」, 『농민』 제2권 6호, 1931.6, 1면.

105 『농민』 1933년 신년호에는 「새해 새 경륜(經倫)」란을 할애하여 영변, 덕천, 선천(宣川), 안주 등 총 15개 군 지역 농민[農民運動者] 15명의 새해 계획을 수록하고 있다. 이때 의주 지역 활동가 1명을 제외한 전원이 조합 활성화에 박차를 가하겠다거나 조직의 역량을 강화하겠다는 것을 한해 중점 활동 목표로 제시하고 있다(『농민』 신년호, 1933, 25~30면 참조).

제호를 전환한 이후에는 문예면이 한층 강화되고, 그만큼 작품 속에 계급의식도 강화되고 있다. 농민들의 분노가 그들 스스로의 목소리로 문학작품에 반영되고 있는 것이다. 현시점에서 아나키스트들과 조선농민사원들의 관계가 밀착되어 있었다고 주장하는 것은 무리가 있다. 그러나 그것은 사실과 다르기 때문이 아니라, 아직 충분히 규명되지 않았기 때문이라는 것이 저자의 생각이다. 물론 아나키즘이 『조선농민』과 『농민』에 수록된 농민주체 문학작품에 드러난 계급의식을 고취시킨 핵심이었다고 말하기는 어렵다. 그러나 그 계급의식은 아나키스트들과 조선농민사원들이 공유하는 현실인식이었다. 이는 당연하다. 1920년대와 1930년대에 그것은 시대정신이었기 때문이다.

1. 자료

기본자료

『공제』, 『근대사조』, 『농민』, 『백조』, 『삼광』, 『조선농민』, 『폐허』, 『폐허이후』

잡지기사

「사설－오인의 신기원을 선언하노라」, 『개벽』 제3호, 1920.8.

「좌담－한국 사회주의운동사, 무엇을 어떻게 볼 것인가」, 『진보평론』 제9호, 2001 가을호

권구현, 「계급문학과 그 비판적 요소」, 『동광』 제10호, 1927.3.

김기전, 「농촌개량에 관한 도안」, 『개벽』 제6호, 1920.12.

______, 「농촌개선의 긴급동의」, 『개벽』 제5호, 1920.11.

______, 「농촌청년회의 설립을 촉함」, 『개벽』 제7호, 1921.1.

김이준, 「출진하는 용사 제군에게」, 『학지광』 제6호, 1915.7.

김제관, 「사회문제와 그 중심사상」, 『신생활』 제7호, 1922.7.

김철수, 「노동자에 관하야」, 『학지광』 제10호, 1916.9.

김화산, 「계급예술론의 신전개」, 『조선문단』 제20호, 1927.3.

나경석(KS생), 「저급의 생존욕－타작마당에서, C군의게」, 『학지광』 제4호, 1915.2.

백대진, 「나의 필탄전 회고담」, 『희망』, 희망사, 1958.5월호.

______, 「낙백시인 황석우」, 『현대문학』, 1963.1.

______, 「신년벽두에 인생주의파 문학자의 배출함을 기대함」, 『신문계』 제30호, 1916.1.

______, 「최근의 태서문단 (二)」, 『태서문예신보』 제9호, 1918.11.30.

______, 「현대 조선에 자연주의 문학을 제창함」, 『신문계』 제29호, 1915.12.

변영만 외, 「당국의 언론압박과 민중의 여론격앙」, 『개벽』 제30호, 1922.12.

성주현, 「천도교 예술론을 제창한 임린과 이혜숙」, 『신인간』 2004.5.

신상우, 「춘원의 민족개조론을 독하고 그 일단을 론함」, 『신생활』 제6호, 1922.6.

신일용, 「춘원의 민족개조론을 평함」, 『신생활』 제7호, 1922.7.
염상섭(제월), 「현상윤씨의게 여하야 '현시 조선청년과 가인불가인의 표준'을 갱론함」, 『조선청년』 제6호, 1918.4.
______, 「개성과 예術」, 『개벽』 제22호, 1922.3.
용홍강인, 「구주에서 활약하는 인물들—백의인재들의 빗나는 자최를 차저」, 『삼천리』 제8권 2호, 1936.2.
________, 「박사준비하는 숨은 명성, 문학박사 · 의학박사 등」, 『삼천리』 제7권 11호, 1935.12.
유 엽, 「상아탑 황석우 씨」, 『현대문학』, 1968.4.
이돈화(백두산인), 「문화주의와 인격상 평등」, 『개벽』 제6호, 1920.12.
______, 「자기해방과 인내천주의(속)」, 『천도교회월보』 제119호, 1920.7.
______, 「천국행」, 『개벽』 제49호, 1924.7.
이성환, 「우리 농가에 필요한 부업을 론함」, 『개벽』 제19호, 1911.1.
______, 「조선의 농정문제 농촌의 쇠퇴를 염연시하는 당국, 소작법제정이 목하의 급무」, 『개벽』 제29호, 1922.11.
인정식, 「조선사회의 기본적 분석」, 『삼천리』 제11권 제7호, 1939.
임 린, 「시의 예술상 지위」, 『조선시단』, 1929.4.
임 화, 「'백조'의 문학사적 의의」, 『춘추』, 1942.11.
정 백, 「유일자와 그 중심사상」, 『신생활』, 1922.9.
주요한, 「노래를 지으시려는 이에게 (3)」, 『조선문단』, 1924.12.
최승구, 「정감적생활의 요구(나의 갱생)—K의게 여허는 서」, 『학지광』 제3호, 1914.12.
한동조, 「천도교와 조선」, 『천도교회월보』 145, 1922.10.
현 철, 「문화사업의 급선무로 민중극을 제창하노라」, 『개벽』 제10호, 1921.4.
황석우, 「연애(촌상)」, 『개벽』 제32호, 1923.2.

신문기사

황석우, 「신년문단에 바람」, 『동아일보』 1923.1.1.
양승환, 「조선농민사의 조직을 듯고(자유종)」, 「동아일보」 1925.10.11.
염상섭, 「노동운동의 경향과 노동의 진의」, 『동아일보』, 1920.4.20.
권구현, 「1월 창작평」, 『동아일보』, 1927.1.29.
이돈화, 「자기해방과 인내천주의(속)」, 『천도교회월보』 제119호, 1920.7.

백대진, 「봉천(奉天)에서」, 『매일신보』, 1920.8.25.
한동조, 「천도교와 조선」, 『천도교회월보』 145, 1922.10.
금월(今月), 「인간적 욕구와 지도이론의 불필요」, 『흑색신문』 제33호, 1934.10.24.
이 향, 「인생과 기계, 기계와 예술 (1)」, 『동아일보』, 1929.10.28.
______, 「예술의 일익적 임무를 위하야 (2)」, 『조선일보』, 1928.2.10.
______, 「예술의 일익적 임무를 위하야 (3)」, 『조선일보』 1928.02.12.
황석우, 「조선시단의 발족점과 자유시」, 『매일신보』, 1919.11.10.
박달성(ㄷㅅ생), 「인의 본원에 소함」, 『천도교회월보』 제113호, 1920.1.
「논설」, 『독립신문』, 1896.8.13.
「농민의 첫소리를 듯고, 조선농민사의 조직에 대해(자유종)」, 『동아일보』 1925.10.9.
「사설－조선노동공제회에 대하여」, 『동아일보』, 1920.4.17.
「조선건민회 발회식 십육일 연무관에서」, 『동아일보』, 1946.6.16.

2. 논문

구인모, 「한국의 일본 상징주의 문학 번역과 그 수용」, 『국제어문』 제45집, 국제어문학회, 2009.4.
권희영, 「조선노동공제회와 '共濟'」, 『정신문화연구』 제51호, 한국학중앙연구원, 1993.6.
김도형, 「1920년대 천도교계의 민족운동 연구」, 『역사와 현실』 제30호, 한국역사연구회, 1998.12.
김동노, 「반농반노－일제시대 농민운동의 근대적 전환과 노동운동의 형성」, 『현상과 인식』 제103호, 한국인문사회과학회, 2007.12.
______, 「일제시대 식민지 근대화와 농민운동의 전환」, 『한국사회학』 제41권 1호, 한국사회학회, 2007.2.
김만규 · 김정호, 「개화기의 한 · 일 정치사상」, 『사회과학연구소논문집』 제18집, 인하대 사회과학연구소, 2000.12.
김미현, 「피아노와 근대－초기 한국 피아노음악의 사회사」, 『음악학』 제19호, 한국음악학학회, 2010.12.
김석근, 「조선의 '건국'과 '정치체제 구상'에 대한 시론적 접근－몇 가지 쟁점과 관련하여」, 『동양정치사상사』 제7권 2호, 동양정치사상사학회, 2008.

______, 「코토쿠 슈스이[幸德秋水]의 무정부주의」, 『동양정치사상사』 제7권 1호, 한국동양정치사상사학회, 2007.3.

김양식, 「고종조 민란 연구」, 이현희 외, 『한국사의 이해－근대현대 (1)』, 신서원, 1991.

김유식, 「에스페란토 문학을 통해 본 김억의 역시고」, 『국어교육』 제14호, 1968.

김중섭, 「사회운동의 시대－일제침략기 지역공동체의 역동성」, 『현상과인식』 제111호, 한국인문사회과학회, 2010.9.

김택호, 「김정한 소설의 저항정신과 유교적 세계관」, 『현대소설연구』 제35호, 한국현대소설학회, 2007.9.

______, 「아나키스트 권구현의 문학론과 소설」, 『현대소설연구』제29호, 한국현대소설학회, 2006.3.

______, 「아나키즘 문예지 『文藝狂』 연구」, 『한국현대문학연구』 제17호, 한국현대문학회, 2005.6.

______, 「허문일의 농민소설 연구」, 『국제어문』 제33집, 국제어문학회, 2005.4.

김현주, 「1920년대 전반기 사회주의 문화담론의 수사학－사회주의는 사회비평을 어떻게 변화시켰는가?」, 『대동문화연구』 64, 2008.

류양선, 「'조선농민사'의 농민문학론과 농민소설」, 『관악어문학』 제13집, 서울대 국어국문학과, 1988.

문혜윤, 「백대진 단편소설 연구」, 『한국문학이론과 비평』 제23호, 한국문학이론과비평학회, 2004.6.

박경수, 「한국 근대 농민시의 전개과정과 현실표상 연구」, 『한국문학논총』 제14집, 한국문학회, 1993.

박대원, 「리처드 로티의 '지식인' 개념－『우연성, 아이러니, 연대성』을 중심으로」, 『동서사상』 제11집, 동서사상연구소, 2011.8.

박수현, 「식민지시대 수리조합반대운동」, 『중앙사론』 제7집, 중앙사학회, 1991.12.

박윤희, 「오상순의 문학과 사상－1920년대, 동아시아의 지적 교류」, 『문학사상』 2009.8월호.

박종린, 「1920년대 사회주의사상의 수용과 사회과학연구사」, 『역사문제연구』 제26호, 역사문제연구소, 2011.10.

______, 「1920년대 사회주의사상의 수용과 一月會」, 『한국근현대사연구』 제40호, 한국근현대사학회, 2007.3.

______, 「1920년대 전반 사회주의사상의 수용과 맑스주의 원전 번역－『임금 노동과

자본』을 중심으로」, 『한국근현대사연구』 제51호, 한국근현대사학회, 2009.12.
______, 「1920년대 전반기 사회주의사상의 수용과 물산장려논쟁」, 『역사와현실』 제47호, 한국역사연구회, 2003.3.
______, 「바쿠닌과 슈티르너의 아나키즘과 식민지 조선」, 『동양정치사상사』 제7권 1호, 한국동양정치사상학회, 2008.3.
박준성, 「'제폭구민', '보국안민'의 깃발을 들다—1894년 농민전쟁의 '무장 창의문'과 '백산 격문'」, 『내일을 여는 역사』 제12권, 2003.6.
박지태, 「朝鮮農民社의 組織과 活動」, 『한국민족운동사연구』 19, 한국민족운동사학회, 1998.
박현수, 「동일시와 차별화의 지식 체계, 문화 그리고 문학—1920년대 초기 문화론 연구」, 『상허학보』 제12집, 2004.2.
서범석, 「임연의 시문학과 천도교」, 『국어국문학』 제136집, 국어국문학회, 2004.5.
______, 「허문일의 농민문학 연구」, 『국제어문』 제30집, 국제어문학회, 2004.4.
신용하, 「조선노동공제회의 창립과 노동 운동」, 『사회와역사』 제3집, 한국사회사학회, 1986.12.
심경호, 「연암 박지원의 논리적 사유방법과 벽이단론(闢異端論) 비판」, 『대동한문학』 제23집, 대동한문학회, 2005.12.
심상훈, 「일제강점기 유학적 지식인들의 사회주의수용 양상과 민족운동」, 『한국사상과 문화』 제70호, 한국사상문화학회, 2013.
염희경, 「소파 방정환과 사회주의」, 『아침햇살』, 2000 봄호.
오세영, 「일제하 한국의 농민문학론과 농민시 연구」, 『성곡논총』 제22집, 성곡학술문화재단, 1991.
우남숙, 「애국계몽기의 사회진화론연구—장지연·박은식을 중심으로」, 『역사와 사회』 제7호, 국제문화학회, 1992.
유문선, 「총독부 사법 관료의 아나키즘 문학론—김화산의 삶과 문학 활동」, 『한국현대문학연구』 제18집, 한국현대문학회, 2005.12.
유병관, 「1910년대 일본의 개인주의와 아나키즘—오스기 사카에[大杉榮]와 『근대사상(近代思想)』을 중심으로」, 『일본언어문화』 제20호, 한국일본언어문화학회, 2011.
윤천근, 「최제우의 철학사상 (1)」, 『동양철학』 제2호, 한국동양철학회, 1991.11.
이경돈, 「동인지 『문우』와 다점적 혼종의 문학」, 『상허학보』 제28집, 상허학회, 2010.2.
이동환, 「연암 사상의 한계에 대하여」, 『대동한문학』 제23집, 대동한문학회, 2005.12.

이성규,「중국 대동사상의 력사적 전개와 그 특징」,『한국사시민강좌』 10, 일조각, 1992.
이송희,「한말 애국계몽사상과 사회진화론」,『부산여대사학』 제2집, 부산여대사학회, 1984.
이승우,「한국문학 '읽기'에서의 '낭만주의' 재검토」,『국제어문』 제48호, 국제어문학회, 2010.4.
이유선,「로티의 생애와 사상」,『철학과 현실』, 철학문화연구소, 2007.9.
이조영,「개신유학의 정치사상」, 서울대 박사논문, 1998.
이철호,「1910년대 후반 도쿄 유학생의 문화 인식과 실천」,『한국문학연구』 제35호, 동국대 한국문학연구소, 2008.12.
이호룡,「신채호의 아나키즘」,『역사학보』 제177집, 역사학회, 2003.3.
임종권,「현대 프랑스 저널리즘의 기원과 특징」,『프랑스사 연구』 제19호, 한국프랑스사학회, 2008.8.
임형택,「19세기 서학에 대한 경학의 대응—정약용과 심대윤의 경우」,『창작과비평』, 1997 봄호.
장도준,「한국의 초기 낭만주의와 상징주의 시의 성격」,『한국어문연구』 제17집, 한국어문연구학회, 2006.
전상숙,「사회주의 수용 양태를 통해본 일제시기 사회주의운동의 재고찰」,『한국동양정치사상사연구』 제4권 1호, 한국동양정치사상사학회, 2005.3.
정순목,「열강의 동북아에 대한 교육경략」,『민족문화논총』 제12집, 영남대 민족문화연구소, 1991.
정연심,「1920년대 진주노동공제회의 조직과 농민운동의 발전」,『부대사학』 제21권, 부산대 사학회, 1997.
정우택,「『근대사조』의 매체적 성격과 문예사상적 의의」,『국제어문』 제34집, 국제어문학회, 2005.8.
______,「소월 최승구, 아나키즘,『근대사조』」,『한국 근대시인의 영혼과 형식』, 깊은샘, 2004.
______,「한국 근대시 형성과정에서 '정치성'의 범주」,『국제어문학회 학술대회 자료집』, 국제어문학회, 2009.10.
______,「황석우 연보」,『근대서지』 제3호, 근대서지학회, 2011.6.
정일균,「다산 정약용의 '맹자'론」,『사회와역사』 제56권, 한국사회사학회, 1999.12.
정창렬,「갑오농민전쟁연구」, 연세대 박사논문, 1991.

조　민,「한국근대변혁운동의 정치사상 연구—개화파의 정치사상을 중심으로」,『한국과 국제정치』, 경남대 극동문제연구소, 1991.

조동걸,「임시정부 수립을 위한 1917년의「대동단결의 선언」」,『한국학논총』제9집, 국민대 한국학연구소, 1987.

조두섭,「1920년대 한국 아나키즘 시의 두 양상」,『인문과학연구』제15집, 대구대 인문과학연구소, 1996.12.

______,「황석우의 상징주의시론과 아나키즘론의 연속성」,『대구어문론총』제14집, 대구어문학회, 1996.6.

조성운,「일제하 조선농민공생조합의 조직과 활동」,『동학연구』제13호, 한국동학학회, 2003.3.

조세현,「동아시아 3국에서 크로포트킨 사상의 수용」,『중국사연구』제39집, 중국사학회, 2005.12.

주승택,「백대진(白大鎭) 연구」,『진단학보』제80집, 진단학회, 1995.

최원식,「농민문학을 위하여」, 백낙청, 염무웅 편,『한국문학의 현단계』Ⅲ, 창작과비평사, 1984.

한기형,「초기 염상섭의 아나키즘 수용과 탈식민적 태도—잡지『삼광』에 실린 염상섭 자료에 대하여」,『한민족어문학연구』제43집, 한민족어문학회, 2003.

홍선영,「1920년대 일본 문화주의의 조선 수용과 그 파장」,『일어일문학』제55집, 2005.

홍은택,「영미 이미지즘 이론의 한국적 수용 양상」,『국제어문』제27집, 국제어문학회, 2003.6.

F.샤브시나 꿀리꼬바,「역사인물 회고—소련의 여류역사학자가 만나 박헌영」,『역사비평』, 1994 여름호.

3. 단행본

강만길, 성대경 편,『한국사회주의운동 인명사전』, 창작과비평사, 1996.

고영근 외,『이극로의 우리말글 연구와 민족운동』, 선인, 2010.

구승회 외,『한국 아나키즘 100년』, 이학사, 2004.

권영민,『한국현대문학대사전』, 서울대 출판부, 2004.

김경일,『이재유, 나의 시대 나의 혁명—1930년대 서울의 혁명운동』, 푸른역사, 2007.

김두식, 『평화의 얼굴』, 교양인, 2007.
김만규, 『한국의 정치사상』, 현문사, 1999.
김명섭, 『한국 아나키스트들의 독립운동』, 이학사, 2008.
김선학, 『한국현대문학사』, 동국대 출판부, 2001.
김용달, 『일제 의 농업 정책 과 조선 농회』, 혜안, 2003.
김용옥, 『독기학설』, 통나무, 2004.
김용직, 『한국근대시사』 상, 학연사, 1994.
김재용 외, 『한국근대민족문학사』, 한길사, 1995.
김종균, 『염상섭연구』, 고려대출판부, 1974.
김준엽 · 김창순, 『한국공산주의운동사』 1~5, 청계연구소, 1986.
김택호, 『한국 근대 아나키즘문학, 낯선 저항』, 월인, 2009.
단재신채호선생기념사업회, 『단재신채호전집』, 형설출판사, 1995.
박 환, 『만주한인민족운동사연구』, 일조각, 1991.
______, 『식민지시대 한인 아나키즘운동사』, 선인, 2005.
박갑동, 『박헌영』, 인간사, 1983.
박노자, 『우리가 몰랐던 동아시아』, 한겨레출판사, 2007.
박석무 · 정해렴 편역, 『다산논설선집』, 현대실학사, 1996.
박용규, 『북으로 간 한글운동가』, 차송, 2005.
방기중, 『한국근현대사상사연구－1930 · 40년대 백남운의 학문과 정치경제사상』, 역사비평사, 1992.
방인후, 『북한 '조선노동당'의 형성과 발전』, 고려대 아세아문제연구소, 1967.
백 철, 『신문학사조사』, 민중서관, 1953.
서범석, 『문학과 사회비평』, 박이정, 1995
______, 『한국농민시 연구』, 고려원, 1991.
송호근, 『한국의 평등주의 그 마음의 습관』, 삼성경제연구소, 2006.
신경림 편, 『농민문학론』, 온누리, 1983.
신용하, 『동학과 갑오농민전쟁 연구』, 일조각, 1993.
안재성, 『박헌영 평전』, 실천문학사, 2009.
안종수, 『에스페란토, 아나키즘 그리고 평화』, 선인, 2006.
오장환, 『한국 아나키즘 운동사 연구』, 국학자료원, 2006.
유광렬, 『기자 반세기』, 서문당, 1969.

유길준, 김태준 역, 『서유견문』, 박영사, 1976.
_____, 『노동야학독본』, 경성일보사, 1908.
유길준전서편찬위원회, 『유길준전서』 4, 일조각, 1971.
윤사순, 『한국의 성리학과 실학』, 열음사, 1993.
이광린, 『한국개화사상연구』, 일조각, 1981.
이정박현영전집편집위원회 편, 『이정 박헌영 전집』, 역사비평사, 2004.
이준식, 『농촌 사회 변동과 농민 운동—일제 침략기 함경남도의 경우』, 민영사, 1993.
이호룡, 『절대적 자유를 향한 반역의 역사』, 서해문집, 2008.
_____, 『한국의 아나키즘』, 지식산업사, 2001.
임경석, 『이정 박헌영 일대기』, 역사비평사, 2004.
_____, 『한국사회주의의 기원』, 역사비평사, 2003.
임영태 편, 『식민지시대 한국 사회와 운동』, 사계절, 1985.
장시원 외, 『한국 근대 농촌사회와 농민운동』, 열음사, 1988.
전명혁, 『1920년대 국내 사회주의운동 연구—서울파를 중심으로』, 성균관대 박사논문, 1998.
전상숙, 『일제시기 한국사회주의 지식인 연구』, 지식산업사, 2004.
정 교, 『대한계년사』, 국사편찬위원회, 1960.
정약용 · 실시학사경학연구회, 『다산의 경학세계』, 한길사, 2002.
정우택, 『한국근대자유시의 이념과 형성』, 소명출판, 2004.
조규태, 『천도교의 문화운동론과 문화운동』, 국학자료원, 2006.
조세현, 『동아시아 아나키즘, 그 반역의 역사』, 책세상, 2001.
조연현, 『한국현대문학사 개관』, 정음사, 1964.
조영복, 『1920년대 초기 시의 이념과 미학』, 소명출판, 2004.
지수걸, 『일제하 농민조합운동 연구』, 역사비평사, 1993.
진정염 외, 이성규 역, 『중국의 유토피아 사상』, 지식산업사, 1990.
차기벽, 『한국과 일본』, 한길사, 2005.
차하순 편, 『사관이란 무엇인가』, 청람문화사, 1985.
최갑룡, 『어느 혁명가의 일생』, 이문출판사, 1995.
한국민족운동사연구회 편, 『한국민족운동과 종교』, 국학자료원, 1998.
한국역사연구회 편, 『일제하사회운동사자료총서』 제7권, 고려서림, 1992.
한영우, 『정도전사상의 연구』(개정판), 서울대 출판부, 1984.
황석우, 『자연송』, 박문서관, 1929.

나카미 마리[中見眞理], 김순희 역, 『야나기 무네요시 평전』, 효형출판, 2005.
다고 기치로[多胡吉郎], 박현석 역, 『야나기 가네코, 조선을 노래하다』, 21세기북스, 2009.
오스기 사카에[大杉榮], 김응교 · 윤영수 역, 『오스기 사카에 자서전』, 실천문학사, 2005.
Arendt, Hannah, 서유경 역, 『과거와 미래 사이』, 푸른숲, 2005.
Berlin, Isaiah, 강유헌 · 나현영 역, 『낭만주의의 뿌리』, 이제이북스, 2001.
Darwin, Charles, 김관선 역, 『인간의 유래』 1, 한길사, 2006.
Kropotkin, Pyotr Alekseyevich, 김영범 역, 『만물은 서로 돕는다(*Mutual Aid : A Factor of Evolution*)』, 르네상스, 2005.
Kropotkin, Pyotr Alekseyevich, 김유곤 역, 『크로포트킨 자서전(*Memoirs of a Revolutionist*)』, 우물이 있는 집, 2003.
Nym Wales, 송영인 역, 『아리랑 – 조선인 혁명가 김산의 불꽃같은 삶』, 동녘, 1991.

용어 · 사건 · 매체명

/ ㄱ /
개량주의 14, 16, 31, 134, 199, 208, 209, 219, 243, 253
『개벽』 30, 37, 146, 180, 183, 201, 258
경성악우회 137
『경인일보』 129
『공제(共濟)』 81
관서흑우회 199
『근대문학십강』 118
『근대사상』 107~110, 112, 114, 115, 119, 135, 136
『기독청년』 56, 57, 181

/ ㄴ /
낭만주의 66, 68, 69, 79, 89, 95, 101, 121, 122, 123, 125, 143, 168, 175, 184
노동야학독본 81
『농민』 42, 86, 88, 89, 140, 193, 204, 206~212, 214, 215, 217, 220, 233~236, 238~240, 242, 244, 246, 254, 255, 257~259, 260, 261
농민공생조합 206, 207
농민주체문학 52, 62, 217, 218, 228

/ ㄷ /
단천농민연맹 255
『대중시보』 145, 146
대한독립단 83
『대한유학생학보』 127
도쿄조선기독교청년회 56, 57, 181
『독립신문』 80, 81
『동아일보』 99, 128, 129, 146, 157, 203, 213

/ ㅁ /
『매일신보』 127, 128, 129
『문우』 75, 92

/ ㅂ /
박살단(撲殺團) 145
『반도시론』 127
『백조』 61, 120, 122, 166, 168~172, 174, 176, 183, 184, 185
본능아연맹 42, 199
북성회 58, 60, 73, 148, 150

/ ㅅ /
사회개조론 29~32, 36, 193
사회진화론 18, 21, 22, 23, 27, 31, 33, 34, 41, 44, 48, 57, 74, 80, 82, 133, 134, 181
『삼광』 115, 120, 136, 137, 145, 152, 154, 156, 181
3·1운동 16, 94, 125, 127, 152, 156, 163
상징주의 68, 69, 72~74, 79, 89, 95, 109, 110, 116~118, 120, 122, 125, 126, 132,

134, 140, 141, 143, 144, 147, 150, 151, 161~165, 168, 169, 175, 184
상호부조론 33~35, 41, 83, 84, 94, 95, 157
생디칼리스트 59~61, 91, 138, 180, 182, 184, 198, 199
생디칼리슴 15, 53~55, 59, 61, 109, 150, 162, 164, 166, 176
『서광』 75, 145
『수세미꽃(へちまの花)』 115
순정아나키스트 59, 60
『시대일보』 166, 203
『시라카바(白樺)』 119
『신문계(新文界)』 127
『신생활』 61, 83, 92, 93, 142, 157, 165, 166, 170~172, 174, 176, 184
『신천지(新天地)』 127
신흥청년연맹 255
실학 23, 25, 26, 45~47, 67

/ ㅇ /
아나-보르논쟁 61, 96, 120, 238
아나코-생디갈리스트 55
아나코-생디칼리슴 15, 55, 59, 176
아나코-코뮤니스트 91
아이러니스트 70, 75, 125
에스페란토 75, 139, 140, 141
영률(靈律) 120, 121, 146, 148~150, 175
오리엔탈리즘 45
의거단(義擧團) 145
이미지즘 73~75, 77, 78, 163
이주조선농민보호연구회 150, 151
2·8독립선언 181

/ ㅈ /
자연주의 131, 132, 134, 143, 163, 165, 169, 175
자유주의 23, 65, 123
『장미촌』 145
조선고학생동우회 57
조선공산당 58
조선공산무정부주의자연맹 199
조선노농공제회 32, 60, 81~86, 95, 121, 126, 143, 153, 154, 157, 158, 195, 197~199, 203
조선노동연구회 60
『조선농민』 42, 86, 88, 89, 140, 193, 204~206, 208~212, 214, 215, 218~228, 232~234, 242, 244, 254, 255, 257, 260, 261
『조선시단』 145, 237, 238
조선어학회사건 258
조선의용대 39
『조선일보』 141, 203
조선청년연합회 95
조선혁명자연맹 39
중농주의 211, 214, 254
직접행동론 53~55, 109

/ ㅊ /
천도교 청년당 201~205, 211, 236
철권단(鐵拳團) 145

/ ㅋ /
KAPF 96

/ ㅍ /
『폐허』 54, 61, 85, 115, 120, 125, 126, 135~141, 143~145, 153, 154, 156~159, 162~166, 182, 184
『폐허이후』 145

/ ㅎ /
『학지광』 29, 31, 82, 123
한계지식인 67, 68, 69, 70, 71, 75, 125, 175

『혜이민신문』 54, 108, 120
혈거단(血擧團) 145
혈권단(血拳團) 145
흑도회 57, 58, 59, 60, 150
흑우회 58, 60, 74, 199

인명

/ ㄱ /
가네코 치쿠스이[金子筑水] 179
강영균 223
강향은 229, 230
고순흠 84
고토쿠 슈스이[幸德秋水] 53~56, 109
권구현 97~100, 102, 120, 199
김경태 204
김교신 56
김기전 201~204
김기진 78, 97, 98, 215, 227
김도현 215, 217
김두봉 258
김명순 137
김명식 60, 61, 83, 157, 165
김사국 144
김수영 226, 227
김약수 58, 59, 140, 144, 146, 150
김억 75, 88, 110, 113, 115, 116, 118, 119, 122, 126, 132, 136, 139~141, 144, 210, 247, 257
김영환 136, 137
김옥균 18
김원주 136, 137
김이준 30, 31
김준연 203, 204
김찬영 136, 140
김철수 31
김하송 224
김현철 203, 204
김화산 101~103, 120

/ ㄴ /
나경석 56, 57, 85, 123, 125, 126, 136~138, 158, 162, 182
나혜석 137, 158
남궁벽 132, 136, 138, 139, 141~143, 165, 166
노자영 171

/ ㄷ /
다윈(Charles Darwin) 41, 84
도키 젠마로[土岐善棧] 115

/ ㄹ /
러셀(Bertrand Russell) 29~32
루쉰[魯迅] 139
리처드 로티(Richard Rorty) 70, 72

/ ㅁ /
미키 로후[三木露風] 144
민원식 145
민태원 136, 137

/ ㅂ /
박달성 203, 255, 256
박돈서 60
박사직 204, 234
박열 55, 58, 59, 140, 144, 150
박영효 18
박영희 78, 97, 98, 100, 120
박용만 32
박은식 32
박이규 60
박정식 146
박중화 60, 81~83
박지원 25, 27, 28, 46
박찬희 203, 204
박헌영 75, 76, 78, 141, 163
방정환 88, 203, 210, 217, 222, 227, 257
백대진 116, 118, 126~134, 165
백무 59, 140, 150
백철 121, 169
벌린(Isaiah Berlin) 123, 125
변영로 141, 166, 171, 174
변희용 144, 146
보들레르(Charles Baudelaire) 140, 149

/ ㅅ /
사카이 토시히코[堺利彦] 115
서병무 146
서봉택 223
선우전 203, 204
슈티르너(Max Stirner) 92, 93, 109
스펜서(Herbert Spencer) 41, 57
신규식 32
신백우 60
신채호 27, 28, 30~36, 48, 50, 51, 83, 91, 258
쑨원[孫文] 49

/ ㅇ /
아렌트(Hannah Arendt) 66
안중근 53
야나기 무네요시[柳宗悅] 54, 141, 142
양근환 130, 145
양주동 78
염상섭 57, 85, 115, 125, 126, 136, 137, 144, 152~158, 162, 164~167, 181, 182
오상근 60
오상순 136, 139
오상은 127
오스키 사카에[大杉榮] 144
요코다 소우지로[橫田宗次郎] 138
우치무라 간조[內村鑑三] 56
원종린 31, 144~146
유광열 204
유길준 18, 21, 22, 81
유자명 91, 94
유진희 83, 144, 146, 158
이광수 22, 27, 31, 61, 81, 88, 133, 171, 210
이극로 211, 258
이긍종 211
이달 39, 40, 42
이돈화 36~88, 176, 177, 203, 204, 210
이병도 136
이서구 75
이성환 202~204, 210, 215, 217, 227, 234
이와사 사쿠다로[岩佐作太郎] 140
이인직 27
이창휘 203, 204
이해조 27
이향 40, 42, 100, 102, 120, 199
이혁로 85, 126, 136~138, 158, 159, 160, 162, 166
이홍근 91
임순호 236

임연 218, 235~242, 244, 246, 254, 260
임영빈 219, 221, 222, 228, 230
임화 169

/ ㅈ /

장덕수 60
저우줘런[周作人] 139
정도전 23~25, 27, 28, 67, 196
정백 92, 93, 166, 169, 171, 172, 174
정약용 25~28, 43, 44, 46, 190
정재달 145
정태성 58
정태신 56~59, 91, 138, 144, 146, 157
조기간 204
조명희 144, 145
조봉암 59
조소앙 32
졸라(Emile Zola) 65, 66
주요한 116, 117, 118
주종건 31

/ ㅊ /

차금봉 60
최갑룡 91
최남선 27
최독견 217, 227
최두선 204
최승구 110, 113, 115, 119, 136, 140, 144, 152, 182
최인준 229

/ ㅋ /

캉유웨이[康有爲] 49
쿠리야가와 하쿠손[厨川白村] 118
크로포트킨(Pyotr Alekseyevich Kropotkin) 33, 35, 41, 61, 74, 83, 84, 92~95, 157, 166

/ ㅎ /

하세가와 시쇼우[長谷川市松] 138
한빛 218
한설야 99, 120
함상훈 211
함석헌 56
허문일 218, 229, 232, 235, 242~254, 256, 257, 260
현상윤 22, 153, 181
홍난파 57, 115, 136, 137, 144
홍명희 75, 140, 141
홍사용 92, 169, 172
홍진후 58
황석우 57~59, 72~75, 77, 78, 85, 110, 112~122, 126, 132, 136~138, 140, 143~152, 156~158, 162, 163, 175, 199, 214, 237, 238
황영환 204
후쿠자와 유키치[福澤諭吉] 23